www.tredition.de

Peter Schlabach

Was ist Realität und/oder Wirklichkeit?

Unsere Lebensumstände werden immer bedrohlicher, weil unser Denken nur an Konkurrenz und Erfolg orientiert ist.

www.tredition.de

© 2021 Peter Schlabach

Covermotiv pixabay.de

Verlag und Druck: tredition GmbH, Halenreie 40-44, 22359 Hamburg

ISBN

Paperback   978-3-347-24435-1
Hardcover   978-3-347-24436-8
e-Book   978-3-347-24437-5

Peter Schlabach

Was ist

Realität

und/oder

Wirklichkeit?

Unsere Lebensumstände werden immer
bedrohlicher, weil unser Denken nur an
Konkurrenz und Erfolg orientiert ist.

Inhaltsverzeichnis

Einführungszitate

„Geht der große SINN zugrunde, so gibt es Sittlichkeit und Pflicht.
Kommen Klugheit und Wissen auf, so gibt es die großen Lügen".

Lao tse "Tao te king" Vers 18 5. Jh. v.Chr.

„Die Tüchtigen nicht bevorzugen, so macht man, dass das Volk nicht streitet.
Kostbarkeiten nicht schätzen, so macht man, dass das Volk nicht stiehlt.
Nichts Begehrenswertes zeigen, so macht man, dass des Volkes Herz nicht wirr wird".

a.a.O. Vers 3

„Ihr wisset, dass die weltlichen Fürsten herrschen und die Oberherren haben Gewalt. So soll es nicht sein unter euch, sondern so jemand will unter euch gewaltig sein, der sei euer Diener; und wer will der Vornehmste sein, der sei euer Knecht".

Jesus NT Mt.20/25-27

Wo immer in menschlichen Angelegenheiten Übereinstimmung oder Einwilligung erreicht wird, da wird die Übereinstimmung durch linguistische Prozesse erreicht oder sie wird überhaupt nicht erreicht.

B. L. Whorf „Sprache Denken Wirklichkeit" S. 11

Jede Sprache ist ein eigenes riesiges Struktursystem, in dem die Formen und Kategorien kulturell vorbestimmt sind, aufgrund deren der einzelne sich nicht nur mitteilt, sondern auch die Natur aufgliedert, Phänomene und Zusammenhänge bemerkt oder übersieht, sein Nachdenken kanalisiert und das Gehäuse seines Bewusstseins baut.

a.a.O. S. 53

Ein wesentlicher Grund für die Verschärfung der (derzeitigen ökologischen) Krise liegt in der mangelnden Übereinstimmung unserer Vorstellung über die Wirklichkeit mit der Wirklichkeit selbst, also in der Art und Weise des Denkens. Unsere Paradigmen sind der Wirklichkeit tatsächlich unangemessen, sie bilden dessen ungeachtet den Rahmen für alle Wahrnehmungen und daraus resultierende Handlungen.

Christof Schorsch „Die große Vernetzung" S. 28

„Der Wissenschaftler hat die Berge der Unwissenheit mühsam und fleißig erklommen. Er ist dabei, den höchsten Gipfel zu erobern, doch als er sich über den letzten Grat hinwegzieht, wird er von einer Gruppe von Mystikern und Religionsstiftern (die ja alle selbst Mystiker waren) begrüßt, die dort seit Jahrtausenden auf ihn warten"

Robert Jastrow (Physiker der NASA) zitiert aus a.a.O. S. 78

Was man damit (mit dem rationalen Denken s.u.) für die Spezialwissenschaften gewonnen hat, wurde jedoch tausendfach aufgehoben durch die Entmenschlichung des Menschen und die Entseelung der Natur.

Paul Feyerabend, zitiert aus a.a.O. S. 39

„Wenn der Mensch in einem Existenzzustand zentralisiert ist (wenn sich also das Ich-Bewusstsein auf einer bestimmten

Weltsichtebene befindet), dann hat er oder sie eine Psychologie, die diesem Zustand eigen ist. Seine oder ihre Gefühle, Motivationen, Moralvorstellungen und Werte, Biochemie, Grad neurologischer Aktivierung, Lernsystem, Glaubenssystem, Begriff geistiger Gesundheit, Vorstellungen davon, was eine psychische Störung ist und wie sie behandelt werden sollte, Konzepte/Vorstellungen von und Vorlieben für Management, Erziehung, Ökonomie und politische Theorie und Praxis sind alle für diesen Zustand passend".
Claire Graves, aus Ken Wilber „Integrale Psychologie" S.57

Menschen erfahren „keine Evolution des physischen Körpers, sondern eine Evolution des Geistes".
K. Korotkov „Geheimnisse des lebendigen Leuchtens" S.128

Substantivierung ist zunächst eine Abstraktion. Wir erreichen dies praktisch durch ein geeignet vergröbertes Hinsehen oder durch Ausmittelung. Das geht aber in meiner neuen Sichtweise (des Quantenphysikers - PS) nicht mehr, weil es das Unwesentliche strenggenommen nicht mehr gibt. Mit der Mittelung streift man gewissermaßen das Lebendige ab. Abstraktion führt so zur Isolation, ermöglicht gedanklich damit die Subjekt-Objekt-Trennung und damit eine Objektivierung. In dieser Hinsicht ist jedes Substantiv ein menschliches Konstrukt. Es kommt in der Wirklichkeit nicht vor, es „ist" nicht.
H.P. Dürr aus „Liebe – Urquelle des Kosmos" S. 63

„Das Substantiv Wirklichkeit ist immer eine vergröberte Betrachtung und erlaubt deshalb begriffliche Schärfe, die nur dem Modell (oder der Theorie) und nicht der Wirklichkeit dahinter anhaftet".
a.a.O. S. 4

Vorwort

Der Titel dieses Buches wird sicher viele Leser*innen erstaunen, da er doch völlig absurd erscheint. Der Untertitel aber sicher viele ungläubig den Kopf schütteln lassen. Wir wissen doch nun wirklich alle, was diese uns umgebende Wirklichkeit ist, oder etwa doch nicht? Übersehen wir mit dieser unserer scheinbaren Sicherheit nicht permanent ganze Völker, die eine völlig andere Sicht der Welt und damit dessen haben, was wir unter Wirklichkeit verstehen? Und was sagt denn die Quantenphysik dazu? Gehen deren Aussagen nicht auch in diese Richtung? Liegen denn diese alle falsch? Und was soll das, mit der hier unterstellten Bedrohung unseres Lebens? Ja gut, wir können wissen - wenn wir es denn zulassen -, dass wir immer bedrohter sind. Aber hat das wirklich mit unserer Sprache und dem daher kommenden Denken zu tun? Und dann noch in diesem hier unterstellten Sinne? Ist das wirklich zutreffend? Aber vielleicht ist ja das durch diese Sätze angeregte Interesse der Grund, warum Sie, verehrte Leser*innen dieses Buch in die Hand genommen haben?

Dem einen oder der anderen von Ihnen, verehrte Leser*innen, ist vielleicht bekannt, dass dies nicht das erste Buch ist, das ich in kritischer Sicht auf uns selbst, als auch auf unsere derzeitigen gesellschaftlichen Zustände schrieb, bzw. schreibe. Leider musste ich feststellen, dass es in der „Öffentlichkeit" – wer immer das ist – nicht gut ankommt, wenn ma´u (ab hier immer für man/frau) das in Frage stellt oder gar widerlegt, was ma´u uns täglich aufschwätzt. Ich will das an dem Wort Demokratie aufzeigen. Dieses Wort bedeutet von seiner griechischen Herkunft her – demos = Volk und krátos = „Gewalt, Macht, Herrschaft" – nichts anderes als die Herrschaft des jeweiligen Volkes, in dem es eine solche Regierungsform gibt. Aber kennen Sie den Spruch „Wir können wählen wen oder was wir wollen, die da oben machen doch was sie wollen"? Drückt nicht dieser Satz unsere wirkliche Erfahrung mit unserer politischen Realität aus? Ja aber natürlich. Warum aber glauben wir dem ständigen Gerede, genauer dem benutzten Wort, wir hätten eine Demokratie, und nicht unserer täglichen Erfahrung? Wie wir noch sehen werden hat das vor allem damit zu tun, dass wir von frühester Jugend an darauf getrimmt werden das zu glauben, was uns irgendwelche Autoritäten vorgeben.

Einer Regionalzeitung hat mir, als ich vergleichbar kritische Angaben über unseren Staat machte, öffentlich unterstellt, ich sei ein Verschwörungstheoretiker oder gar ein Reichsbürger. Selbst als ich die Wahrheit meiner Äußerungen durch Entscheidungsdokumente des Bundesverfassungsgerichtes nachwies, wurde der Artikel nicht zurückgenommen, geschweige denn berichtigt. Das hatte für mich üble Folgen, die mich seither täglich begleiten. Aber natürlich höre ich nicht auf selbständig zu denken und meine Ergebnisse der Öffentlichkeit vorzutragen. Dieses folgende Buch ist aber ein besonders wichtiges in diesem Sinne, setzt es sich doch mit der üblichen mechanistisch-materialistischen Sichtweise der weitaus meisten Wissenschaften auseinander und zeigt dabei, umfassend belegt, wesentliche Fehlinterpretationen auf, die aus dieser Sichtweise hervorgehen. Dabei beziehe ich mich auf einen Umstand, der bei einer solchen kritischen Sicht auf diese Zusammenhänge selten gesehen, geschweige denn benutzt wird, um das dadurch hervorgebrachte Problem zu verdeutlichen, nämlich unsere Sprache und hier ganz besonders die dabei meist verwendeten Worte, Substantive.

Bei allen meinen Verständnisbemühungen wurde mir die alles entscheidende Rolle unserer Sprache immer bewusster. Es geht hier aber nicht um eine Sichtweise auf Sprache im Sinne von Nationalitäts- oder Dialektunterschieden, sondern von Sprache insbesondere im Sinne der Voraussetzung des Denkens und damit des Verstehens überhaupt. Damit der Bedeutung von Worten und Begriffen, insonderheit aber der zugrundeliegenden Grammatik, der jeweils spezifischen Sprachstruktur also. M.a.W., im Folgenden geht es um den in den westlichen Kulturen üblichen Satzbau, also die Abfolge von Subjekt, Prädikat und Objekt, und die darin mitgegebene Dominanz von Substantiven. Darauf werde ich in dem folgenden Text noch umfassend eingehen. Denn er begründet unsere Weltsicht und damit das, was wir als Wirklichkeit verstehen in einem Ausmaß, was uns üblicherweise völlig unbekannt ist.

Das Erste was hier besonders wichtig ist beachtet zu werden ist der Umstand, dass in dieser Satzstruktur eine grundlegende Dualität unserer Sicht des Wirklichen enthalten ist. Siehe die Begriffe der res extensa – Materie - und der res cogitans – Geist - von Descartes, die diesen Umstand nicht nur belegen, sondern seither auch erneut begründen. Auch dieser Sachverhalt bzw. dessen Folgen sind wenig bis gar nicht bewusst. Die Folgen dieser Entscheidung sind daher dringend und aufmerksam gründlich näher zu untersuchen.

Es gibt aber ein weiteres Problem, das mir in diesen Bemühungen immer bewusster wurde. Es ist der Umstand, dass wir in aller Regel etwas völlig übersehenen. Substantive haben eine besondere, meist viel weiterreichende Bedeutung, als wir das üblicherweise mit einem benutzten Begriff in Verbindung bringen. Infolgedessen sind uns daher auch die daraus herkommenden Folgen nicht bewusst. Wir sind eben absolut davon überzeugt zu wissen, was die von uns ständig, ja eigentlich immer verwendeten Substantive wirklich bedeuten. Im folgenden Text werde ich dies an den Beispielen Urteil und Vorurteil deutlich aufzeigen. Aber vielleicht werden Sie sich verehrte Leser*innen fragen, ob ich noch ganz bei Trost bin, solche doch vordergründig völlig unverständliche Sätze, wie die hier niedergeschriebenen, auszusprechen?

Der folgende Text wird Ihnen aber zeigen, dass dies sehr wohl der Fall ist, werde ich doch diese Sätze voll inhaltlich belegen. Allerdings müssen wir, um diese Absicht wirklich fundiert umsetzen zu können, uns vorab dazu dringend eine ganze Reihe von Umständen, die uns Menschen ausmachen, gründlich vornehmen und neu betrachten. Die meisten von ihnen sind scheinbar völlig selbstverständlich. Wir verstehen doch sowohl uns, als auch andere Menschen, glauben wir zumindest. Der amerikanische Philosoph A.N. Whitehead hat diesen durchaus kritisch zu betrachtenden Umstand in seinem Buch „Prozess und Realität" mit folgenden Worten sehr gut auf den Punkt gebracht: „Es wird immer einige Grundannahmen geben, von denen Anhänger all der verschiedenen (Denk)-systeme innerhalb einer Epoche unbewusst ausgehen. Derlei Annahmen scheinen so selbstverständlich, dass die Leute gar nicht wissen, was sie annehmen, weil ihnen der Gedanke, dass man Dinge auch anders sehen kann, gar nicht kommt". M.a.W., wir wissen in vielen Zusammenhängen unseres üblichen Denkens keineswegs auf was sich unsere Grundannahmen stützen.

Dieser bedenkliche Zustand wurde aber spätestens durch die Erkenntnisse der Analyse, beginnend bei Freud, noch gesteigert. Diese Forscher haben uns gezeigt, dass unsere meist „positive" Meinung über uns in der Regel reiner Glaube ist, der mit der Wirklichkeit wenig bis gar nichts zu tun hat. Oder verstehen Sie, warum nach wie vor so viele Menschen irgendwelchen besonders lauten Schreihälsen hinterherlaufen, oder gar deren Befehle befolgen, auch wenn diese die schlimmsten Martern bis Tötungen unzähliger Menschen zur Folge haben? Die Namen Hitler, Stalin, Mao und viele weitere sollten hier genügen.

Auch dieser Umstand ist noch umfassend zu belegen. Besonders wichtig ist hier aber, dass einige neue Erkenntnisse verschiedener Wissenschaften, die hier besonders bedeutsam sind, wohl mit voller Absicht übersehen oder gar lächerlich gemacht werden. Auch dieser Umstand muss noch nachgewiesen und belegt werden.

Ein weiterer wichtiger Umstand, der aus dem bisher gesagten folgt und oben schon angesprochen wurde, besteht darin, dass wir uns endlich bewusst machen, wie unklar bis verschleiernd insonderheit Substantive sind. Worte, gerade als Substantive, sind Symbole, Zeichen, ja Erkennungszeichen, die wir benutzen, um einen Gedanken oder eine Wahrheit auszudrücken. Aber diese benutzten Worte sind **nicht** diese Wahrheit. Sie sind **nicht** wirklich, **nicht** wahrhaftig. Hier nochmals die Sätze von Hans-Peter Dürr aus den Eingangszitaten: „Substantivierung ist zunächst eine Abstraktion. Wir erreichen dies praktisch durch ein geeignet vergröbertes Hinsehen oder durch Ausmittelung. Das geht aber in meiner neuen Sichtweise (des Quantenphysikers) nicht mehr, weil es das Unwesentliche strenggenommen nicht mehr gibt. Mit der Mittelung streift man gewissermaßen das Lebendige ab. Abstraktion führt so zur Isolation, ermöglicht gedanklich damit die Subjekt-Objekt-Trennung und damit eine Objektivierung. In dieser Hinsicht ist jedes Substantiv ein menschliches Konstrukt. Es kommt in der Wirklichkeit nicht vor, es „**ist**" nicht".

Was ich auf der Grundlage dieser Überlegungen hier anstrebe ist mit Ihnen verehrte Leser*innen in eine Art Kommunikation einzutreten. Damit meine ich, dass ich die Worte, die jetzt folgen, als Hinweise für persönliche Erfahrungen, ja für eigene Gedanken nutzen möchte. Das hat natürlich zur Folge, dass ich Ihnen mit Hilfe dieser verwendeten Worte zumindest ansatzweise meine dahinterstehenden Erfahrungen, meine Gedanken, manchmal vielleicht sogar meine Gefühle dazu näher bringen möchte. Ob und wie weit mir das gelingt, muss sich zeigen. Um aber alles dies zu können, müssen wir uns manche bekannte Sichtweisen auf uns unter neuen psychologischen Erkenntnissen betrachten, die dadurch auch neue Blickwinkel auf uns ermöglichen. Beginnen wir dazu bei einer ganz fundamentalen dieser neuen Erkenntnisse, der seit kurzem erforschten „Linien", einer dieser „übersehenen" bis ignorierten neuen Sichtweisen auf uns.

Kapitel I Neue Wahrnehmung der Menschen

Beginnen wir hier ganz grundsätzlich; für mich ist eine mir begegnende „neue" Erkenntnis immer dann besonders zu beachten und zu prüfen, wenn sie sowohl von unterschiedlichen Menschen, als auch von unterschiedlichen wissenschaftlichen Gesichtspunkten her, zu einem vergleichbaren Ergebnis kommt. Ob diese neue Sicht allgemein wahrgenommen wird oder nicht, ist zunächst unerheblich. In solchen neuen Sichtweisen ist für mich aber unbedingt auch die Mystik einbezogen. Wie und warum dies so ist, wird sich noch zeigen. Das gilt durchaus gerade auch für eine neue Sichtweise auf uns in Bezug auf die inzwischen sowohl von einer ganzen Reihe von Psycholog*innen festgestellten umfasseneren Sicht auf uns Menschen, als auch solcher, die schon sehr lange existieren. Dies gilt vor allem dann, wenn diese im modernen Denken übersehen oder gar missachtet wurden und werden.

Es gibt aber gerade „alte" Sichtweisen auf die Wirklichkeit, die ebenfalls meist übersehen werden. Eine dieser „alten" Sicht auf alles, was ist, ist die der Großen Kette des Seins. Diese wird in ihrer Grundstruktur seit Jahrtausenden immer wieder eben gerade auch von Mystiker*innen bestätigt. Da ich aber die hier jetzt darzustellenden Sachverhalte schon in allen meinen bisher veröffentlichten Büchern teils umfassend begründet niederschrieb, will ich es hier weitgehend mit einer reinen Aufzählung bewenden lassen. Was ist also die Große Kette des Seins, oder wie es manche auch nennen, der Wesen? Die Hälfte dieser Sicht geht zurück bis auf Platon, nämlich das, was inzwischen als „Abstieg" benannt wird. Dieser beginnt bei der großen, umfassenden schöpferischen Potenz, oder das, was viele Menschen Gott nennen. Dieser Begriff ist allerdings sehr anthropologisch belastet, siehe das AT. Ich bevorzuge daher entweder den Begriff Plotins, das Ein-Eine, „das Alles was Ist", oder GOTT, speziell in dieser Form geschrieben.

Aus diesem Alles was Ist geht nun in einem
  ersten Schöpfungsakt der GEIST hervor,
  aus diesem die umfassend schöpferische Seele
  und aus dieser die Materie.
Das wäre sozusagen der „unterste" Punkt, von dem aus dann wieder durch die Evolution der „Aufstieg" beginnt und zwar
  über das Leben bzw. Körper,
  den Geist (mind)
  und über die Seele zum GEIST (spirit),
  und damit zurück zum Ein-Einen.
Entscheidend ist aber dabei zu beachten, dass das Alles was Ist in jedem einzelnen dieser Ab- und Auf-Bewegungen, bzw. darin entstandenen Zuständen, immer umfassend anwesend ist. Daher auch für diese Wesenheit der Begriff „Alles was Ist". Da ich mir völlig darüber bewusst bin, dass eine solche Sicht auf die Einheit des Wirklichen (C.F.v. Weizsäcker) so ziemlich allem widerspricht, was uns die derzeitigen Wissenschaften lehren, werde ich weiter unten diese spezielle Sicht ebenfalls noch umfassend begründen.

Wenn der Aufstieg aber nur über die Evolution, speziell die des Geistes möglich ist, muss es Lebewesen geben, die einen Geist – mind – nicht nur haben, sondern diesen auch immer besser anwenden können. Diese Lebewesen sind hier auf der Erde wir Menschen. Seitdem wir aber über eine abstraktionsfähige Sprache verfügen (siehe hierzu Jean Piaget), können wir nicht nur „besser" sprechen, sondern auch immer besser denken.

Diese Entwicklung hat aber wie alles, was wir Menschen hervorbrachten und weiterhin hervorbringen, immer zwei Seiten, eine eher positive und eine eher negative. Wie wir unten noch sehen werden, werden beide Seiten immer ausgeprägter, mit immer umfassenderen Folgen in beide Richtungen für uns, aber zunehmend auch der Natur. Bevor wir uns aber mit dieser Entwicklung näher befassen können, müssen wir uns zunächst anschauen, wie es die Evolution schaffte, uns diese Fähigkeiten zu „schenken".

Wie bei allen Fähigkeiten, über die tierische Lebewesen verfügen, gelingt dies über zwei Wege; erstens über die Gene, was aber nur über langfristige Zeiträume möglich ist. Der zweite Weg verlief zunächst über die Fähigkeit der Prägung – soweit wir bisher wissen begann dieser Prozess bei den Vögeln -, dann aber bei den Säugetieren zusätzlich über das „kindliche" Spielen[1]. Entscheidend ist aber dabei, dass die bei Tieren schon immer angeborenen Instinkte in ihrer klaren Vorgabe von Verhalten parallel zu diesen Fähigkeiten in Richtung von uns Menschen immer deutlicher eingeschränkt wurden.

a. Die Linien

Dies gelang nun bei uns Menschen fast komplett. M.a.W., bei uns sind nur noch wenige Instinkte aktiv und wenn wir uns dieser Zusammenhänge bewusst werden, können wir diese auch noch beherrschen lernen. An die Stelle der eben dargestellten biologisch bedingten Vorgaben traten bei uns Menschen das,

---

[1] siehe zu beiden Möglichkeiten Konrad Lorenz, oder Adolf Portmann, aber auch andere.

was immer mehr Psycholog*innen unter dem Begriff der Linien[2] verstehen. Da diese Linien sozusagen für die früheren Instinkte stehen, muss ma´u davon ausgehen, dass diese unser Verhalten repräsentieren, bzw. für dieses stehen. Oder noch anders; alles, was wir Menschen, wahr-nehmen und dann in Verhalten umsetzen „können", kann einem der hier vorzustellenden Linien zugeordnet werden. Um diese Aussage nachvollziehen zu können, wollen wir uns einige davon näher anschauen. Die wichtigsten seien hier kurz aufgezählt; sie beschreiben die

Kognition,	Moral,	Affekte,
Selbst-Identität,	Psychosexualität,	
Erkenntnisweisen,	Vorstellungen vom Guten,	
Rollen,	sozioemotionale Fähigkeiten,	
Kreativität,	Altruismus,	Fürsorge,
Offenheit,	Anteilnahme,	Spiritualität,
Freude,	kommunikative Kompetenz,	
Modi von Raum und Zeit,	Ergreifen des Todes,	
Weltanschauungen,	logisch-mathematische Kompetenz,	
kinästhetische Fertigkeiten,		
Geschlechtsidentität und Empathie[3].		

Diese Aufzählung umfasst nun keineswegs alle diese erforschten Linien, sondern nur die bedeutendsten.
Wie kann ma´u aber das Konzept der Linien richtig verstehen und einordnen? Entscheidend ist es als erstes festzuhalten, dass alle Linien weitgehend voneinander unabhängig sind. M.a.W., die näher beobachteten und dann definierten Linien lassen sich nicht aufeinander rückbeziehen. Sie haben alle ihre eigene, in der jeweiligen Definition beschriebene Kompetenz.

---

[2] manche verwenden auch Begriffe wie Ströme, Strukturen, Stadien oder noch andere
[3] Ken Wilber „Integrale Psychologie" S.45

Noch entscheidender ist aber, dass sie sich alle eigenständig, „in unterschiedlichen Tempo, mit einer unterschiedlichen Dynamik und nach einem unterschiedlichen Zeitplan" entwickeln. „**Auf jeden Fall** hat der größte Teil der Forschung herausgefunden, dass **jede Entwicklungslinie selbst die Tendenz hat**, sich in einer schrittweisen, holarchischen (s.u.) Weise zu entfalten. Höhere Stufen in jeder Linie tendieren dahin, auf den früheren Stufen aufzubauen oder sie mit einzubeziehen, keine Stufe kann übersprungen werden, und die Stufen treten in einer Ordnung in Erscheinung, die durch Konditionierung durch die Umwelt oder soziale Verstärkung nicht verändert werden kann. Bisher spricht beachtliches Belegmaterial dafür, dass das für alle Entwicklungslinien gilt"[4]. Die eben angesprochenen Stufen – zunächst drei an der Zahl - werden bei allen Linien in gleicher Weise erkannt. Diese sind

> eine erste sensomotorische – also durch Reize angeregte Bewegung und/oder Reaktion -,
> eine zweite konkrete Stufe, bei der es um konventionelle Handlungen, oder die Übernahme von Rollen geht
> und eine dritte abstraktere, formalere post(nach)konventionelle Stufe.

Wilber macht hier noch den Vorschlag, entsprechend der Weiterentwicklung unseres Denkens (s.u.) eine vierte Stufe ins Auge zu fassen, die er post-postkonventionell nennt. Interessant ist hier aber seine Begründung; so rückbezieht er hier diese vier Stufen auf den „Aufstieg" in der großen Kette des Seins nämlich erneut

Körper,   Geist,   Seele zum   GEIST.

---

[4] a.a.O. S.46f Hervorh. K.W.

Wie aber „erwerben" wir uns alle diese Fähigkeiten? Fallen uns diese sozusagen ganz einfach zu? Natürlich nicht. Alle diese Fähigkeiten müssen wir erlernen, oder m.a.W., hier kommt zum Vorschein, dass wir als Menschen eben absolut umfassende Lernwesen sind. Wie aber geschieht das? Bevor wir uns aber diesem Thema näher widmen, müssen wir uns vorab die Evolution der wichtigsten Linie überhaupt näher anschauen, die kognitive Linie.

b. Weltsichtebenen

Die Evolution dieser Linie ist die wohl am umfassendsten untersuchte. Insonderheit aber wurde ihre Evolution von einer ganzen Reihe weiterer Wissenschaftler*innen und Philosoph*innen ansatzweise erkannt und in ihren Grundzügen entweder angedeutet[5] , oder direkt erforscht und beschrieben. Neben den Psychologen Jean Piaget und Claire Graves gilt dies besonders für Jean Gebser in seinem dreibändigen Werk „Ursprung und Gegenwart". Die Arbeit von Graves ist wohl die bekannteste. Wichtig ist aber, dass er nicht die vier Stufen Piagets anführt – den er wahrscheinlich gar nicht kannte -, sondern insgesamt acht, die er auch umfassend belegt. Diese seine Erkenntnisse wurden nach seinem überraschenden Tode von seinen Schülern Beck und Cowan unter dem Titel „Spiral Dynamics" veröffentlicht. Im Folgenden will ich im Rückgriff auf diese die wichtigsten Grundzüge kurz darstellen. Dies geschieht auch hier so kurz wie möglich, da ich dies in allen mei-

---

[5] siehe z.B. B.L. Whorf, John Dewey, C.G. Jung oder Konstantin Korotkov, um nur vier von vielen zu nennen

nen Büchern teils recht umfassend getan habe. Beck und Cowan haben bei dieser Veröffentlichung aber die Benennungen dieser „Ebenen" von Graves geändert. So verwenden sie den Begriff Wissens-Meme oder abgekürzt ^{W-}Meme. Darüber hinaus benennen sie jede dieser Ebenen mit Farbnamen. Dies tun sie, um zu verhindern, dass sich verschiedene Menschen mit einer vermeintlichen Ebene über andere Menschen „erhaben" fühlen. Daraus ergibt sich nun folgende Darstellung:

Beige: (Grundtenor) Tu, was Du für dein Überleben tun musst
benutzt seinen Instinkt und seine Gewohnheiten, um zu überleben
ein klar getrenntes Selbst ist noch kaum erwacht oder gar beständig
Nahrung, Wasser, Wärme, Sex und Sicherheit haben Priorität
Bildet Überlebensverbände, um das Leben zu erhalten und weiterzugeben
Zu finden: bei den ersten Menschen, Neugeborenen, senilen alten Menschen, Alzheimerkranken im letzten Stadium, geistesverwirrten Obdachlosen, verhungernden Massen.

Purpur: Die Geister zufrieden stellen und das Nest des „Stammes" warm und sicher halten.
den Anweisungen von Geistwesen und mystischen Zeichen Folge leisten (Strafen wie Krankheit oder gar Tod könnten folgen)
den Alten, Ahn*innen und dem Stamm gegenüber treu ergeben sein (eigene Interessen sind gegenüber den Stammesinteressen weniger wichtig)
heilige Gegenstände, Orte, Vorkommnisse und Erinnerungen in Ehren halten
Übergangsriten, Jahreszeitenzyklen und Stammesbräuche erhalten

Zu finden: bei dem Glauben an Schutzengel und voodooähnlichen Flüchen, bei Blutschwüren und über Generationen weitergegebenen Rachegefühlen, religiösen Gesängen und Trancen, Glücksbringern, Familienritualen, magischen ethnischen Glaubensvorstellungen und Aberglauben, in Gangs, Sportmannschaften und Unternehmen, in „Clans" stark verbreitet.

Rot: Sei ohne Rücksicht das was du bist, und tu was du willst.
die Welt ist ein Dschungel voller Räuber und Gefahren (nur mein Eigeninteresse zählt)
reißt sich von jedweder Herrschaft und jedwedem Zwang los, um sich selbst zu gefallen (um aber eventuell durch Gewalt Zwang auszuüben)
steht groß da, erwartet Aufmerksamkeit, fordert Respekt und hat das Sagen
genießt sein Selbst mit vollstem Recht und ohne Gewissensbisse und Schuldgefühle (setzt sein „Recht" mit Gewalt durch)
überwindet, täuscht und beherrscht andere aggressive Persönlichkeiten (Macht geht über alles)
Zu finden: bei Kindern in der „Trotzphase", rebellischen Jugendlichen. Grenzlandmentalitäten und feudalen Königtümern, bei James-Bond-Bösewichten, epischen Helden, Glücksrittern, wilden Rockstars, Attila und „Herr der Fliegen", es ist die Basis des patriarchalen Denkens.

Blau: Das Leben hat eine Bedeutung, eine Richtung und einen Zweck mit vorbestimmten Ergebnissen.
das Selbst für das transzendente Ziel, „Die Wahrheit" oder den „rechten Weg" opfern (z.B. auch durch Selbstmord)
die Ordnung erzwingt einen Verhaltenscode, der auf ewigen, absoluten Grundsätzen beruht (z.B. die 10 Gebote)
rechtschaffenes Leben schafft gegenwärtige Stabilität und sichert zukünftigen Lohn (eventuell erst im Jenseits)

Impulsivität wird von Schuldgefühlen kontrolliert, jeder hat seinen ihm gebührenden Platz (Gewissen, Über-Ich)

Gesetze, Vorschriften und Disziplin bilden den Charakter und den Grundstoff der Moral (oft durch Beichte, meist durch Strafe und/oder Buse abgesichert)

Zu finden: dem puritanischen Amerika, dem China des Konfuzius, dem Chassidismus, dem Dickens´schen England, singapurischer Disziplin, dem ritterlichen Ehrenkodex, wohltätigen, guten Taten, der Heilsarmee, bei islamischen Fundamentalisten, bei Pfadfindern und im Patriotismus, Basis der Großreligionen.

Orange: Handle im eigenen Interesse und spiele so, dass du gewinnst.

Veränderung und Fortschritt liegen in der Natur der Dinge (vor allem aber im eigenen Interesse)

Fortschritt, indem wir die Geheimnisse der Natur in Erfahrung bringen, bzw. sie der Erde „entreißen" und die besten Lösungen _für uns_ finden

Die Schätze der Erde so verarbeiten, dass ein Überfluss an gutem Leben geschaffen und verbreitet wird (Ausbeutung der Erde ist unwichtig)

Optimistische, risikofreudige Menschen, die sich auf sich selbst verlassen können, verdienen Erfolg (in manchen Fällen überdimensionalen Reichtum und Macht)

Gesellschaften gedeihen durch Strategien, Technologie und Konkurrenzdenken, das immer nur im eigenen Interesse liegt.

Zu finden: im Zeitalter der Aufklärung, „Erfolgs"-Ministerien, an der Wall Street, bei Motorrad, Autorennen und Mannschaftssportarten, an der Riviera, in einer entstehenden Mittelklasse, der Kosmetikindustrie, Handelskammern, dem Kolonialismus, Werbefernsehen, dem Kalten Krieg, Debeers Diamantenkartell, Brustimplantaten, der Mode, der Religion des Kapitalismus.

Grün: Suche nach Frieden im inneren Selbst und erkunde mit anderen die fürsorglichen Dimensionen von Gemeinschaft.

der menschliche Geist muss von Habgier, Dogma und Entzweiung befreit werden

Gefühle, Sensibilität und Fürsorge ersetzen kalte Rationalität

Die Schätze und Möglichkeiten der Erde gleichmäßig unter allen verteilen

Entscheidungen durch Versöhnung und Konsensprozesse erreichen, wobei oft uferlose Diskussionen in Kauf genommen werden

Spiritualität auffrischen, Harmonie bringen, die menschliche Entwicklung bereichern

Zu finden: in klientenzentrierten Therapien, der Theologie der Befreiung, bei Ärzte ohne Grenzen, im kanadischen Gesundheitssystem, in der amerikanischen Bürgerrechtsunion, dem Weltkirchenrat, Sensibilitätstraining, Greenpeace, der Tiefenökologie, der Tierrechtsbewegung.

Diese sechs ^{w}-Meme gelten als diejenigen der sog. ersten Ordnung oder Grades. Ihre Problematik besteht darin, dass sie sich untereinander, - vor allem gegen das Vorgänger-^{w}-Mem -, eher bekämpfen. Darauf folgen diejenigen der sog. zweiten Ordnung, bisher zwei bekannt.

Gelb: Lebe umfassend und verantwortlich, als der, der du bist und lerne zu werden.

das Leben ist ein Kaleidoskop natürlicher Hierarchien, Systeme und Formen

die Großartigkeit der Existenz wird höher geschätzt, als materielle Besitztümer

Flexibilität, Spontaneität und Funktionalität haben höchste Priorität

Wissen und Kompetenz, sollen Rang, Macht und Status ersetzen

Unterschiede können in interdependenten, natürlichen Fließprozessen reguliert werden

Zu finden: in Carl Sagans Astronomie, der Chaostheorie, angepasster Technologie, Ökoindustriegebiete (die den Abfluss des jeweils anderen als Rohmaterial verwenden), Fred Alan Wolfs „neuer Physik", Deepak Chopras „Die Körperzeit".

Türkis: Erfahre die Ganzheit der Existenz mit dem menschlichen Verstand und dem höheren Geist.

die Welt ist ein einziger dynamischer Organismus mit kollektiver Vernunft

das Selbst ist sowohl ein klar unterschiedener als auch ein mit einem größeren, mitfühlenden Ganzen verbundener Teil

alles verbindet sich in ökologischer Ausrichtung mit allem

Energie und Information durchdringen die gesamte terrestrische Umwelt

Holistisches, intuitives Denken und kooperatives Handeln sind zu erwarten

Zu finden: in Theorien von David Bohm und H.P. Dürr, McLuhans „globalem Dorf", bei Rupert Sheldrake und den morphogenetischen Feldern, in Gandhis Ideen einer pluralistischen Harmonie, Ken Wilber „Eros, Kosmos, Logos", James Lovelocks „Gaia-Hypothese", Pierre Teilhard de Chardins „Noosphäre".

Inzwischen wird von anderen Autoren, die diese Zusammenhänge erforschen eine weitere Ebene, Koralle vorgeschlagen. Aber diese ist diesen beiden Autoren noch immer unklar. Es ist insbesondere Ken Wilber, der sich sehr für die Verbreitung dieser neuen Erkenntnisse in seinen Büchern einsetzt. Nach ihm führt der Weg, den ma´u am Ende dieser Entwicklung einschlagen kann, in verschiedene Ebenen dessen, was üblicherweise Erleuchtung genannt wird. Ob das dann irgendwann „Koralle" genannt wird, bleibt offen. Dies gilt vor allem deshalb, weil es dann wahrscheinlich nicht nur eine, sondern vier weitere solcher Ebenen geben müsste, also insgesamt 12. Aber das ist ein eigenes Thema, allerdings ein mehr als interessantes, verliefe es doch dann parallel zu den 12 Dimensionen der Wirklichkeit Burkhard Heims. Aber auch darauf ist nochmals zurück zu kommen.

Diese Aufzählung stellt zweifellos ein beeindruckendes Bild menschlicher Realitäten dar. Am Ende ist aber noch auf wenigstens drei grundlegende Umstände hinzuweisen, die bei der Beurteilung sowohl der Theorie selbst, als auch ihrer Reichweite und Erklärungskraft zu beachten sind:

alle Menschen durchlaufen in ihrer je eigenen geistigen Entwicklung ab ihrer Geburt alle Stufen bis zu der Stufe, die sie aktuell leben können. Beim Erreichen einer neuen Stufe, wird die vorherige „mitgenommen" und eingeschlossen. Es kann keine Stufe ausgelassen oder übersprungen werden. Dieser Prozess verläuft damit emergent[6]. Solche Stufen sind eben Holons. Ein Holon ist ein Ganzes, das Teil eines anderen Ganzen ist[7]. Es wird auch als "Ganzes/Teil" umschrieben. Eine Hierarchie von Holons nennt ma´u daher Holarchie (s.o.) (teils Wik). In diesem so dargestellten stufigen Prozess liegt auch ein direkter Zusammenhang mit den Erkenntnissen Piagets und Jean Gebsers, wobei dieser den Begriff der Struktur bevorzugt. Die anderen Begriffe - also Stufe, Ebene oder Stadie – sind Gebser zu „unbeweglich".

---

[6] Emergenz bezeichnet die Möglichkeit der Herausbildung von neuen Eigenschaften oder Strukturen eines Systems infolge des Zusammenspiels seiner Elemente. Aber, wird ein neues Subsystem in ein bestehendes System integriert, also mit den anderen Systemelementen durch Wirkbeziehungen verknüpft, kann das System neue emergente Eigenschaften aufweisen, die nicht vorhersehbar waren. Wik.
Nehmen wir als Beispiel einen Menschen. Er/sie ist eine einzelne „ganze" Person, aber eben auch Teil einer Familie, einer Dorfgemeinschaft, einer Nation, oder gar aller Menschen.

In dieser immer wieder bestätigten stufigen Entwicklung zeigt sich ein weiterer wichtiger Umstand. Der jeweilige Schwerpunkt des geistigen Bezuges bewegt sich wie ein Pendel von der Seite des Individuums auf die Seite der Sozialität oder dem Wir und wieder zurück zum Individuum, dem Ich oder Ego. Allerdings erreicht dabei jeder „Pendelausschlag" eine neue umfassendere Klarheit des jetzt möglichen Blickes aus dem Geist auf die Welt und damit des möglichen Verständnisses von Realität und/oder Wirklichkeit.

Die „Bewegungen" der einzelnen Ebenen zeigen dies deutlich. So gilt für

> Beige – Überleben des Einzelnen = Ich – zu
> Purpur – Identifikation und Überleben des Stammes oder Clans= Wir – zu
> Rot – erneute Identifikation mit dem Individuellen, jetzt vor allem im Sinne von Herrschaft über die „Welt" und andere = Ich – zu
> Blau – Identifikation mit dem Mythos, der Religion, der Partei usw. = Wir
> über Orange = Ich - bis letztlich Koralle
> Hier zeigt sich nebenbei auch erneut die Erklärungskraft des Holon-Begriffs.

Diese Stufen geistiger Präsenz, Sichtweisen und Erklärungsmöglichkeiten von Individuum und Welt beschreiben jetzt aber keineswegs ein System von Kammern oder Schubladen, in die ma´u Menschen „packen" und dann „ablegen" könnte. M.a.W., diese Theorie ist in gar keinem Sinne und keiner Richtung starr. Das Gegenteil ist der Fall, wie ja auch ihre Benennung durch Beck und Cowan, aber auch Gebsers Strukturbegriff anzeigen. Erstens ist eine Person höchst selten bis nie eindeutig einer dieser Stufen zuzuordnen. Er/sie hat ja immer alle vorigen Stufen durchlaufen und kann sehr wohl bei entsprechendem „Bedarf"[8], auf das Denken und die Verhaltensweisen früherer Stufen „zurückgreifen". In den Stufen des ersten Ranges geschieht dies wohl eher unbewusst. Aber ab den Stufen des zweiten Ranges können diese Möglichkeiten von solchen Menschen ganz bewusst eingesetzt werden, was ja in der Praxis bereits von einer neuen Art von „Spiralberatern" geschieht.

Damit ist natürlich weder die Spirale und damit die kognitive Linie selbst, noch die Möglichkeiten ihrer Anwendungen umfassend oder gar eindeutig beschrieben. Dies würde den hier beabsichtigten Rahmen auch weit überschreiten. Aber bevor wir diese Darstellung verlassen, gilt es noch auf einige Zusammenhänge hinzuweisen, die unbedingt bei einem Blick darauf zu beachten sind. Wie geschieht eine solche Entwicklung geistiger Fähigkeiten überhaupt und gelingt diese immer und überall? Oder anders gefragt: wie gelingt der Zugang zu den weiteren, umfassenderen Stufen oder Strukturen?

Beck und Cowan behaupten, dies sei sozusagen eine willentliche Fähigkeit der Menschen selbst. Wie könnte ma´u das verstehen? Menschen haben ein Problem mit ihrer Umgebung. Sie sind aber auch nach der Aussagen von Beck und Cowan auf einer bestimmten Weltsichtebene unfähig ihre Umwelt so zu verstehen, dass alle diese hier neu entstandenen Probleme erkannt werden könnten. Als Beispiel kann ma´u durchaus unsere derzeitigen Probleme[9] heranziehen, die ja gerade durch die derzeit herrschende Ebene hervorkommen. Die beiden Autoren sind nun der Überzeugung, dass einige Menschen in der Lage wären ihre Umwelt durch neue konzeptionelle Modelle[10]

---

[8] also besonderen Anforderungen jeweiliger Umstände
[9] siehe das Thema Ausbeutung von Natur und Mensch, das Klimaproblem, die Vermüllung der Welt u.a.
[10] also eine neue Weltsichtebene.

diese Probleme nicht nur dadurch wahrzunehmen, sondern diese dann auch zu lösen. Anders formuliert könnte ma´u sagen, eine von diesen Menschen selbst angesteuerte neue Ebene, sei die Lösung für solche Probleme. Diese Sicht ist zwar im Grundsatz durchaus zutreffend[11], wie die Reaktionen einer neuen Weltsichtebene auf zuvor existierende Probleme so deutlich zeigen. Aber können Menschen dies einfach „aus sich heraus" so einfach hervorbringen?

Natürlich nicht, wie die beiden Autoren ja an anderer Stelle selbst betonen. Auf einer bestimmten Ebene sind die darin auftauchenden Probleme schlicht nicht zu erkennen. Nach allem, was wir bisher über die geistige Entwicklung wissen - siehe z.B. auch Piaget -, erfolgt diese gerade nicht aufgrund solcher persönlicher Möglichkeiten, sondern emergent[12]. Oder anders ausgedrückt; nach den Ergebnissen Piagets beginnt die geistige Entwicklung der Menschen immer nur bei einzelnen Individuen. Und das hat nicht das Mindeste mit historischen Umständen oder gar Problemen[13] zu tun.

Um aber diesen Umstand in seinen derzeitigen besonderen Voraussetzungen und daher kommenden Folgen wirklich zu verstehen, muss kurz eine Bedingung erwähnt werden, die in diesem Zusammenhang eine wichtige Rolle spielt. Es handelt sich insonderheit um die Folgen der ja immer noch allgemein üblichen patriarchalen Erziehung. Diese behindert, ja blockiert in manchen Fällen geradezu solche Entwicklungen (s.u.). Hier kurz meine Erklärung für den Umstand der hier einsetzenden Emergenz: Übergänge in neue Weltsichtebenen bleiben ein Le-

---

[11] erst auf der neuen Stufe kann ma´u das Problem der früheren Stufe erkennen.
[12] Beachte nochmals die Definition der Emergenz oben.
[13] abgesehen von den jeweils persönlichen

ben lang möglich Sie setzen aber immer geistige Unabhängigkeit von jeweiligen Autoritäten, insbesondere jeweiliger Eltern voraus (s.u.). Bei näherer Kenntnis der Theorie der Weltsichtebenen und von da herkommender Beobachtung von Menschen, kann ma´u eben in manchen Familien deutliche Begrenzungen beobachten. Wenn ein Elternteil die Erziehung in einem patriarchalen Sinne besonders dominiert – das kann sowohl der Vater, aber auch die Mutter sein – dann können sich diese Kinder - in der Regel – durch ihre Identifikation mit dieser Person niemals über deren Ebene hinaus weiterentwickeln. Solche Vorgänge kann jederma´u bei entsprechender Kenntnis jederzeit beobachten.

An dieser Stelle sei noch kurz erwähnt, dass auch unser derzeitiges allgemeines Bildungssystem und dessen Ausrichtung an der Gehorsamserziehung, einer solchen Entwicklung nicht besonders „förderlich" ist, um es ganz vorsichtig auszudrücken. Auch darauf wird gleich noch näher eingegangen. Aber im Zusammenhang mit den Weltsichtebenen vorab noch einige weitere wichtige Bemerkungen.

Für mich ist inzwischen eines absolut sicher. Wenn ma´u von der Kenntnis der Weltsichtebenen her ausgeht, sind deren Schlussfolgerungen in aller Regel zutreffend und deutlich bei allen Menschen zu beobachten. Dieser Umstand eines besseren Verständnisses unserer gesellschaftlich-geschichtlichen Imaginationen[14] und daraus herkommenden allgemeinen Verhaltensweisen wird besonders deutlich, wenn ma´u sich von daher unsere Geschichte ansieht. Dies gilt ganz besonders bei der Beobachtung der Entwicklung unserer Kultur und Zivilisation. Erst diese neuen Sichtweisen bestätigen und bewähren

---

[14] in etwa bildhaft anschauliches Vorstellen. Siehe zur weiteren Erläuterung dieses Begriffs Cornelius Castoriadis in seinem Buch „Gesellschaft als imaginäre Institution".

sich gerade in diesem Zusammenhang immer erneut. Nein, erst von hier aus sind diese erst wirklich zu verstehen. Umso erstaunlicher ist es, dass diese neuen Kenntnisse trotz unbehindertem Zugang dazu praktisch immer noch unbekannt sind. Selbst Hinweise an Journalisten, ob bei der schreibenden Presse oder im Fernsehen führten bisher nie dazu, dass darauf eingegangen wurde, wie ich anhand vieler Versuche belegen kann.

Aus meiner bekannt kritischen Sicht auf unsere derzeitigen gesellschaftlichen Umstände, kann es in Bezug auf diese Ablehnung, bzw. öffentliches „Übersehen" nur wichtige gesellschaftliche Gründe geben. Ich werde weiter unten noch kurz näher auf einige dieser Gründe hinweisen.

Aber hier noch einen letzten Hinweis in Bezug auf die Weltsichtebenen, nämlich wie Graves selbst seine Ergebnisse sieht. Dazu hier eine von ihm selbst noch verfasste Vorabstellungnahme zu dem dann von seinen Schülern veröffentlichten Buch: „Wenn der Mensch in einem Existenzzustand zentralisiert ist (wenn sich also das Ich-Bewusstsein auf einer bestimmten Weltsichtebene befindet), dann hat er oder sie eine Psychologie, die diesem Zustand eigen ist. Seine oder ihre Gefühle, Motivationen, Moralvorstellungen und Werte, Biochemie, Grad neurologischer Aktivierung, Lernsystem, Glaubenssystem, Begriff geistiger Gesundheit, Vorstellungen davon, was eine psychische Störung ist und wie sie behandelt werden sollte, Konzepte/Vorstellungen von und Vorlieben für Management, Erziehung, Ökonomie und politische Theorie und Praxis sind alle für diesen Zustand passend"[15].
Deutlicher kann ma´u die Bedeutung und die Reichweite der Möglichkeiten einer Beurteilung eines Menschen, oder gar der

---

[15] zitiert aus Ken Wilber „Integrale Psychologie" S.57

Gesellschaft allgemein mit Hilfe dieser Erkenntnisse nicht charakterisieren. Aber kehren wir nun zu dem nächsten Schritt unserer Bemühungen, alle diese Zusammenhänge richtig wahrzunehmen und ihre Folgen besser zu verstehen, zurück. Hier geht es jetzt um die derzeit allgemein geübte Erziehungspraxis, zumindest in den Gesellschaften, die durch patriarchales Denken geprägt sind.

c. Lernen durch Erziehung

Ja, wir sind im Unterschied zu allen vergleichbaren Lebensformen auf der Erde umfassende Lernwesen und dies ein Leben lang. Alles was wir zum Zusammenleben und zur Lebensbewältigung im umfassendsten Sinne brauchen, müssen wir erlernen. Ma´u vergleiche das Thema der Linien oben, die das ja umfassend bestätigen, bzw. diesen Zusammenhang belegen. Wie aber geschieht das, wie laufen solche Lernprozesse ab? Um einen solchen Sachverhalt wirklich zu verstehen, ist es oft sehr sinnvoll, sich das hier üblicherweise verwendete Wort genauer anzuschauen. In unserem Zusammenhang ist dies das Wort Er-Ziehung. Nun werden Sie sich verehrte Leser*innen fragen, was nun diese Wendung wieder soll. Jederma´u weiß doch nun wirklich was dieses Wort bedeutet. Wir haben es doch alle selbst erlebt und sehr oft, je nach Alter, auch selbst praktiziert. Aber trifft diese Meinung wirklich zu? Ist es nicht so, dass so allgemein verwendete Begriffe oft genug das darin verborgene Problem, gerade wegen ihrer allgemeinen Präsenz, verschleiern bis verschwinden lassen? Schauen wir also genauer.

In dem Substantiv Er-Ziehung steckt das Verb er-ziehen. Hier an diesem Beispiel kann ich zum ersten Mal aufzeigen, wie Substantive zu solchen Verschleierungen beitragen können. Weitere werden unten folgen. Schauen wir also. Er-Ziehung bezeichnet ja nicht nur den je einzelnen Vorgang des Er-Ziehens eines Kindes. Was hier wirklich „dahinter" steckt zeigt das Substantiv Er-Ziehen als das Abstraktum. Es benennt zunächst das gezielt „er-ziehenden" Verhalten von erwachsenen Menschen Kindern gegenüber überhaupt. Schließt aber auch die Aktivitäten größerer Gemeinschaften[16], ja letztlich die eines Staates[17], oder Drill generell mit ein. Alles, was in den staatlichen Bildungssystemen abläuft, kann hier ebenfalls subsumiert werden. M.a.W., dieses Substantiv Er-Ziehung benennt nicht nur das ganz konkrete er-ziehende Verhalten der Eltern[18], sondern schließt alle vergleichbaren Aktivitäten, die Kindern und später auch Erwachsenen widerfahren ein. Wenn ma´u sich diesen Umstand ansieht, kann ma´u deutlich erkennen, dass diese letzteren, Erwachsenen gegenüber angewandten Aktivitäten, mehr oder weniger aus der Aufmerksamkeit „verschwinden". Er-Ziehung ist ja eine so „wichtige" Aktivität den Kindern gegenüber, dass diese Auswirkungen in Bezug auf Erwachsene in aller Regel übersehen werden.

Aber wissen wir denn dadurch, was die Aktivität des Er-Ziehens, jetzt im Sinne des ganz konkreten Verhaltens einem oder mehreren Kindern gegenüber, darstellt und was sie durch genau diese Aktivität bewirkt? Vor allem welche – verborgene - Absicht damit ganz konkret verfolgt wird? Mitnichten. Diese eigentlich unglaubliche Aussage will ich Ihnen in den folgenden Texten aufzeigen und durch wissenschaftliche Texte belegen.

Bevor wir uns aber mit der Er-Ziehung näher beschäftigen, sollten wir uns doch vorab ansehen, wie eigentlich selbständiges

---

[16] siehe als Beispiel die Kirchen.
[17] siehe als Beispiel das Militär.
[18] woher es ja wohl ursprünglich herkam.

und damit erfolgreiches Lernen wirklich vor sich geht. Vor allem aber wie eine optimale, an den wirklichen Bedürfnissen eines Kindes ausgerichtete „Begleitung" des Heranwachsens eines Kindes vonstattengehen sollte. Beginnen wir bei dem Lernen. Spätestens die lebenslangen Forschungen Jean Piagets haben gezeigt, dass alles was ein Kind **wirklich** erlernt, nur durch eigen-ständige, sprich eigen-beabsichtigte, eigen-gesteuerte und eben daher eigen-aktive Handlungen ermöglicht wird. Der Grund dafür liegt darin, weil es nur dadurch zu eigen-gewonnenen Konstruktionen im Kopf dieses jeweiligen Kindes kommt. Diese eigenen Konstruktionen entstehen im ersten Schritt nur durch Assimilationen[19]. Werden dabei die bestehenden Bilder im Kopf[20] bestätigt, entstehen keine Veränderungen an den bisherigen Konstruktionen. Macht er/sie dabei aber *neue* Erfahrungen, werden die dann mit Hilfe der Akkomodationen[21] zu **neuen, je eigenen** „Bildern im Kopf". M.a.W., wenn ein Mensch über seine Sinne neue Eindrücke oder gar Erfahrungen macht, entsteht in seinem/ihrem Kopf ein dieser Erfahrung entsprechendes kognitives Schema, das was Piaget eben eine Konstruktion nennt. Der alles überragende Punkt, um den es hier geht, ist nach den Erfahrungen und Forschungsergebnissen von Piaget der Umstand, dass dieser Prozess zunächst – bei Kleinkindern – immer nur funktioniert, wenn er die Folge freiwilliger Handlungen ist.

---

[19] Damit ist die Integration eines Gegenstands menschlicher Erfahrung in ein kognitives Schema gemeint.

[20] In all meinen Büchern verwende ich diese Metapher der „Bilder im Kopf", um damit den je eigenen Bezugspunkt unserer Weltsicht und daher kommender Entscheidungen und Handlungen (s. u.) zu benennen.

[21] Die Anpassung eines kognitiven Schemas, oder einer Konstruktion an neue Erfahrungen.

Dieser Umstand gilt aber auch später[22], ab ca. 12 Jahren. Auch hier gilt; gerade wenn heranwachsende Menschen abstrakt denken können, sind wirkliche Lernerfolge nur dann in einem umfassenden Sinne möglich, wenn sie eigen-aktiv auf die zuvor eigen-aktiv entstandenen und damit vorhandenen Konstruktionen bezogen werden können. Diese Erkenntnis Piagets kann ma´u auch so verstehen; je eigen-ständiger ein heranwachsendes Kind diese seine ersten Konstruktionen in seinem Kopf hervorbringen, konstruieren kann, desto umfangreicher sind seine späteren Lernmöglichkeiten. Dies gilt ganz besonders für seine von daher begründeten Verstehensmöglichkeiten. Oder noch anders; ein Kind sollte möglichst umfassend, wenn irgend machbar so früh wie möglich, seine Umwelt eigen-ständig erkunden können, um sich somit und damit eine eigene Welt, seine je eigenen „Bilder im Kopf" erschaffen zu können.

Nur solche Möglichkeiten können eigen-ständige Menschen mit selbständigem Denken hervorbringen. Oder um es mit der Analyse zu beschreiben und damit einen ersten Hinweis auf die „Begleitung" des Heranwachsens eines Kindes zu erhalten. Für ein psychisch und geistig gesundes Heranwachsen eines Neugeborenen ist eine von Beginn an existente absolut umfassend liebevolle Zuwendung gegenüber dem Neugeborenen Grundvoraussetzung. Kann diese, aus welchen Gründen auch immer, nicht gewährt werden, müssen sich die Kinder, um überleben zu können, gegen ihr eigentliches Selbst „zur Wehr" setzen, bzw. dieses bekämpfen[23]. Das Schlimme daran ist, dass das dann zu einer inneren Leere führt. Wie aber kommt es dazu,

---

[22] also ab der Phase form op (siehe Piaget), wenn ein Kind überhaupt dieses Stadium erreicht (s.u.).
[23] siehe hierzu die Bücher „Der Fremde in uns", oder der „Verlust des Mitgefühls" von Arno Gruen, um nur zwei von vielen weiteren dieses Autors, aber auch vieler weiterer Autoren zu nennen.

bzw. wie funktioniert Er-Ziehung heutzutage in der Regel immer noch?

Oben schon habe ich in diesem Zusammenhang auf das Verbum er-ziehen hingewiesen. Betrachtet ma´u sich dieses Wort näher, kann ma´u erkennen, dass es aus der Vorsilbe „er-„ und dem Verb ziehen besteht. Aber wer oder was zieht hier wen? Vor allem aber, warum und mit welcher Absicht, und in welche „Richtung" wird hier ge-zogen? Vorab sind es zunächst – zumindest in der Regel – die Eltern des Kindes, die hier an dem Kind „ziehen". Aber warum und in welcher Absicht werden Kinder ge-zogen, wohin sollen sie ge-zogen werden? Um diesen Vorgang zu verstehen und in seiner umfassenden Präsenz wahrnehmen zu können, muss ma´u sich vergegenwärtigen, wann solches Verhalten in Bezug auf Kinder entstand.

Es war das egoische Denken, das erstens die Voraussetzung dafür lieferte, alles Begegnende nur auf sich selbst zu beziehen. Um das nachvollziehen zu können, sollte ma´u sich nochmals die obige Darstellung dieses Denkens näher anschauen. Damit zusammen hing aber zweitens die Überzeugung, dass ein so denkender Mensch in der Lage und damit auch „im Recht" war[24], anderen Menschen ihre Handlungen und damit ihr Verhalten vorzugeben. Das gelingt im ersten Schritt[25] natürlich nur durch Anwendung von Gewalt. Es kann jetzt hier natürlich nicht die Absicht sein, den ganzen historischen Verlauf dieser Entwicklung aufzuzeigen, der ja mehrere Tausend Jahre dauerte. Bei Interesse können Sie das in meinem Buch „Das Patriarchat", oder noch deutlicher in „Patriarchales Denken – getreu bis in den Tod" nachlesen. Um was es aber hier geht, gilt

---

[24] natürlich sofern er die Macht hatte, dieses Recht umzusetzen.
[25] also bei der Heraufkunft dieses Denkens.

es kurz darzustellen, insbesondere wie sich dieses Denken auf die Behandlung von Kindern auswirkte.

Nochmals ganz deutlich; es ging und geht von Beginn des patriarchalen Denkens an darum, anderen Menschen den Willen des „Stärkeren" aufzuzwingen. Diese Art des Denkens war ab jetzt die in den daraus entstehenden Gesellschaften die gültige gesellschaftlich-geschichtliche Imagination. Allerdings ist es unbedingt wichtig sich darüber bewusst zu sein, dass es etwa 3000 Jahre dauerte, bis sich dieses Denken durchgesetzt hatte. Der Grund für diese unglaubliche Dauer liegt darin, dass zuvor

> erstens in diesen früheren Gesellschaften das am Wir orientierte Stammesdenken vorherrschend war, also absolut keine Orientierung an einer einzelnen Person existierte und
>
> zweitens die Frauen in diesen früheren Gesellschaften[26] die dominanteren Positionen innehatten.

Eine solche absolute Umkehrung der zuvor existierenden gesellschaftlich-geschichtlichen Imagination konnte sich daher nur absolut langsam, von Generation zu Generation durchsetzen. Wenn ma´u darüber hinaus noch bedenkt, dass die damalige Lebenszeit wenig über 30 Jahren lag, kann ma´u davon ausgehen, dass die einzelnen Menschen diese schleichende Veränderung gar nicht wirklich bemerkten.

Wenn ma´u nun von dieser Voraussetzung her ausgeht, kann ma´u leicht erkennen, in welchem Zusammenhang das alles begann. Wie z.B. ein Mann namens Malinowski bei dem Stamm der Trobriander noch Ende des 19.Jh. beobachtete, war es der Häuptling dieses Stammes, der mit Zustimmung seiner Schwester eine seiner Nichten dazu zwang, entgegen der üblichen Tradition, „keusch" zu leben seinen Sohn zu heiraten. Es

---

[26] ma´u beachte das Thema Matrilinearität und Matrilokalität, also kein Matriarchat im Sinne von Herrschaft von Frauen über Männer.

ging hier schlicht darum, seinem Sohn **sein** Erbe[27] zu sichern, das in diesem Stamme noch wie früher generell, nur über die weibliche Linie weitergegeben wurde. M.a.W., ab hier begannen sich die Interessen der ersten Männer gegenüber denen von Frauen durchzusetzen. Die Folgen dieser Veränderungen führten aber seit etwa 8-7 000 Jahren zu dem Umstand, dass sich dann männerdominierte Familien-, Gesellschafts- und dann seit etwa 6 000 Jahren männerdominierte Staatsstrukturen bildeten, die wir bis heute leben.

Kehren wir aber zu dem hier zu verdeutlichenden Umstand zurück, nämlich das Verhältnis Eltern - Kind. In einer Familie ist dieser „Stärkere" nun natürlich einem neugeborenen Kind gegenüber immer der Elternteil, der sich um dieses Kind kümmert, also in der Regel die Mutter. Bevor ich aber mit der weiteren Darstellung dieser ganzen Umstände bei Ihnen verehrte Leser*innen Ärger oder gar Wut auslöse, muss ich vorab deutlich betonen, dass das, was wir heute als Er-Ziehung praktizieren eben seit rund 7000 Jahren vorgelebt wird. Daher kommt es, dass wir in der Regel weder erkennen was wir hier eigentlich - in seinen Folgen gesehen - tun, noch diese dadurch hervorgebrachten negativen Folgen **mit Absicht** hervorrufen wollen. Oder m.a.W., das, was wir unseren Kindern antun, wird allen Kindern seit vielen Generationen angetan, mit den Folgen die ich hier gleich aufzeigen werde.

Wie dieser Er-Ziehungs-Zustand in jeder Familie abläuft und welche Folgen er hat, dazu gibt es natürlich eine Vielzahl von Literatur. Ich will hier, der Deutlichkeit und Klarheit geschuldet, zunächst ein Zitat des deutschen Philosophen Günter Dux

---

[27] also seine Vorteile aus dem Geschenktausch und seine Prestige. Die umfassenden Zusammenhänge können Sie in meinem Buch „patriarchal denken ..." nachlesen.

anführen. Ich wähle deshalb diesen Weg, um die übliche Ablehnung gegenüber Analytiker*innen, die ja ebenso umfassendes Material anbieten, zu umgehen. Dux schreibt klar und deutlich: „.... sind sie (die Anderen bzw. die Eltern) es, durch die sich der Erwerb soziokultureller Kompetenzen (bei dem Kind) und der mit ihnen verbundenen Welt vermitteln. Die anderen (also die Eltern) werden deshalb in diesem Prozess zu Mitmenschen in einer Welt, die dem Subjekt (also dem Kind) und den anderen gemeinsam ist. Die gemeinsame Welt wird als eine Welt der Wir-Beziehungen erfahren, im strengen Sinne als eine Wir-Welt. Doch das ist nicht alles. Die anderen gehören der gemeinsamen Welt nicht nur hinzu, die Welt (also die neu entstehenden „Bilder im Kopf" des Kindes) ist eine durch sie vermittelte Welt. **Das Subjekt hat Welt immer nur in der Anbindung an andere und in der Vermittlung durch sie"**[28].

Oder m.a.W., alle unsere je existenten „Bilder in unseren Köpfen" sind umfassend, ja **alleine** das Ergebnis dessen, was uns unsere Eltern und andere Personen vor-leben. Noch genauer; wohin uns „die anderen" hin-ziehen, allerdings ohne dass diesen dieser Vorgang - in der Regel zumindest - bewusst wäre. Dux bringt diesen Vorgang mit folgenden, besonders hervorgehobenen Worten umfassend auf den Punkt: **„Die Internalisierung** (also dieser Erziehungsvorgang) **alters** (durch die Erwachsenen) **besteht nach allem** (was wir beobachten und daher wissen können) **darin, die anderen** (also hier die Kinder) **dem eigenen Dasein in einer Weise zu verbinden, dass die Lebensführung in der** (eigenen) **Welt durch ihn (diesen Erziehungsvorgang) vermittelt und garantiert erfahren wird"**[29]. Der eben

---

[28] G.Dux „Die Moral in der prozessualen Logik der Moderne" S. 174 Einfügungen und Hervorh. PS

[29] a.a.O. Einfügungen PS Hervorh. GD

erwähnte griechisch französische Philosoph Cornelius Castoriadis beschreibt diesen Vorgang in seinem Buch „Gesellschaft als imaginäre Institution" sogar als Dressur.

Also nochmals ganz deutlich, selbst wenn es nerven sollte; jede Art und Weise der Heranführung eines neugeborenen Kindes an die Welt, in die es hineingeboren wurde, ist eine durch Erziehungspersonen vorgegebene Vermittlung der in dieser Welt existierenden Vorstellungen. Oder nochmals mit den Worten von Castoriadis, sie ist die Vermittlung der imaginären[30] Institutionen, die in dieser Welt gelten. Wir müssen uns weiter unten noch umfassend mit diesen Begriffen beschäftigen.

Das Problem aber, das hier im Hintergrund auftaucht ist erstens, welche „Imaginationen" – also Vor-Bilder - in dieser Welt als derzeit gültige existieren? Oder anders gewendet, seit wann werden diese dem jeweiligen Kind vermittelt? Die Antwort auf diese Frage ist jetzt aber ziemlich einfach; seit der Existenz des patriarchalen Denkens und das durch dieses Denken hervorkommende machthierarchische Denken, durch das ab dann ja auch Staaten und die Zivilisation entstanden. Seither ist es die Aufgabe jede Form von Er-Ziehung diese so zu gestalten, bzw. umzusetzen, dass die dadurch er-zogenen Menschen angepasste, **weil gehorsame Untertanen sind.** Der alles entscheidende Vorgang, durch den diese Absicht erreicht wird besteht darin, alle Kinder eben zum Gehorsam zu er-ziehen.

M.a.W., es ist die Absicht der jeweiligen Imagination jedes Staates jedem heranwachsenden Kinde von frühester Kindheit an beizubringen, jedem ihm gegenüber überlegenen Menschen Gehorsam zu erweisen, also umfassend gehorsam zu sein. Dabei ist es völlig unerheblich, ob dieser Mensch diesen

---

[30] also der aus diesen „Vorgaben" hervorgegangenen Vorstellungen.

Gehorsam verdient. Ein Kind hat einfach in jedem Falle zu gehorchen, Punkt. Oben haben wir doch aber gesehen, dass Kinder von Natur aus ganz einfach eigenständige und vollwertige Menschen sind. Wie passt das denn zusammen? Eben überhaupt nicht.

Seit dem Zeitpunkt, als sich das Patriarchat als die alleinige gesellschaftliche Imagination durchgesetzt hatte, wurde und wird jeder heranwachsende Mensch[31] durch Anwendung von Gewalt[32] zum Gehorsam er-zogen, daran führt einfach kein Weg vorbei. Da ich aber sowohl die hieraus entstehenden Voraussetzungen in der Entwicklung seither, aber auch deren Folgen schon mehrfach umfassend darstellte[33], will ich dies hier nicht erneut tun.

Aber hier gibt es ein anders Problem. Sie, verehrte Leser*innen, werden sich vielleicht fragen, wieso ich so sicher in der Beurteilung dieses Denkens und seiner Folgen bin. Immerhin sind dies Aussagen, die Sie bisher ja nirgendwo gehört oder gelesen haben. Und ein Buch, also eine Theorie zu lesen ist eine Sache. Aber dies so als Realität darzustellen ist eine ganz andere. Um zu belegen, dass ich mich hier auf ganz persönliche Erfahrungen beziehe, will ich kurz auf ein persönliches Erlebnis mit einem egoisch denkenden Menschen eingehen. Dies geschieht deshalb, um Ihnen zu zeigen, wie dieses Denken ganz konkret im Alltag funktioniert und welche Folgen das hat.

Vor etlichen Jahren machte ich mit einer Person eine mehrwöchige Rundfahrt durch ein anderes Land. Diese Person war um etliches jünger wie ich und erhob deshalb den Anspruch, das

---

[31] die wenigen Ausnahmen, die es hier ab und zu gibt, können diesen Umstand nur bestätigen aber nicht widerlegen.

[32] durch direkter oder indirekter, ist in seinen Ergebnissen gleich.

[33] insbesondere in meinem Buch „patriarchales denken und sich verhalten – getreu bis in den Tod".

Auto zu fahren. Es zeigte sich aber sehr schnell, dass diese Person damit so seine Probleme hatte. Als ich an einem der ersten Tage selbst fuhr, schien sie das zu merken, was aber dazu führte, dass sie jetzt nachdrücklich darauf bestand, wieder selbst zu fahren. Bei den in der Folgezeit während den Fahrten immer wieder aufkommenden Gesprächen, zeigte es sich sehr schnell, dass diese Person alles besser wusste und ihre Positionen auch meist leicht bis deutlich aggressiv vertrat. Da ich mich zu diesem Zeitpunkt schon mit dem Thema der Weltsichtebenen beschäftigt hatte, wurde mit immer deutlicher bewusst, dass diese Person eindeutig egoisch dachte. Ab diesem Zeitpunkt hielt ich mich mit meinen Meinungen deutlich zurück, beobachtete aber das tägliche Verhalten dieser Person absolut aufmerksam.

Dabei wurden zwei Umstände immer wieder bestätigt;

> ersten hatte diese Person immer Recht und beurteilte auch alle uns begegnenden Umstände immer „richtig", sprich von ihrer Sichtweise her, die allerdings keineswegs immer zutreffend war;
> zweitens; wenn sich mal die Aussagen, Vorhersagen oder manchmal auch die Umstände als der Meinung der Person nicht entsprechend erwiesen, waren natürlich immer andere, oder die Umstände schuld. Natürlich erhob sie solche „Vorwürfe" immer häufiger auch mir gegenüber, wenn dabei auch die vorgebrachten Begründungen meist schlicht lächerlich waren.

Es ergab sich aber dabei noch eine weitere Beobachtung, die unbedingt wichtig ist beachtet zu werden. Es kam vor, dass die

Person manchmal über einen zuvor erlebten Sachverhalt[34] be-
richtete, natürlich immer nur von sich und ihrer Sicht her
sprach. Wenn aber ein solcher Bericht manchmal ganz offensichtlich unzutreffend war und die Person das während des Be-
richtes merkte, veränderte sie diese Darstellung direkt im folgenden Satz, manchmal bis in ihr direktes Gegenteil. Um es
nochmals ganz deutlich zu betonen; wenn die Person zunächst
gesagt hatte, dieser erlebte Sachverhalt, von dem sie sprach
war angenehm, war er im nächsten Satz plötzlich das genaue
Gegenteil, oder auch umgekehrt.

Wenn ich mir aber zu Beginn der Reise erlaubte darauf zu verweisen, dass der Sachverhalt doch ihrer eigenen Aussage nach
eben noch ganz „anders" war, wurde die Person regelrecht
wild und bestand absolut aggressiv darauf, Sie behauptete ab
diesem Moment, dass sie nie etwas anderes als diese zweite
Version gesagt hätte. Ab diesem Moment war diese Zweitaus-
sage für die nähere Zukunft ihre ab da vertreten Wahrheit, die
sie auch jederma´u gegenüber mit Zähnen und Klauen vertei-
digte.

Seither ist mir völlig klar, wieso nicht gerade wenige Personen,
die egoisch denken, völlig davon überzeugt sind, immer die
Wahrheit, nämlich alleine ihre Sicht zu vertreten. Es ist dabei
völlig unerheblich, ob solche Aussagen auch wirklich zutreffend sind. Das gilt vor allem und gerade bei Personen, die in
der Öffentlichkeit stehen und zwar immer dann, oder gerade
dann, wenn andere das Gegenteil berichten und sich dabei sogar noch auf nachprüfbare Fakten beziehen. Hier entsteht das,
was wir seit dem Amtsantritt von Trump als Fake News kennenlernen mussten.

---

[34] ob während der Reise oder zuvor war unerheblich.

Da vor allem solche Personen dies dann besonders laut und aggressiv tun, muss ma´u davon ausgehen, dass ihnen ihre autoritätsabhängigen Anhänger dabei bedingungslos folgen. Die Entwicklung in den USA seit der Präsidentschaft Trumps ist dafür ein nicht zu widerlegender Beweis. Es gibt nur einen Weg[35], diesen Umstand wirklich in seiner Herkunft wahrzunehmen und ihn von daher zu erklären, wenn ma´u sich endlich mit den Erkenntnissen der Weltsichtebenen näher befassen würde. Offensichtlich liegt aber hier einer der Gründe, warum dies einfach nicht getan wird.

In dieser hier von mir geschilderten persönlichen Erfahrung, aber auch durch den Hinweis auf Trump, kommt eines zum Vorschein. Ob jemand, der patriarchal denkt, eine solche Karriere wie Trump „hinlegen" kann, hängt schlicht von seiner Intelligenz ab. Dieser Umstand macht auf einen ganz wichtigen Faktor aufmerksam. Die Intelligenz alleine ist absolut keine Voraussetzung für die Evolution unseres Geistes. Sie ist in der Lage die Möglichkeiten der jeweiligen Weltsichtebene bis zum Äußersten zu nutzen, wie dies so viele überragende Geister der Vergangenheit belegen. Aber die Voraussetzung dieser Evolution ist sie ganz zweifellos nicht. Wie aber ist dann dieser Umstand zu erklären?

Nach allem, was ma´u inzwischen dazu weiß, ist wohl die wichtigste Voraussetzung dieser Evolution eine grundlegende geistige Offenheit des jeweils „betroffenen" Menschen. M.a.W., nur wenn jemand dazu bereit ist auch neue Sichtweisen auf was auch immer zuzulassen, kann er auf dieser Evolution weitere Schritte erreichen. Wenn ma´u sich aber die Geschichte der Zivilisation seit ihrem Beginn näher anschaut, kann ma´u

---

[35] wenn überhaupt, siehe das Thema Identifikation und daher kommende Abhängigkeit.

sehr schnell erkennen und nachvollziehen, warum dieser Prozess so schleppend verlief und nach wie vor verläuft. Geistige Offenheit setzt ja ihrerseits eine gewisse geistige „Freiheit" voraus.

M.a.W., sie setzt geistige Übung durch Anwendung der eigenen Fähigkeiten voraus. Vor allem aber eine grundlegende Ausbildung dieser Fähigkeiten durch ihre praktische Eigenaktivität, die in der frühen Kindheit beginnen muss. Ich muss nochmals an Piaget erinnern. Es sind also in erster Linie Menschen, die ab ihrem Kindesalter in einem solchen Sinne sich einigermaßen „frei" entfalten konnten, wie immer das dann auch geschah. Nach allem, was wir über die Geschichte unserer früheren Gesellschaften wissen, wurde aber eine geistige Ausbildung nur den Kindern der sog. Eliten vorbehalten. Diese orientierte sich aber in erster Linie an der üblichen Gehorsamserziehung. Siehe als wichtigsten Beleg[36] hierzu Platons Vision eines idealen Staates. In diesem blieb allen Menschen, außer den Kindern der „Wächter" und Philosophen, eine solche Ausbildung grundsätzlich verwehrt. Bekanntlich blieb dieser Umstand praktisch in allen Ländern der Welt bis zum Beginn der Neuzeit erhalten. Es sei aber nochmals unbedingt angemerkt, dass hier keine Schulung durch Lehrer im bisherigen autoritären Sinne gemeint ist, sondern das Zulassen der eigenen Aktivitäten der heranwachsenden Kinder selbst, s.o.

Es gab zwar bei uns im Westen zunächst über die Klosterschulen, dann Stück für Stück in den reichsfreien Städten immer häufiger Schulen. Unbedingt zu beachten ist aber hier, dass natürlich an der nach wie vor vorgegebenen Erziehung hin zum Untertanentum nicht das Mindeste geändert werden durfte. Dieser Umstand gilt ja selbst heute noch – siehe mein Buch

---

[36] neben den bekannten historischen Fakten an sich.

„Unsere Schulen" -. Wir haben aber heute, entgegen den Zeiten des Beginns dieser Entwicklung, kein Kaiserreich mehr, sondern angeblich eine Demokratie. Und es waren von Beginn dieser Entwicklung an die Religionen, die diesen Vorgang umfassend in diese Richtung unterstützten, da ja gerade diese keine selbständig denkenden Mitglieder brauchen konnten und weiterhin können.

Um es klar auf den Punkt zu bringen; dieser zunächst praktizierte Ausschluss der meist mehr als 90% der jeweiligen Bevölkerung und bis in die jüngste Zeit die Art der Organisation und der Lernvorgaben in den heutigen Bildungseinrichtungen führte und führt dazu, dass sich nach wie vor so viele autoritätsabhängige Menschen so schwer tun sich neuen Ideen und Vorstellungen zu öffnen. Dies dürfte einer der gesuchten Gründe für diesen langsamen Verlauf unserer geistigen Evolution darstellen. Dies betrifft aber nur die öffentlichen Aktivitäten.

Die privaten Aktivitäten sind aber natürlich durchaus vergleichbar, wobei sich beide in einem enormen Maße gegenseitig ergänzen. Der Grund dafür ist ganz einfach; sie beziehen und begründen sich ja auf die gleiche zugrundeliegende gesellschaftlich-geschichtliche Imagination. Gemeint ist hier der schon oben dargestellte Umstand, der ja aus dieser immer erneut „weitergegebenen" patriarchalen Imagination herkommt. Autoritär erzogene Kinder müssen sich, um ihre innere Leere zu kompensieren, mit der jeweils am autoritärsten, manchmal aber auch manipulativsten Erziehungsperson identifizieren. Es sind eben die Menschen, die nicht immer direkt mit Druck oder gar Schlägen arbeiten, sondern manchmal auch mit „zugewiesenem" schlechtem Gewissen des Kindes. Manchmal werden auch den Kindern Projektion der eigenen „Schuld" vermittelt.

Diese Identifikation führt dann in fast allen Fällen dazu, dass sich diese Kinder später selten bis nie über die Weltsichtebene der idealisierten Person hinaus entwickeln können. Und es ist dabei völlig egal auf welcher Ebene diese Person sich selbst befindet. Es sind hier ganz besonders Menschen, die auf der egoischen oder rationalen Ebene denken, die diese „Folgen" hervorbringen, bzw. provozieren. Aber das tun diese Personen natürlich nie ohne wirkliche Absicht, da diese Zusammenhänge ja nach wie vor praktisch unbekannt sind. Das hat damit zu tun, dass Menschen, die auf diesen Ebenen denken, völlig davon überzeugt sind, immer Recht zu haben. Wenn das dann aber mal nicht der Realität entspricht, wird die Schuld für das eigene Versagen oder die unangenehmen Folgen für sich selbst immer auf andere Personen projiziert, bzw. diesen zugewiesen.

Diesen Umstand kann ma'u auch so ausdrücken. Wenn es irgendwann gelingen sollte, diese patriarchalen, am autoritären Denken orientierten Imaginationen sowohl in den öffentlichen wie privaten Erziehungsräumen zu überwinden, könnten einerseits wirklich selbständig denkende Menschen hervorkommen. Es wären Menschen, die nicht mehr in diese bisherige Richtung er- bzw. ge-zogen werden. Insbesondere aber würde sich dadurch die Anzahl von Menschen auf früheren Weltsichtebenen umfassend vermindern. Oder anders ausgedrückt; immer mehr Menschen hätten die Chance weiterführende Ebenen zu erreichen. Um dieses Denken aber erreichen zu können, muss vor allem die Rolle der sog. Zivilisation in diesem Szenario völlig neu interpretiert werden.

d. Kritik der Zivilisation

Wie kann ich diese Überschrift, die doch allem widerspricht, was uns unser Bildungssystem bisher zu diesem Thema beibrachte, belegen? Bevor ich dazu etwas sagen kann, muss ich auch hier erneut darauf verweisen, dass ich diese Umstände in den weitaus meisten meiner Bücher schon mehrfach ansprach und teils auch deutlich belegte. Hier in diesem Buch geht es aber um ein anderes Thema. Dieses beansprucht aber einige wichtige Schlussfolgerungen aus diesen Umständen. Da es aber andererseits nicht unerheblich von diesen abweicht, kann ich hier erneut nur auf die wichtigsten Zusammenhänge verweisen. Auf Wunsch könnte dies natürlich mit Hilfe weiterer meiner Bücher erweitert werden.

Betrachten wir uns also zunächst den Beginn dieser Entwicklung. Ist die bisher immer wieder erhobene Behauptung der Historiker*innen – mit einigen Ausnahmen -, dass die damals lebenden Menschen am Beginn der Zivilisation mit „wehenden Fahnen" in diese neuen Städte zogen, zutreffend, wie viele nach wie vor glauben und behaupten? Das genaue Gegenteil war der Fall, wie neuere Forschungen belegen. So schreibt der Anthropologe Stanley Diamond in seinem Buch „Kritik der Zivilisation" klar und deutlich: „Die Zivilisation musste immer mit Gewalt durchgesetzt werden. Innerhalb dieser Zivilisationen wurden diese eingeborenen Völker (also die Mitglieder der früheren Stämme) in die <Massen> von Bauern und Proletarier verwandelt, die den Staatsapparat trugen. Ohne Rücksicht darauf, wie <notwendig> (?) die politische Struktur der Zivilisation ursprünglich gewesen sein mag, bleibt es doch eine geschichtliche Tatsache, dass die unabhängigen eingeborenen

Gemeinschaften in fortschreitendem Maße unterdrückt und zerstört wurden"[37].

Noch deutlicher wird hier der Anthropologe und Politikwissenschaftler aus Jale James C. Scott in seinem Buch „Against the Grain". In einem Interview mit Zeit Online fasst er die jetzt entstandenen Nachteile, die er in seinem Buch belegt, zusammen. Einen von dem Journalisten angefangenen Satz, der die Zivilisation preist, fährt er diesen aufnehmend fort: „ ...Wehrpflicht, Steuern, Zwangsarbeit und Ungleichheit. Alles Gründe, warum Menschen von dort flohen. Städte schrumpften immer wieder, weil die Bevölkerung fort ging, oder auch durch Kriege oder Epidemien. Die Sterblichkeit in den dicht besiedelten Gebieten war extrem hoch. Städte konnten nur wachsen, indem sie Leute von außerhalb aufsaugten, also entführten und versklavten. In Mesopotamien war das Wort für <Sklave> eine Kombination aus den Symbolen für Frau und Berg". Und in Bezug auf die schon zuvor aufgekommene hochgelobte Ackerbaukultur bemerkt er auch diese relativierend: „Im Vergleich zur aufgewendeten Arbeit war der Ertrag an Kalorien aus Getreideanbau gering. Überhaupt war die Ernährung in der frühen Phase der Sesshaftigkeit schlecht. Es fehlten eine ganze Reihe Mineralien, auf die Jäger und Sammler vorher nicht verzichten mussten. Auch das Leben an einem Ort brachte Probleme mit sich. Die Menschen lebten nun in ihren eigenen Ausscheidungen und denen ihrer Nutztiere. Das war die Ursache für die Entstehung von Infektionskrankheiten, an denen wir noch heute leiden." Noch deutlicher geht es nicht. Was also geschah hier wirklich und welche Folgen hatte das von Beginn an bis heute?

Dieser Vorgang, den die beiden Zitate so deutlich belegen, ist bei unvoreingenommener Sicht auf die damaligen Umstände

---

[37] Stanley Diamond a.a.O. S.18

absolut verständlich. Die davor existierenden Stammeskulturen hatten über mehrere zehntausend Jahre existiert. Sie waren dabei so erfolgreich, dass selbst die Menschen, die entlang der Eisregionen lebten, diese doch wahrscheinlich nicht einfachen Lebensbedingungen gut überstanden. Dies gelang ihnen sicherlich auch gerade aufgrund ihrer ausreichenden, vor allem aber ausgeglichenen Ernährung. Dazu kommt noch, dass diese Menschen im am Wir orientierten Stammesdenken wohl eher demokratische Gemeinschaftsstrukturen ausgebildet hatten, was auch Diamond ausdrücklich betont. Es ist von daher schlicht undenkbar, dass sich von diesen Voraussetzungen her dieses neue machthierarchische Denken und Handeln so einfach mir nichts dir nichts durchsetzen konnte. Also nochmals; was geschah hier wirklich?

Wie oben schon dargestellt, war das egoische Denken die Voraussetzung, ma´u könnte auch sagen die Geburtsstunde des Patriarchates. Dass es so lange dauerte sich durchzusetzen hat mindestens drei Gründe. Erstens; nach Gebser bestehen alle Denkstrukturen – sein Begriff – aus einem effizienten, am Wir orientierten Teil und einem defizienten, am Ich orientierten. Die Struktur um die es hier geht, nennt er mythisch. Der effiziente Zeitablauf betrug als Zeit des Hackbaus und dann der Kleintierhaltung etwa 4000 Jahre. Zweitens; alle neuen Strukturen und Weltsichtebenen machen sich zunächst bei einzelnen Personen bemerkbar. Diese neue Möglichkeit des Denkens zeigt sich zwar dann im Laufe der Zeit bei immer mehr Menschen. Aber da wir es hier mit einem Umfeld des mythischen Denkens zu tun hatten, das dem Stammesdenken noch sehr nahe stand, dachten immer noch alle anderen Menschen auf dieser Ebene. Dazu kommt noch, dass, wie wir spätestens seit Jean Piaget wissen, sich jede neue Weltsichtebene erst im fortgeschritteneren Alter bemerkbar macht. Dazu muss ma´u drittens Folgendes bedenken; im zweidimensionalen mythischen Denken ist dieses am Wir orientiert und die Entscheidung über neue Ideen trafen immer noch entweder die Stammesältesten, oder die Ahnen. Möglicherweise hatten wir daher zu Beginn dieser Entwicklung Menschen, die selbst über ihre Denke erschraken und davor Angst bekamen.

Belegt wird diese meine Aussage durch neuere Forschungen einiger Anthropolog*innen, woher wir inzwischen einige dieser ersten Übergangsformen kennen. Hierzu zählt der Hackbau, alleine von Frauen betrieben, bei gleichzeitiger Jagdaktivitäten der Männer. Dauer ca.2000 Jahre. Dann die beginnende Haltung von Kleintieren, ca. 1500 Jahre. Entscheidend zur Entwicklung hin zum patriarchalen Denken ist, dass hier in dieser Phase die Rolle der männlichen Tiere und damit auch der Männer bei der Zeugung bekannt wird, siehe das Thema der Heiligen Hochzeit, die in dieser Phase beginnt. Die Männer sind auch hier noch „nur" Jäger.

Der wirklich ganz entscheidende Abschnitt setzt mit der „Erfindung" der Rinderzucht ein, die sich dann über mehr als 2000 Jahre weiterentwickelt und in der sich zunehmend eine männliche Dominanz durchsetzt. Diese Entwicklung, teils mit Eroberung neuer Wohngebiete dieser Züchter mit Hilfe zunächst der Zugschlitten, war die entscheidende Wende. Diese Entwicklung wird dann noch durch die Zucht von Pferden und Eseln getoppt, in denen sich jetzt die Männer die alleinige Befehls- und Entscheidungsgewalt angeeignet hatten.

Diese Darstellung ist natürlich absolut auf die Aufzählung der wichtigsten Fakten beschränkt. Entscheidend ist aber dabei, dass ma´u sich die enormen Zeiträume bewusst machen muss, in denen diese Prozesse abliefen. Das sind Zeiträume, die vorzustellen selbst wir uns heute enorm schwer tun, obwohl wir eine gewisse Zeitvorstellung kennen. Eine solche gab es aber in den hier angesprochenen Umständen noch gar nicht. Oder anders formuliert; für diese Menschen war in den jeweiligen „Momenten" ihrer Existenz alles das richtig und selbstverständlich, was das jeweilige gesellschaftlich-geschichtlich Imaginäre an Bildern im Kopf hervorgebracht hatte. Es sind immer noch die selben, die der je einzelne damals lebende Mensch von Geburt an erworben hatte.

M.a.W., alle diese Veränderungen, die wir hier ansprechen, dauerten einerseits enorm lange, um sich gegen die jeweils existierenden Imaginationen durchzusetzen. Vor allem aber waren diese konkret absolut langsamen Veränderungen immer relativ marginal, wie gerade auch die Entwicklung der „Heiligen Hochzeit" zeigt. Diese war ja ab dann eine jährlich gefeierte „religiöse" Zeremonie, die letztlich den jeweiligen Stand des gerade herrschenden Denkens verdeutlicht. Das kann ma´u relativ gut an Statuen und Statuetten aus der damaligen Zeit erkennen. Bei diesen sind die weiblichen Göttinnen zu Beginn alleine durch die Größe der Darstellung klar als dominierend erkennbar. Vor allem aber waren alle diese Veränderungen den jeweils lebenden und davon betroffenen Menschen aufgrund der enormen Zeiträume dieses Ablaufs schlicht unbekannt.

Dieser Umstand änderte sich aber jetzt in den neu entstehenden Städten umfassend. Schon oben habe ich die ersten und wichtigsten dieser Veränderungen mit Diamond und Scott zitiert. Es waren

erstens die völlige Zerstörung aller überkommener Gemeinschaften.
Zweitens die umfassende Unterdrückung und Ausbeutung aller unteren Bevölkerungsteile, die sowohl deren Gegenwehr, aber dann insonderheit die permanente Flucht der Stadtbewohner bewirkte.

Dieser Umstand wurde nun Stück für Stück durch eine neue Erfindung bekämpft. Nämlich eine „von Oben" vorgenommene Gesetzgebung, mit den damit ein- und angeführten Strafen. Dieses Vorgehen bestätigen rund 2000 Jahre später noch die Gesetze des Hammurapi, in denen die Todesstrafe für alle möglichen „Vergehen" gegen den Staat selbstverständlich war. Aber auch grausamste Strafen für recht einfache „Gesetzesverstöße". M.a.W., selbst noch nach so langer Zeit wehrten sich die Menschen gegen diese Verhältnisse. Gesetze wurden eben von Beginn an vor allem und zuerst – übrigens weitgehend bis heute – im Interesse der jeweiligen Eliten erlassen, wie noch rund weitere 1000 Jahre später Thrasymachos in einem Dialog mit Sokrates mit folgenden Worten auf den Punkt bringt: „Ich behaupte, dass das Gerechte das den Überlegenen Zuträgliche ist"[38]. Es ist übrigens enorm wichtig zur Beurteilung selbst noch unserer heutigen Situation, dass nach der Überzeugung kritischer Theologen die „Gesetze" Gottes im AT[39] eine weitgehende Kopie dieser Gesetze des Hammurapi sind.

Diese Entwicklungen waren aber nicht die einzigen wichtigen Folgen dieses neuen Denkens. Da waren zunächst deren daraus herkommenden unterdrückenden und ausbeuterischen Folgen. Aber auch der zeitweilige Kampf dagegen, der ja letztlich, wenngleich eher verdeckt, bis heute andauert. Vor allem aber „erfanden" die neuen männlichen Eliten neue männlich dominierte Religionen. Damit konnte ma´u besser als zuvor die unterdrückten Menschen kontrollieren. Es handelt sich hierbei zunächst um die sich in dieser Zeit „bildenden", aber ab dann geltenden Götterhimmel. Auch in diesen schalteten und walteten die in den Himmel „projizierte Herrscher" nach Gutdünken, ganz wie ihre „Vorbilder" auf der Erde.

---

[38] Platon „Der Staat" 342c
[39] siehe hierzu Moses 2-22 bis Ende, und weiter Moses 3 und 4

Hier sind aber zwei Umstände besonders interessant. Erstens enthalten die „sagen"-haften Vorgeschichten dieser Religionen generell Hinweise auf die langandauernden Kämpfe gegen die zuvor herrschende weibliche Göttin. Diese repräsentierte ja die zuvor existierende matrilinear definierten Blutsfamilien unter der Vorherrschaft der Frauen. Nach dieser entwickelte sich dann zunächst die Dominanz der Männer. Diese jetzt dominierenden Männer begründeten die patriarchal bestimmte Ehe und die daraus herkommende patrilineare, sprich alleinige Herkunft neugeborener Kinder vom Vater. Zweitens aber zeigt sich in diesen neuen Sicht- und daher kommenden Denkweisen auf alle Existenz die seither bis heute immer noch gültige Missachtung alles Weiblichen und letztlich Körperlichen und Materiellen.

Das hervorbringende, bzw. schöpferische Grundprinzip war ab jetzt nicht mehr der gebärende Körper, sondern der alleskönnende Geist. Selbst Geburten versuchte Mann in den männlichen Kopf zu verlegen, siehe die Geburt der Athene aus dem Kopf des Zeus. Noch umfassend deutlicher wird dieses Denken im AT. Der All- (im doppelten Wortsinne gemeint) schöpferische Gottvater, der sich ja auch selbst hervorgebracht hatte, erschafft mit dem Universum alle Existenz überhaupt und zwar mit Hilfe seines Logos. Gott sprach und daraus entstand jedwede Existenz. Wie abwertend in dieser Darstellung des AT die Geburt Evas aus der Rippe des Adams dargestellt wird, kann jederma´u jederzeit in Genesis 2 selbst nachlesen. Hier wird deren umfassend minderwertig verstandene zukünftige Rolle als dessen immer von ihm, Adam, bestimmten „Gehilfin" absolut deutlich.

Noch schlimmer wird das Ganze dann durch den sog. ersten Sündenfall, den ja angeblich Eva ganz alleine verschuldete, siehe Genesis 3. Die Folgen dieses Denkens werden dann besonders extrem in der am Beginn der Neuzeit durch die von

Papst Innozenz VIII. (1484) erlassene Hexenbulle zur Verfolgung sog. Hexen sichtbar. Das ist aber ein eigenes Thema, das ich schon an anderer Stelle darstellte. Diese umfassend neue Sichtweise auf die Welt wird in dem Satz aus dem AT: „Machet euch die Erde untertan" besonders deutlich. Dieser Satz ist allerdings bereits die Folge des zu dieser Zeit neu entstehenden dreidimensional mentalen (s.u.), bzw. mythologischen Denkens. Welche gravierend negativen Folgen das Alles hatte und besonders derzeit immer deutlicher sichtbarer hat, werden wir uns jetzt gründlich anschauen müssen.

Aber zum Abschluss dieses Kapitels noch einmal ganz deutlich. Alle diese Umstände bezeichnen das, was wir bis heute als Zivilisation hochjubeln. Natürlich hatte diese daneben auch viele positive Folgen hervorgebracht, das sollte ma´u keineswegs übersehen. Aber auch hier muss ma´u genauer hinschauen. Die weitaus meisten davon, waren und sind, teils auch bis heute, immer nur den jeweils herrschenden Eliten vorbehalten geblieben. Aber für die für die immer absolute Mehrheit der Menschen – meist mehr als 90% - hatte dies schlimme bis oft absolut grausame Folgen[40]. An diesem Umstand führt einfach kein Weg vorbei. Und wenn wir dies nicht irgendwann wirklich zur Kenntnis nehmen, wird uns dieses dafür verantwortliche patriarchale Denken noch weiter mit vergleichbaren Folgen beherrschen und jegliche positiven Entwicklungen verhindern.

---

[40] siehe die ab da folgenden Kriege, aber auch Folterungen der eigenen Bevölkerung werden dabei meist „übersehen".

Kapitel II Sprache

Ab hier werden wir uns nun unserer Sprache zuwenden. Was aber ist denn eigentlich eine Sprache? Und was zeichnet denn die menschliche Sprache im Besonderen aus. Hier ist aber gleich anzumerken, dass gerade hier im Hintergrund der eigentliche Grund für dieses Buch liegt. Das hängt mit dem Umstand neuer Entdeckungen sowohl in der Biologie als auch besonders der Quantenphysik zusammen. Danach hängt in dem, was wir mit der Einheit des Wirklichen (C.F.v. Weizsäcker) meinen, alles mit allem zusammen. Wie sich noch zeigen wird, bleibt hier der Begriff der Realität, bzw. dessen gemeinter Inhalt, außen vor.

Das Problem besteht insonderheit darin, dass wir in unserer derzeit dominanten Sprachstruktur, bzw. Grammatik, eine damit immer existente Dualität erzeugen. Mit der Subjekt-Objekt-Trennung wird schon lange und in weiten Kreisen der Wissenschaften weiterhin der Blick für den eben dargestellten immer existenten inneren Zusammenhang von „Allem-was-Ist" nicht nur „verweigert", sondern regelrecht versperrt. Um diesen Umstand systematisch aufzuarbeiten, wollen wir uns zunächst die Sprache allgemein näher anschauen. Uns dann aber entlang dieser Sprachstruktur und zuletzt dem immer umfassenderen Gebrauch von Substantiven „vorarbeiten", um diesen Zustand zunächst aufzuzeigen. Dann vor allem aber seine Entstehensgründe nachzuweisen und in einem letzten Schritt neue Wege anzudeuten, wie wir eventuell diesem Dilemma entkommen könnten. Bevor wir aber diese Schritte einen nach dem anderen gehen können, müssen wir zunächst diese Schritte selbst genauer darstellen.

Was also ist eine Sprache überhaupt und eine menschliche im Besonderen? Wie bei allen komplexen Systemen, die zuerst die Natur und dann wir Menschen hervorbrachten, bestehen fast immer sehr unterschiedliche Meinungen und „Definitionen" dazu. Schauen wir uns daher mal zwei an, die ma´u in Wik. finden kann. Danach „versteht man unter Sprache die Menge (oder Art) von Zeichen, die als Elemente (einer je benutzten Sprache) alle <komplexen Systeme der Kommunikation> beinhaltet". Eine andere Definition lautet: „Sprachen sind <die Systeme von Einheiten und Regeln, die den Mitgliedern von Sprachgemeinschaften als Mittel der Verständigung dienen>". Beginnen wir bei der zweiten dieser Definitionen, da sie offensichtlich die allgemeinere Sicht auf eine Sprache zum Ausdruck bringt.

a. Sprache allgemein

Beginnen wir auch hier grundsätzlich; was versteht ma´u in diesem Zusammenhang unter einem System? Als System wird allgemein ein Gebilde zusammenhängender Teile bezeichnet, die durch Beziehung, Verknüpfung, Wechselwirkung oder Interaktion ein gemeinsames Ganzes bilden. Dessen systematische Ganzheit kann als ein struktureller, funktionaler, aufgaben-, sinn- oder zweckgebundener Zusammenhang aufgefasst werden. Ist ein System räumlich und zeitlich abgrenzbar, wird es von seiner Umgebung abgesetzt und kann als offenes System mit dieser in Austausch stehen. Ein System kann Teilsysteme enthalten und selbst Teil eines umfassenderen Systems sein (Wik). Alle diese hier aufgezählten Bedingungen treffen auf alle die Umstände und Verhaltensweisen zu, die wir ganz allgemein als Sprache verstehen. Dies gilt unabhängig davon, wer ein solches System zu welchen Zwecken auch immer benutzt. Oder m.a.W., alle biologischen Lebensformen auf unserer Erde – mit Sicherheit auch solche auf anderen Planeten – kennen und benutzen eine je spezielle Sprache.

Bis vor wenigen Jahren hätte ma´u diesen Satz wohl in Bezug auf Pflanzen zurückgewiesen. Jüngste Forschungen aber zeigen immer deutlicher, dass auch alle diese Lebensformen „Sprachen" kennen und benutzen. Das hier entstehende Problem hängt aber damit zusammen, welche „materiellen" Möglichkeiten Pflanzen verwenden, um die erforderlichen oder gar erwünschten Informationen mit Hilfe ihrer je speziellen Sprache weitergeben zu können. Entdeckt und immer wieder bestätigt wurden sowohl chemische Substanzen als „Träger" solcher „Informations-Begriffe", als auch elektrische Impulse. Ja ma´u hat sogar in Wäldern, in denen die Bäume durch Trockenheit in Notsituationen waren, Ultraschall-Töne aufgezeichnet. Ob diese Töne allerdings zum Austausch von Informationen dienen ist zwar wahrscheinlich, aber noch nicht näher erforscht.

Für besonders feinfühlige Menschen, ist es völlig offensichtlich, dass auch Pflanzen mit solchen Möglichkeiten sowohl Informationen untereinander weitergeben, als auch mit uns Menschen kommunizieren können. Ja sie können damit sogar so etwas wie Gefühle empfinden und übermitteln. Diesen Umstand hat ein Mann namens Cleve Baxter, Spezialist für Lügendetektoren mit Hilfe dieser seiner Geräte in einer Art Kommunikation mit Zimmerpflanzen immer wieder nachgewiesen. Das konnten auch andere, die seine Versuche nach seinen Vorgaben wiederholten[41]. In die gleiche Richtung verweisen die Theorien von Rupert Sheldrake mit seinen morphogenetischen

---

[41] siehe Tompkins und Bird in „Das geheime Leben der Pflanzen".

Feldern. Da ja aber die immer noch dominierende materialistisch-positivistische Wissenschaftssicht die allgemeine Wahrnehmung der Öffentlichkeit vorgibt, sind diese ja schon mehr als 50 Jahre existenten Erkenntnisse wenig bis gar nicht bekannt und werden in alle Regel entweder bestritten, oder lächerlich gemacht.

Hier können wir erkennen, dass das, was in der obigen Definition als „Einheiten"[42] benannt wurde, sehr umfangreich ist. Im Allgemeinen gehen wir Menschen davon aus, dass zum Übertragen solcher „Einheiten" entweder Töne, Schriftzeichen oder Körperbewegungen – gesteuerte oder spontane – erforderlich sind. Diese unsere Meinung wurde noch dadurch bestärkt, dass auch fast alle Tiere in ihren Sprachen ihre je spezifischen sprachlichen „Einheiten" auf diese oder zumindest ähnliche Art und Weise weitergeben. Dabei wurde in der Öffentlichkeit lange „übersehen", dass auch Tiere chemische Stoffe, wie vor allem besondere Düfte[43] anwenden, um wichtige Botschaften weiterzugeben oder zu empfangen. Ja solche Möglichkeiten sollen auch bei uns in der Vergangenheit eine nicht unwichtige Rolle gespielt haben. Das haben wir aber spätestens mit unserer derzeitigen umfassenden Körperpflege und der (fast) immer existenten Nutzung künstlicher Düfte „abgestellten". Ob dies aber zu unserem Vor- oder Nachteil geschah, ist hier völlig unbekannt.

Noch schwieriger wird es, wenn wir uns dem Begriff der „Regeln" zuwenden, also das, was wir bezogen auf unsere Sprachen Struktur oder Grammatik nennen. Da die Erforschung der pflanzlichen Sprachen erst am Beginn steht, gibt es wohl vorab noch keine näheren Erkenntnisse über solche Umstände. Ma´u

---

[42] also Bedeutungs-Inhalte bestimmter Zeichen.
[43] siehe das Thema Läufigkeit bei Weibchen, oder der „Geruch" von Angst.

weiß zwar inzwischen, dass sich z.b. Bäume mit Hilfe von chemischen Substanzen sowohl gegen Fressfeinde zur Wehr setzen, als auch Nachbarbäume über solche aktuellen Gefahren informieren. Ob es hier aber so etwas wie Regeln in dieser Sprache gibt und wie weit diese reichen, ist mir völlig unbekannt. Möglicherweise auch noch den Personen, die diese Vorgänge erforschen.

Ganz ähnlich scheint mir hier auch das Problem zu liegen, wie Blütenpflanzen mit Hilfe ihrer Gerüche Insekten anlocken, um bestäubt zu werden. Ob diese „Sprache" weiterreichenden Regeln verpflichtet ist, ist für mich genauso unklar. Die wohl am umfassendsten erforschten „Sprachregeln" sind die der Singvögel. Ob ma´u allerdings wirklich weiß, ob diese Gesänge neben den bekannten noch weitere Bedeutungen haben, ist mir ebenfalls unbekannt. Auf jeden Fall gibt es dabei durchaus so etwas wie Dialekte, sind doch viele dieser Gesänge von Region zu Region untereinander erheblich abweichend.

Dieser Umstand ist aber der entscheidende bei unseren menschlichen Sprachen. Aufgrund dieser Bedeutung werde ich diesem Umstand ein eigenes Kapitel widmen. Eines ist aber natürlich fundamental. Alle diese hier kurz angesprochenen Einheiten und Regeln sind die absoluten Voraussetzungen der jeweiligen Verständigung. Oder anders gewendet; jede Art von Lebewesen braucht zu seinem je eigenen Überleben, oft auch dem seiner näheren Umgebung, dringend eine allgemein verständliche Information, mit deren Hilfe es auf was auch immer angemessen reagieren kann. Was aber ist eine Information? Oder noch anders; alle Sprachen sind ganz offensichtlich offene Systeme im obigen Sinne.

b. Information und Er-fahrung

„<Information> ist in diesem (sprachlichen) Zusammenhang eine zusammenfassende Bezeichnung für Wissen, Erkenntnis, Erfahrung oder Empathie" (Wik.). Wenn wir mal vorab den Begriff der Empathie außen vor lassen, der sich ja eher auf Gefühle und ihre Äußerung oder Wahrnehmung bezieht, ist der der Erfahrung wohl der wichtigste dieser Begriffe. So gehen doch die Begriffe Wissen und Erkenntnisse weitgehend auf diese zurück. Sicherlich gibt es ab der Denkmöglichkeit form op auch Wissen und Erkenntnisse sowohl über sprachliche Kommunikation oder eigene Überlegungen. Aber selbst diese gründen in ihren fundamentalen Bezügen auf früheren und/oder vorausgehenden Erfahrungen. Was also sind Erfahrungen, was geht vor sich, um etwas zu er-fahren? Oder anders gefragt; wie oder wo muss ich herum-fahren, um Erfahrungen zu machen? Ist aber diese Fragestellung nicht unsinnig? Wieso beziehe ich den hier gemeinten Sachverhalt permanent auf das Verbum fahren?

Nun im Allgemeinen enthalten die von uns benutzten Begriffe deutliche Hinweise auf den eigentlichen Bezug in solchen Prozessen, ohne dass uns dies – zumindest in der Regel – bewusst ist. Also wenn dies auch hier der Fall ist[44], dann sollten wir uns dieses Verb in diesem Zusammenhang mal näher anschauen. Also, wie und in welcher Art und Weise erwerben wir Wissen und Erkenntnisse, wenn wir „fahren"? Insbesondere, was bedeutet denn hier dieses Verbum genau?

Ich denke, dass ma´u hier zwei Sichtweisen angeben kann, eine direkt erkennbare und daher dann auch nachvollziehbare und

---

[44] wovon ich überzeugt bin und auch gleich zeige.

eine in einem gewissen übertragenden Sinne. Schauen wir zunächst auf die erkennbare. Wissen, und daraus zu gewinnende Erkenntnisse, kann ich immer dann erwerben, wenn ich mich umschaue. Zu erwähnen ist hier aber unbedingt, dass dieses Umschauen und mögliche Ergebnisse in dem gesuchten Sinne daraus nur dann erworben werden können, wenn der/die Schauende zumindest auf der Weltsichtebene Rot denkt. Die „schauende" Person kann sich ab hier von dem Geschauten distanzieren. Die Erklärung für diese Einschränkung können Sie ebenfalls nochmals in der obigen Beschreibung nachlesen.

Wenn ich aber dabei stehe, gehe oder gar reite wird diese Sicht entweder durch den unveränderten Standort einerseits erweitert, andererseits aber durch die Konzentration der Aufmerksamkeit in Bezug auf meine eigenen Bewegungen zumindest eingeschränkt. Die wohl umfassendsten und, bei neueren „Gefährten" am ehesten wechselnden Eindrücke ohne solche Beschränkungen, bekomme ich beim Fahren eben auf Fahr-Zeugen. Allerdings ist diese „Bewegungsweise" ja noch relativ jung, wie ein Blick auf unsere Geschichte zeigt.

Die ersten „Fahr"-Zeuge waren neben Booten und dann Schiffen, zunächst Schlitten[45], und dann beräderten Kästen. Das waren die ersten Wagen, dann aber in jüngster Vergangenheit solche mit technischen Antrieben, also die Eisenbahn, Motorboote und Autos und zuletzt Flugzeuge. Es ist gar keine Frage, dass alle diese Gefährte gute bis sehr gute Möglichkeiten boten und bieten, sich in „Ruhe" die vorbeigleitende Umgebung anzuschauen und dadurch neue Eindrücke zu bekommen. Dies gilt zumindest dann, wenn ma´u der/die Gefahrene und nicht der/die Fahrende ist, also z.B. der Kutscher eines Wagens, der

---

[45] auch von Tiere gezogen auf festem Boden, vor ca. 6-8000 Jahren.

Lokführer eines Zuges oder der Kapitän eines Schiffes oder Flugzeuges.

Ganz entscheidend zum Verständnis der hier anstehenden Frage ist aber sich dessen bewusst zu sein, dass jetzt alles so gewonnene Wissen immer nur eine Bereicherung, manchmal auch eine Ergänzung der schon existierenden „Bilder im Kopf" bedeutete. M.a.W., dieses neue Wissen konnte sich natürlich immer bereichernd auf die bisherigen auswirken. Aber von anderer Seite betrachtet; neue Erkenntnisse im Sinne einer Veränderung dieser Bilder waren durch solche Eindrücke entweder sehr selten, weil sehr schwierig, oder ganz unmöglich. Da nun aber das Fahren ja eine noch recht junge Erfindung ist, ist ja wohl der diese Weise von Erkenntnisgewinn beschreibende oder darstellende Begriff wahrscheinlich ebenfalls noch sehr jung. Aber dazu konnte ich keine näheren Angaben finden.

Um nun aber die in all diesen Lernprozessen enthaltenen Probleme wirklich richtig verstehen und dann einordnen zu können, muss ich auf die schon zitierten Forschungsergebnisse von Jean Piaget zurückkommen. Nach dessen Erkenntnissen ist jedes in einem Kopf existierende Wissen von seinem Grundsatz her eine Eigenkonstruktion. Was bedeutet diese Aussage in unserem Zusammenhang? Nochmals deutlich die Beobachtungen und Erkenntnisse von Piaget. Die besten und wirkungsvollsten[46] Erfahrungen, auch und gerade bei Kindern, entstehen durch freiwillige und eigenaktive Tätigkeiten an oder mit Gegenständen. Diese wirken in diesem Sinne dann besonders umfassend, wenn sie dem/der Handelnden durch eigenbestimmtes aktives Handeln völlig neue Einsichten vermitteln.

Oder, um es mit den Worten Piagets auszudrücken; wenn die Assimilationen, die während einer solchen Aktion im Gehirn

---

des/der Handelnden ankommen dessen/deren „Bilder im Kopf" durch Akkomodation in die Richtung des jetzt Erfahrenen verändern. Dadurch entsteht dann das, was Piaget eine Konstruktion nannte. Oder allgemeiner aus der Sicht der hier besonders involvierten Wissenschaft, der Entwicklungspsychologie: „In der Sicht dieser Wissenschaft ist Erfahrung das im Gehirn gespeicherte Ereignis, ohne welches Lernprozesse (also Eigenkonstruktionen) und die menschliche Gesamtentwicklung nicht denkbar oder gar möglich sind" (teils Wik). Wir sind ja aber die ganze Zeit dabei zu überlegen, wer oder was, vor allem aber **wie** hier ge-fahren wird, um zu solchen Ergebnissen, sprich Er-Fahrungen zu kommen.

Den weitaus meisten Menschen dürfte folgender Umstand bekannt sein. Immer dann, wenn ein solcher eigenbestimmter Handlungsablauf existiert, ein Umstand besonders „vergessen", bzw. übersehen wird, nämlich die Zeit. Dies gilt immer dann, wenn eine solche Handlung so „gefangen" nimmt, dass ma´u alles um sich her vergisst und übersieht Martin Heidegger hat in seinen Vorlesungen zu dem Thema „Die Frage nach dem Ding" in besonderer Weise die Rolle und Bedeutung von Raum und Zeit in all unseren Verstehensprozessen hervorgehoben. Es ist natürlich nicht möglich hier näher auf die darin angestellten Überlegungen einzugehen. Aber eines ist unbedingt zu beachten; der Raum wie die Zeit sind unbedingte Voraussetzungen aller unserer Erkenntnisse und Erfahrungen. Leider wird uns deren wirkliche Bedeutungen[47] auch gerade dadurch nicht wirklich bewusst.

Aber ein Umstand ist unbedingt zu beachten; selbst wenn wir in einem uns völlig "vereinnahmenden" aktiven Zustand die während dieser Aktivität vergehende Zeit nicht wahr-nehmen,

---

[47] also ein Verständnis dessen, was der Raum und die Zeit wirklich ist, da wir ja permanent im Jetzt leben und wirken und sonst nirgendwo.

„vergeht" sie natürlich. Wir könnten uns diesen Verlauf und seine für uns absolut elementaren Folgen wie folgt verdeutlichen. Wir befinden uns während dieses Vorganges in einer Art Jetzt-Zeit-Blase, die mit uns während dieses ganzen Vorganges „in der Zeit" weiter-schreitet. Noch besser wäre hier der Begriff weiter-fährt. Wir machen sozusagen unsere neue Er-Schreitung, besser Er-Fahrung, indem wir völlig auf unsere Aktion konzentriert sind und dabei in der eben angesprochenen Jetzt-Zeit-Blase durch die verlaufende Zeit **fahren**, ohne dass uns dies bewusst würde. Aber gerade dadurch bringen unsere Aktivitäten neue Er-Fahrung hervor, bzw. erschaffen sie als neue Konstruktion. Ich bin absolut überzeugt, dass eine solche „Erklärung" dessen, was wir allgemein unter einer Erfahrung verstehen, die zutreffendste ist.

Es ist erst dieses „aus der Zeit" fallen, bzw. das in dieser Zeitspanne ablaufende Jetzt-Zeit-Fahren, das erst die Voraussetzung wirklich nachhaltiger Konstruktionen_**enthält**. Dies gilt deshalb, da ja hier diese neue Er-fahrung bzw. daraus herkommende Konstruktion in unserem Gehirn entsteht. Und es sind erst diese, die dann als eigenerworbene Kenntnisse und daher kommendem Wissen die Informationen darstellen. Und erst diese sind wirklich unsere je eigenen und nicht irgendwelche irgendwo „aufgelesenen", oder gar auf-geredeten, wie derzeit immer noch in fast allen öffentlichen Bildungseinrichtungen.

Vielleicht, verehrte Leser*innen, sind Sie diesen meinen ja doch etwas „abseitigen"[48] Gedanken gefolgt. Ja vielleicht werden Sie diese sogar in ihrem zukünftigen Denken berücksichtigen. Aber ich muss jetzt mit einem weiteren ähnlichen Gedankengang kommen, nämlich dem Hinweis bzw. der Unterstellung, dass die Substantiv Er-Fahrung den eigentlichen dynami-

---

[48] in Bezug auf die übliche Sicht auf diese Zusammenhänge gemeint.

schen Vorgang des Zeit-Blasen-Fahrens weitgehend „erstarren" lässt. Es nimmt ihm seine Lebendigkeit. Wie aber kann ich diese im ersten Hinsehen doch fast aberwitzig erscheinende Behauptung begründen?

Ich muss hier allerdings hier anführen, dass ich zu dieser Behauptung unten ein eigenes Kapitel schreiben werde, so dass ich Sie vorerst darauf vertrösten muss. Aber bevor Sie mir jetzt den Kopf abreißen bzw. dieses Buch in die Ecke werfen, hier ein Zitat von Wilhelm von Humboldt. Dieses bezieht sich auf die heute meist vertretene Konventionstheorie[49] der Sprache, gegen die ich mit meinen bisherigen Darlegungen ja permanent verstoße: „Den nachteiligsten Einfluss auf die interessante Behandlung jedes Sprachstudiums hat die beschränkte Vorstellung ausgeübt, dass die Sprache durch Konvention entstanden, und das Wort nichts als Zeichen einer unabhängig von ihm vorhandenen Sache, oder eines ebensolchen Begriffs ist. Diese bis auf einen gewissen Punkt freilich unleugbar richtige, aber weiter hinaus auch durchaus falsche Ansicht **tötet**, sobald sie herrschend zu werden anfängt, allen Geist und **verbannt alles Leben**, und ihr (ver)dankt man die so häufig wiederholten Gemeinplätze: [...] dass jede Sprache, wenn man sich ihrer nur recht zu bedienen weiß, ungefähr gleich gut ist [...] die Sprache ist ein eignes und selbstständiges Wesen, ein Individuum, die Summe aller Wörter, die Sprache, ist eine Welt, die zwischen der erscheinenden außer, und der wirkenden in uns in der Mitte liegt" (Wik).

Die hier unterbreiteten Bemühungen gehen ganz in diese Richtung. Diese Darstellung Humboldts auf unsere menschliche Sprache beschreibt ziemlich deutlich meinen eigenen Standpunkt dazu. Eigentlich wollte ich dieses Zitat an anderer Stelle

---

[49] W. v. Humboldt verwendete diesen Begriff, um den ständigen Bezug des Sprechens auf allgemeine Konventionen hervorzuheben.

einfügen, da es hier aber sehr gut dazu dienen kann, meine Position durch einen ja absolut anerkannten Fachmann zu belegen, habe ich es hier eingefügt. Urteilen Sie am Ende dieses Textes selbst, ob mir eine solche neue Sicht auf unsere Sprache einigermaßen gelungen ist.

c. Kommunikation bei Pflanzen und Tieren

Oben wurden aber zwei Definitionen von Sprache angeboten. Kommen wir daher jetzt auf die erste zurück. Zweifellos ist hier der entscheidende Begriff, der der Kommunikation. Was versteht ma´u derzeit darunter? „Kommunikation ist der Austausch oder die Übertragung von Informationen, die auf verschiedenen Arten (verbal, nonverbal) oder verschiedenen Wegen (Sprechen, Schreiben) stattfinden kann". Auch in dieser Definition existieren einige Begriffe, die wir uns noch näher anschauen sollten. Es handelt sich hier besonders um die Begriffe Austausch und Übertragung. „Mit ‚Austausch' ist ein gegenseitiges Geben und Nehmen gemeint; ‚Übertragung' ist die Beschreibung dafür, dass dabei Distanzen überwunden werden können, oder es ist eine Vorstellung gemeint, dass Gedanken, Vorstellungen, Meinungen und anderes ein Individuum ‚verlassen' und in ein anderes ‚hineingelangen'" (beide Zitate Wik). Da nun aber dieser Begriff, bzw. der Vorgang der Kommunikation, vor allem im Sinne seiner aktiven Umsetzung sowohl im Tierreich, als auch im Pflanzenreich eine besonders entscheidende Bedeutung hat, wollen wir uns diese Vorgänge[50] näher anschauen.

---

[50] soweit sie erforscht und/oder mir bekannt sind.

Beginnen wir hier mit dem Begriff Übertragung, hier speziell zunächst bei Pflanzen. Was wird in solchen Vorgängen immer und in jedem Falle übertragen? Nichts anderes als das, was wir oben mit dem Begriff der Information dargestellt haben. Allerdings ist hier dringend darauf zu achten, dass sich diese auf eine dieser Information vorausgehende Erfahrung stützt und die letztlich eine Reaktion der „Empfänger" bewirken soll. Ein solcher Vorgang setzt ja aber eine bestimmte Art von „Bewusstsein" bei den „Akteuren" voraus und zwar in mehrfacher Weise. Schauen wir uns diesen Prozess bei zwei schon erwähnten und in Ansätzen erforschten Abläufen an, nämlich der Reaktion von Bäumen auf Verbiss und den Lockduft von Blühpflanzen an „Bestäuber".

Der zweite hier angesprochene Ablauf könnte zumindest vordergründig leicht erklärt werden. Die Evolution hat ja im Laufe der enormen Zeitabläufe, in denen sie „tätig" war, die wunderbarsten „Verhaltensweisen" bei allen beteiligten Individuen und Arten hervorgebracht. Diese unterstützten dann die sich entwickelnden Individuen gegenseitig in ihrem Überleben nicht nur, sondern diese ermöglichten es erst. Als ein besonders gutes Beispiel kann die neuerdings in diesen Forschungen hervorgekommene Rolle der Pilze als Informationsüberträger - und Nahrungsüberträger zwischen Bäumen und ihren „Kindern" - bei Bäumen dienen. Entscheidend ist dabei, dass sowohl die Pilze durch Nahrungserwerb, aber auch die Bäume profitieren. Wir haben hier eine klassische Symbiose im Sinne einer Winn-Winn-Situation.

Was hier aber meist nicht beachtet wird ist die „Vermutung", dass es bei solchen Vorgängen „irgendwo" „etwas" (??) gibt, das solche Entwicklungen sinnvoll „aufeinander" abstimmt. Oh ja; ich weiß selbstverständlich, wie das unsere Wissenschaft meist begründet. Mit den Begriffen Mutation, Selektion, Zufall und den enormen Zeitspannen, in denen solche „Ergebnisse"

„hervorgebracht" werden, glaubt ma´u, nein behauptet ma´u, solche Abläufe verstanden zu haben und sie damit erklären zu können. Aber funktioniert das wirklich? Zeigen uns diese Überlegungen und daher abgeleitete Erklärungen wirklich den Verlauf und insbesondere Grund dieser Entwicklungen?

Bevor hier eine Antwort vorgeschlagen wird, wollen wir uns zunächst den oben erwähnten Vorgang der Informations-Übertragungen anschauen. Vielleicht ergibt sich ja hier ein Ansatz. Also ganz konkret; ein Reh, oder ein Hirsch z.B. fressen an einem Laubbaum Blätter ab. Ein so „an-gefressener" Baum ist jetzt wirklich „an-gefressen" – hier durchaus im doppelten Sinne gemeint – und „sendet" bestimmte Gifte in seine Blätter. Diese schädigen dann diese Tiere bei weiterem Verbiss[51]. Gleichzeitig verteilt dieser Vorgang eine chemische Information in die Umgebung, so dass auch andere Bäume „vorsorglich" einen solchen Verbiss durch interne Giftverteilung bekämpfen. So weit, so gut. Aber bei genauerem Bedenken dieses Ablaufs ergeben sich zwangsläufig einige wichtige Fragen. Wer oder was **in** dem Baum „empfindet" und „erkennt" den Verbiss und dessen schädigende Folgen für „ihn"? Woher „weiß" dieser Baum, was hier helfen könnte und vor allem wie und wann? Setzt das nicht so etwas wie Er-fahrung voraus, die auch noch weitergegeben, oder gar „vererbt" wird? Woher wissen die Nachbarbäume, wie sie das chemische Signal „erkennen" „deuten" und selbst **„richtig"** anwenden sollen?

Nochmal; setzen denn nicht alle diese Aktivitäten und von diesen hervorgerufenen Abläufe unbedingt so etwas wie ein wie auch immer geartetes Bewusstsein des jeweils betroffenen und handelnden, aber dann auch der weiteren „informierten"

---

[51] Dieser Vorgang wurde zum ersten Mal im Krüger Nationalpark in Südafrika beobachtet und erforscht.

und danach handelnden „Individuen" voraus? Und wie erkennen „erwachsene" Bäume ihre **eigenen** Nachkommen und versorgen sie lange Jahre mit entsprechender Nahrung und das auch noch mit Hilfe „dazwischengeschalteter" Pilze. Dies ist ein weiterer solcher Vorgang, der in jüngster Zeit bekannt und erforscht wurde. Ma´u kann sich drehen und wenden, wie ma´u will. Die schon oben mit Cleve Baxter erwähnten neuen Erkenntnisse über ein in allen Pflanzen existentes Bewusstsein feinstofflicher Art, lässt sich einfach nicht mehr länger bestreiten. Denn nur von daher sind alle diese neuen Beobachtungen und inzwischen immer umfassender belegten Abläufe in Pflanzen und damit der Natur allgemein zu verstehen.

Oder anders ausgedrückt; Alles hängt mit Allem zusammen, ob das einer materialistisch-positivistisch indoktrinierten und ideologisierten Naturwissenschaft passt oder nicht. Christof Schorsch bringt diesen Zusammenhang mit den folgenden Worten präzise auf den Punkt: „Es ist ja lediglich der Prozess der (derzeitigen naturwissenschaftlichen) Wahrnehmung, der jene Teile in Gedanken aussondert und isoliert, die vielleicht gerade besonders interessieren oder bedeutsam erscheinen. In Wirklichkeit ist nichts jemals von der Gesamtheit isoliert. Das Universum ist kein Flickwerk aus einzelnen Fragmenten"[52]. Oder an anderer Stelle in Bezug auf die derzeitige Situation: „Ein wesentlicher Grund für die Verschärfung der (derzeitigen) Krise liegt nämlich in der mangelnden Übereinstimmung unserer Vorstellungen über die Wirklichkeit mit der Wirklichkeit selbst, also mit der Art und Weise des Denkens. Unsere Paradigmen sind der Wirklichkeit tatsächlich unangemessen, sie

---

[52] C.S. „Die große Vernetzung" S.53

bilden dessen ungeachtet den Rahmen für alle Wahrnehmungen und daraus resultierenden Handlungen"[53]. Wissen wir denn jetzt aber wirklich, wie das Ganze funktioniert?

Natürlich nicht, denn damit ist ja nur die Hälfte einer Kommunikation dargestellt, nämlich eine einseitige, von einem „Teilnehmer" ausgehende Übertragung von Informationen. Um einen solchen Vorgang aber als Kommunikation zu verstehen, muss ein Austausch vorliegen. Oder anders gewendet; erst wenn die „informierten" Teilnehmer ihrerseits Informationen übertragen, also auch „Meldungen" welcher Art auch immer zurückgeben, kann ma´u wirklich von Kommunikation sprechen. Damit wird ja aber dieser ganze Vorgang noch komplexer. Aber ist es denn nicht so, dass ein Wald ein umfassendes Kontinuum ist, in dem alle „Akteure", sprich alle Pflanzen und Tiere – also auch Pilze und Insekten – in einer permanenten Kommunikation miteinander verbunden sind? Bringen denn diese neuesten Forschungen nicht genau diesen Umstand so Stück für Stück zum Vorschein? Das gilt aber natürlich auch für praktisch alle natürlichen Lebensräume. Wenn ma´u die Forschungsergebnisse von Baxter wirklich ernst nimmt, kann das gar nicht anders sein. Aber schauen wir auch hier nochmals genauer.

Betrachtet ma´u sich die eben dargestellten Beispiele, kann ma´u zwar bis zu einem gewissen Grade eine solche Kommunikation als Folge von in langen Zeiträumen erworbenen Instinkten verstehen und zumindest im Ansatz erklären. So sind die „Bezüge" zwischen bestäubenden Insekten und den bestäubten Pflanzen zumindest auf der Seite der Insekten durchaus auch von daher zu verstehen und in nicht unbedeutendem Umfange vorgegeben. Aber Konrad Lorenz hat sinngemäß da-

---

[53] a.a.O. S.28

rauf verwiesen, dass das Vererben von Verhaltensweisen längere Zeiträume beansprucht, als das Vererben von Körpermerkmalen. M.a.W., nach seinen Beobachtungen würde das mehrere Tausend Jahre dauern. Wie sollten denn aber in solchen Zeiträumen so absolut einmalige Übereinstimmungen von manchen Pflanzen mit oft nur einer Insektenart zur Bestäubung, oder die Ernährung mancher Tiere mit nur einer Sorte von Pflanzen unter einer solchen Prämisse zustande kommen? Das erscheint völlig ausgeschlossen, da in solchen Zeiträumen beide „Partner" einer solchen „Kommunikation" schon längst ausgeschlossen, nämlich verstorben wären.

Instinkte sind natürlich im Tierreich in großer Zahl zur Steuerung bestimmter Aktionen oder Reaktionen existent. Aber sowohl aus dem Pflanzen-, als auch dem Tierreich, aber natürlich auch bei uns Menschen ist bekannt, dass geistige Kommunikation[54] meist mehrere Sekunden Zeit braucht, bis eine Reaktion erfolgen kann. Dadurch könnte es für viele Tiere oft zu spät sein, um „erfolgreich"[55] zu sein. Instinkte, die ja eine „sofortige" Reaktion hervorrufen, waren daher eine absolut sinnvolle Variante der Evolution in der Verhaltensausstattung von Tieren. Aber es wird immer deutlicher, dass diese Seite der Erkenntnis aus der Tierbeobachtung absolut nicht ausreicht, um alle Verhaltensweise von Tieren zu erkennen und von daher zu verstehen. Die Wahrnehmung und Beachtung der Möglichkeiten aus der feinstofflichen Kommunikation gerade auch denen von Sheldrake würde uns hier unbedingt völlig neue Einsichten ermöglichen und damit erheblich weiterhelfen.

---

[54] ob nun in dem Sinne verstanden, wie bei Tieren oder bei uns Menschen, oder die feinstoffliche Variante, wie sie Baxter erkundete.
[55] ob im Sinne von Beutefang oder Flucht vor Angreifern ist unerheblich.

d. Menschliche Kommunikation

Aber schauen wir uns jetzt mal die menschliche Kommunikation etwas näher an. Vielleicht gewinnen wir ja von daher neue Einsichten. Wenn wir uns aber der menschlichen Kommunikation zuwenden, finden wir eine ganze Anzahl von teils weitgehend unbekannten, oft aber auch schlicht übersehenen und/oder verdrängten Umstände, die ein wirkliches Verständnis erschweren. Ja sie erschweren nicht nur ein Verständnis, sie stellen manchmal eine umfassende Be- bis Verhinderung unserer Kommunikation dar. Hier ein Beleg für diese doch nicht gerade „angenehme" Behauptung. Gerade in der gegenwärtigen Zeit kann ma´u immer wieder erleben, dass Menschen völlig aneinander vorbeireden.

Aber nicht nur das, sie bestehen dann oft so extrem auf der eigenen Meinung, dass es absolut keine Möglichkeit eines Verständnisses gibt. Ma´u beachte z.B. die Auseinandersetzungen zwischen „links" und „rechts". Ganz offensichtlich ist jede/r der Teilnehmer*innen solcher Auseinandersetzungen jeweils völlig davon überzeugt, nur seine/ihre Sichtweise und daher kommende Meinung ist die richtige, Punkt.

Ein Ansatz, neben anderen, solche Umstände zu verstehen, liefert die Theorie der Weltsichtebenen. Erste Folge dieser Sichtweise und ihrer Verständnismöglichkeit besteht darin, die unterschiedlichen Sichtweisen und daher kommenden Vorteile aber auch Behinderungen der unterschiedlichen Ebenen zu kennen und von daher dann solche Umstände zu verstehen. So sind Menschen, die auf der Ebene des egoischen Denkens denken und von daher argumentieren, absolut davon überzeugt immer recht zu haben[56]. M.a.W., wenn so denkende Menschen eine bestimmte Sichtweise zu einer Sache haben, sind sie praktisch nicht davon abzubringen.

Auf der folgenden mythologischen Ebene sind das dann Menschen, die immer solche Positionen vertreten, die ihnen Autoritätspersonen vorgegeben haben, denen sie unbedingt vertrauen und an die sie daher umfassend glauben. Die derzeitigen Auseinandersetzungen in den USA, besonders von Anhängern verschiedener traditioneller Religionsgemeinschaften praktiziert, bestätigen diese Sicht ganz deutlich. In einem nicht unerheblichen Ausmaß gilt dies übrigens auch bei uns in Deutschland mit den Anhängern der AfD, oder europaweit in Bezug auf die jeweiligen Populisten.

Nicht ganz so deutlich kann ma´u dies bei rational denkenden Menschen erkennen. Diese sind vorab Personen, die einfach umfassend an Konkurrenz und persönlichen Erfolg glauben und diesen daher mit allen Mitteln erreichen wollen. Dabei ist es ihnen völlig egal auf wessen Kosten das geht, auf die ihrer Mitmenschen oder der der Natur ist dabei unerheblich. Das hat insbesondere auch damit zu tun, dass sie sich, um ihre Ziele zu erreichen, entweder nicht an allgemeine Regeln halten, oder diese in ihrem Sinne „zurechtbiegen". Die weitaus meisten der derzeitigen Auseinandersetzungen weltweit zwischen so denkenden und handelnden Menschen, und Menschen, die die Folgen solcher Handlungen erkennen und verhindern wollen[57] zeigen dies klar und deutlich.

Es sei zum besseren Verständnis dieser Umstände und deren Folgen vermerkt, dass mythologisch und rational denkende

---

[56] siehe nochmals mein oben dargestelltes Erlebnis mit einer solchen Person.
[57] also Anhänger eines ökologischen, oder gar eines integralen oder gar holistischen Denkens, also Denken des zweiten Ranges.

Menschen je ca. 30% der Weltbevölkerung ausmachen und es von daher auf absehbare Zeit enorm schwierig sein wird, einigermaßen vertretbare Lösungen für die daher kommenden Probleme zu finden. Es sei aber nicht verschwiegen, dass hier einerseits alle großen Religionen, an denen ja die weitaus meisten mythologisch denkenden Menschen orientiert sind, einen wesentlichen Teil all dieser Auseinandersetzungen verursachen, zumindest aber oft beeinflussen. Darüber hinaus wären sie aber sehr wohl in der Lage, durch eine „Veränderung" ihrer Positionen in Richtung neuerer gesellschaftlicher Entwicklungen und deren Lösungen, viel zur Entspannung innergesellschaftlicher Auseinandersetzungen beizutragen.

Dies ist aber nur ein erster Ansatz zum Verständnis all dieser Umstände. Ein weiterer wäre die Kenntnis und Wahrnehmung der Folgen der allgemein nach wie vor weltweit praktizierten patriarchalen Erziehung. Diese ergeben sich vor allem und gerade aus der immer noch umfassend geforderten und meist auch umgesetzten Gehorsamserziehung. Der absolute Skandal in diesem Zusammenhang besteht darin, dass diese damit verfolgten Absichten, nämlich selbständiges Denken der heranwachsenden Generationen ab deren Geburt zu verhindern von allen machthierarchisch organisierten Staaten vorgegeben und daher weltweit praktiziert wird, auch und gerade von sog. Demokratien. Das geht ganz nach dem Motto, der Feind ist der/die, der/die selbständig denkt.

Wie schwer es aber ist, diese Zusammenhänge erstens wahrzunehmen und dann auch noch diese zu verstehen, zeigt uns das Beispiel M. Luther. Für ihn war Autoritätsgläubigkeit[58], gleichbedeutend mit einer Verachtung des eigenen Selbst. Das traf ja auch völlig zu und gilt nach wie vor. Obwohl er so dachte,

---

[58] die ja aus der Gehorsamserziehung stammt.

erkannte er nicht die Herkunft solchen Verhaltens und Denkens aus dieser Gehorsamserziehung. Daher sprach er davon, dass ihm „ein toter Sohn lieber sei, als ein ungehorsamer". (A. Gruen/Siirala). Von diesen Voraussetzungen herkommend ist es eben unbedingt entscheidend wahrzunehmen und dann von daher zu verstehen, dass wir immer noch in machthierarchisch organisierten Gesellschaften und Staaten leben. Alle größeren Organisationen in praktisch allen Staaten dieser Welt, angefangen von den Staaten selbst und ihren Verwaltungen, über die Kirchen, die Parteien, größeren Wirtschaftsorganisationen, bis hinunter zu den kleinsten Vereinen, alle und jede sind nach wie vor auf dieser Grundlage organisiert. Und in solchen Organisationen ist weder Selbstbewusstsein, noch selbständiges Denken gefragt. Was hat aber das alles mit einer „freien" (??) Kommunikation zu tun? Absolut vieles bis fast alles.

Es ist ja kein Geheimnis, dass alle Diskussionen und damit letztlich eben auch die Kommunikation innerhalb solcher Organisationen prinzipiell so verlaufen, dass der/die Vorsitzenden weitgehend vorgeben, wie und wohin solche Diskussionen zu laufen haben. Gott sei Dank gibt es zunehmend Ausnahmen von solchen Verläufen. Aber wie immer sind solche Ausnahmen, da sie ja gerade als solche wahrgenommen werden, eine Bestätigung der eben behaupteten Umstände. Wären nämlich gleichberechtigte Kommunikationsverläufe die Regel, würden diese Ausnahmen ja nicht als solche auffallen. Was hier aber besonders zu beachten ist, ist ein absolut gravierender Umstand, der ja aus der Gehorsamserziehung folgt. Jedes zum Gehorsam erzogene Kind unterwirft sich nicht nur dieser den Gehorsam vorgebenden Person, die ja damit auch **die** Autorität gegenüber dem Kind ist, dem es folgt[59], sondern identifiziert sich in aller Regel mit dieser Person.

Dieser Umstand hat zur Folge, dass diese Gehorsamsabhängigkeit von einer Autorität allgemein, später – mit wenigen Ausnahmen - auf alle öffentlich anerkannten Autoritäten übertragen wird. M.a.W., jede gesellschaftlich anerkannte Autorität kann immer noch davon ausgehen, dass die absolut überwiegende Mehrzahl aller „ihrer" Untertanen[60] auf ihre Anweisungen oder gar Befehle „folgsam" reagieren und sich entsprechend verhalten. Alle Untertanen in allen autoritären Gesellschaften, bis in die Gegenwart, bestätigen dies nach wie vor immer erneut. Das ist genau der Grund, weshalb dieser Umstand eben auf gar keinen Fall abgeschafft werden kann und schon gar nicht darf. Den absoluten wissenschaftlichen Beleg für diesen Umstand hat das schon erwähnte weltweit in den 60er und 70er Jahren des letzten Jahrhunderts durchgeführte Milgram-Experiment immer wieder erbracht. Danach sind nach wie vor etwa 2/3 aller Menschen bereit andere Menschen zu töten, wenn Ihnen dies eine „Autorität" befiehlt, vor allem aber „scheinbar" die Verantwortung für eine solche Tat übernimmt. Wenn ma´u aber Kommunikation als einen gleichberechtigten Austausch von Informationen versteht, kann ma´u deutlich erkennen, dass es in autoritär organisierten Staaten in der Regel eben einen solchen weder in privaten, noch in öffentlichen Debatten wirklich geben kann. Daran führt einfach kein Weg vorbei.

Der nächste Umstand, den es in diesem Zusammenhang zu beachten gilt, ist der unserer „Bilder im Kopf". Was meint dieser

---

[59] da es um „überleben" zu können gar nicht anders konnte
[60] Das ist der gängige Begriff für autoritätsabhängige Personen.

Begriff? Diese Metapher versucht die Folgen aus den bis hierher in Bezug auf unsere allgemein menschlichen Lebensbedingungen dargestellten Umständen aufzunehmen. Oder anders ausgedrückt; alle Folgen der Ontogenese[61] eines jeden Menschen stellen die Voraussetzungen und Bedingungen für diese „Bilder" dar. Das beginnt mit der Schwangerschaft, also in welchen Umständen und Verhältnisse die zukünftige Mutter lebt. Ob sie schlecht oder anerkennend behandelt wird. Ob sie raucht oder Alkohol konsumiert. Oder alle möglichen Handlungen ausführt, deren Folgen sich auf das zukünftige Kind positiv oder negativ auswirken. Alles das wird noch umfassend wichtiger, wie die jeweiligen Eltern oder sonstigen Erziehungspersonen sich dem Kind gegenüber nach dessen Geburt verhalten. Ist das die oben angesprochen ja immer noch übliche autoritäre Erziehungspraxis, können wir im folgenden Leben solcher Kinder alles das beobachten, was Arno Grün, Horst E. Richter und viele andere in ihren Büchern immer wieder darstellen. Nämlich Kinder, die ohne Selbstbewusstsein sind, den „Verlust des Mitgefühls"[62] erleben müssen, aber erfüllt von bekämpftem und daher verdrängtem Hass auf sich selbst und seine „Unterdrücker".

Dieser Hass kann aber jederzeit hervorbrechen, entweder wenn er auf „Sündenböcke" projiziert werden kann[63], oder wenn ihm/ihr die Folgen solcher Handlungen von „Autoritäten" abgenommen werden. Alle Sklavenhaltergesellschaften, Kriege, Folterkeller, Kz´s und Gulags dieser Welt seit rund 6000 Jahren sind dafür umfassender aber auch ausreichender Beleg. Dies gilt gerade auch deshalb, weil nach wie vor die Mehrheit

---

[61] Die „Folgen" aller Einflüsse, denen ein Kind während seines Heranwachsens ausgesetzt ist.
[62] Titel eines Buches von Grün
[63] siehe in jüngster Zeit die Fälle Christchurch oder El Paso, aber noch viele mehr.

aller Menschen diesen Umstand nicht sehen und anerkennen will. Als Beleg auch für diese Aussage erinnere ma´u sich an den Umgang der betroffenen und/oder gar beteiligten Menschen in allen Diktaturen der jüngeren Vergangenheit nach deren Ende. Aber auch der weißen Rasse allgemein in Bezug auf die Vernichtung ganzer Völker auf den westlichen oder südlichen Kontinenten, siehe als besonderes Beispiel die USA, aber natürlich nicht nur diese.

Damit aber dieser Zusammenhang nicht falsch verstanden wird und nur auf offensichtlich autoritär handelnde Eltern „abgeladen" wird, muss dringend darauf verwiesen werden, dass die Handlungen sog. Helikoptereltern in Bezug auf ihre Kinder keineswegs in ihren Folgen „besser" zu bewerten sind. Ob nämlich ein Kind durch Befehl oder „erdrückende Liebe" zu bestimmten Handlungen oder erwünschten Verhaltensweisen gezwungen oder ge-zogen wird, ist für das Ergebnis in Bezug auf eine weitgehend zerstörte Psyche völlig unerheblich. Was nämlich auch hier genauso umfassend fehlt ist das, was absolut grundlegend für eine selbstbewusste Persönlichkeit ist, nämlich die umfassende Anerkennung eines heranwachsenden Kindes in seinen eigenen Bedürfnissen und Wünschen.

Natürlich müssen auch „frei" denkende Kinder durch „Erziehungsmaßnahmen" in die Bahnen gelenkt werden, die für eine freie und selbstbewusste Gesellschaft Voraussetzung sind. Aber das gelingt nur entweder durch konsequentes Vorleben solcher erwünschter Verhaltensweisen, oder liebevolle, ein Kind in seiner Persönlichkeit umfassend achtende Behandlung. Dies kann z.B. in Form von Hinweisen und/oder deutlichen Erklärungen gelingen. Vor allem aber mit begleitenden Reaktionen der Erzieher*innen, die aber immer und vor allem auch die Achtung vor dem Kind mit verdeutlichen. Nur auf dem Hintergrund solcher Voraussetzungen ist eines Tages Kommunikation möglich, die einen umfassenden Austausch von Argumenten darstellt, die auch weitgehend von allen verstanden und akzeptiert werden können. Oder eben manchmal auch zu Kompromissen führen, die dann von allen akzeptiert und mitgetragen werden.

Aber dass Sie mich nicht falsch verstehen. Natürlich ist das ein zukünftiger annähernder Idealzustand. Selbstverständlich ist es bis dahin unbedingt erforderlich permanent Kommunikation auch unter den derzeitigen eingeschränkten Bedingungen zu üben und immer erneut zu üben. Aber die bis hierher dargestellten Hindernisse bis Behinderungen auf diesem Wege müssen endlich umfassend wahr-genommen und anerkannt werden. Wenn das nicht der Fall ist, bleibt entweder immer nur Frust, oder gar tiefe Enttäuschung vieler Beteiligter. Dieser Umstand ist einer der Hauptgründe für den Erfolg der derzeitigen populistischen Bewegungen und daraus entstehenden Organisationen bis Parteien. Solange aber Kommunikation öffentlich meist nur in Form von Diskussionen[64] abläuft, wird sich hier nicht nur nichts ändern, sondern sie wird immer noch weiter in solche Richtungen abdriften. Nicht umsonst werden ja öffentlich diejenigen Personen besonders anerkannt und auch verteidigt, die ehrlich ihre Meinung vertreten und auch dann dazu stehen. Wenn diese dann auch noch in der Lage und bereit sind, andere Meinungen nicht nur anzuhören, sondern auch in ihr Urteil und dann folgender Handlungen aufzunehmen, haben sie noch größere Chancen auch in Zukunft gehört, oder gar wiedergewählt zu werden.

An dieser Stelle darf aber auch nicht unterschlagen werden, dass gerade derzeit praktisch alle Politiker*innen in der Regel

---

[64] Eine Diskussion ist das absolut alleinige Vertreten der eigenen Position ohne Bereitschaft auf Gegenargumente einzugehen oder diese gar anzuerkennen (s.u.).

nur solche Projekte, Aktionen bis Gesetze um- und durchsetzen **dürfen**, die den fast immer nur im Hintergrund agierenden wirtschaftlichen Eliten in den Kram passen. Versuchten idealistisch agierende Politiker – *innen sind mir in diesem Zusammenhang unbekannt – insbesondere die Interessen des Volkes zu vertreten, wurden sie entweder aus ihrem Amt „verdrängt" (??), siehe der Fall Mosadegh im Iran, oder gar umgebracht, siehe der Fall Allende in Chile, aber noch viele mehr, wie Sie bei John Perkins oder Stephen Kinzer nachlesen können. Wie die nie wirklich geklärten Fälle der Ermordung Kennedys und Olaf Palmes hier zu beurteilen sind ist so lange unklar, so lange eben keine wirkliche Klarheit gewonnen werden kann.

Dass aber üblicherweise hier Bestechung bis Korruption die Regel ist, belegt das Buch „Die hohe Kunst der Korruption" von H.E. Richter sehr deutlich. Dazu kommen noch die ganz erhebliche Anzahl geheimer Organisationen[65], die umfassend unsere derzeitigen öffentlichen Handlungen und diese begleitende Kommunikation mitbedingen, vor allem aber mitbestimmen, weil ein erheblicher Teil führender Politiker*innen, aber auch Zeitungsinhaber darin Mitglieder sind. Auch hier bleibt noch ein weiter Weg.

Es bleibt aber noch ein weiterer Umstand, der unbedingt erwähnt werden muss, der aber direkt damit in Verbindung steht, nämlich dass wir in unserem Bewusstsein immer alleine sind. M.a.W., alles, was wir wissen, bzw. zu wissen glauben, sind Daten, Fakten und Erfahrungen, die durch Eigenkonstruktionen **in unserem** Kopf zustande kamen und immer noch kommen, siehe erneut oben Piaget. Entscheidend ist nun aber in diesem Zusammenhang unsere Fähigkeit, diese „Bilder", bzw.

---

[65] siehe die CFR, die MPS, die Bilderberger, Skull and Bones, um nur vier der bekanntesten einer großen Zahl weiterer zu nennen, die Sie bei Recherchen sogar bei Wik finden können.

Konstrukte mit Hilfe sprachlicher Zeichen zu äußern, anderen mitzuteilen. Oder anders formuliert; gerade wir Menschen sind immer Teil einer menschlichen Sprachgemeinschaft.

Im Folgenden sollen nun die wichtigsten Erkenntnisse des Schweizer Sprachwissenschaftlers De Saussure betrachtet werden, mit deren Hilfe wir unsere grundlegenden die im menschlichen Gebrauch der Sprache enthalten sind, aufzuzeigen. De Saussure unterscheidet zunächst zwischen den drei Begriffen Language, Langue und Parole. Langage ist dabei zunächst die menschliche Sprache als solche, oder anders gewendet das biologische Vermögen des Menschen zu sprechen. Der Begriff Langue verweist auf Sprache im Sinne einer bestimmten Einzelsprache wie Französisch oder Deutsch, als ein abstraktes System von Regeln. Aber auch auf innersprachliche Systeme, wie z.B. die Lautsprache, oder auch die Gebärdensprache. Und Parole ist das eigentliche Sprechen, oder der konkrete Sprachgebrauch (teils Wik).

Wenn ma´u nun aber den Begriff der Language in dem hier vorgeschlagenen Sinne als biologisches Vermögen zu sprechen versteht, kann ma´u diesen Begriff dann natürlich auf alle anderen biologischen Sprachvermögen zumindest bei den Tieren anwenden. Ja in einem erweiterten Sinne[66], sogar auf die Pflanzen. Ob dann aber der Begriff Langue auch auf außermenschliches Sprachvermögen anwendbar ist, ist zunächst nur teilweise nachzuvollziehen. Natürlich gibt es zumindest auf der Ebene der Tiere in einem gewissen Sinne „Einzelsprachen", siehe den sehr unterschiedlichen Gesang der Vögel. In wieweit aber hier Regeln existieren ist nur schwer zu erkennen, aber

---

[66] wenn ma´u ihn nicht nur auf Lautäußerungen alleine reduziert, sondern auf Informationsweitergabe allgemein.

schon gar keine abstrakten. Noch unbekannter ist dieser Umstand in Bezug auf Pflanzen, da deren „Sprachvermögen" ja eh erst seit relativ kurzer Zeit bekannt ist und erforscht wird.

Kommen wir aber auf weitere Besonderheiten der menschlichen Sprache zurück. Wichtig ist hier ein weiteres Prinzip, das De Saussure erkannte, und zwar das der Arbitrarität. Damit ist die sog. „Freiheit des Zeichens" gemeint. Was meint das? Ein Zeichen ist üblicherweise etwas, das auf etwas anderes hindeutet, dieses be-zeichnet. In unserem konkreten Falle sind das Sprachzeichen. De Saussure erkannte, dass keine in dem Sprachzeichen selbst liegende Eigenschaft an eine bestimmte Bedeutung eines Wortes oder Begriffs gebunden ist. Dies lässt sich sowohl an dem Umstand ablesen, dass verschiedene Sprachen verschiedene Zeichen für gleiche Bedeutungen verwenden, als auch daran, dass sich die Bedeutung von Worten, also Sprachzeichen mit der Zeit verändern kann.

Das nächste Problem das hiermit direkt zusammenhängt, ist das der eigentlichen Bedeutung eines jeweils für einen bestimmten Sachverhalt benutztes Zeichen. Diese Bedeutung ist eben keine Eigenschaft von Zeichen, sondern ergibt sich aus der jeweiligen Verwendung ihrer durch die Sprachgemeinschaft vorgegebenen Bedeutung. Ein so ganz speziell verwendetes Zeichen – nehmen wir das Wort (Zeichen) Baum - wird in seiner jeweiligen Bedeutung nach den obigen Überlegungen eben nicht aus sich heraus so „be-deutet", bzw. bestimmt, sondern durch seine Unterschiede zu anderen Zeichen abgegrenzt und mit der jetzt gemeinten Bedeutung belegt. Ganz besonders wichtig zum Verständnis unserer Probleme in der gegenseitigen Verständigung durch diese Zeichenbenutzung ist aber zu verstehen, dass jedes Sprach-Zeichen, das ich zur Benennung von was auch immer verwende, immer nur im direkten Bezug zu **meinen** „Bildern in **meinem** Kopf" gemeint ist. Ja nur so gemeint sein kann, denn ich kann mich ja immer nur auf diese meine „Bilder" oder Konstrukte beziehen. De Saussure nannte dieses Zeichen, in dem nur meine „Be-deutung" enthalten ist, das Signifikat.

M.a.W., jedes Signifikat (Wort) das ich ausspreche oder schriftlich weitergebe, ist ein Ab-Bild meiner Konstruktion. Das alles Entscheidende ist nun aber zu verstehen, dass das, was jetzt im Kopf des/der Hörers/in dadurch an-gesprochen wird, der sog. Signifikant ist, jetzt gemeint als Bedeutung im Sinne des „Bildes im Kopf" des/der Hörenden. Dieses „Bild" aber entspricht natürlich in gar keinem Falle **meinem** „Bild". Oder m.a.W., egal wie oder mit wem wir uns unterhalten oder kommunizieren. Wir sprechen immer bis zu einem gewissen Grade aneinander vorbei. Und da oben drauf kommt jetzt noch, dass weder das Signifikat noch der Signifikant identisch mit dem Referenten ist, also der gemeinte Gegenstand oder Sachverhalt, auf den sich das jeweilige Zeichen (Wort, Begriff) bezieht. Es ist und bleibt immer die je eigene Konstruktion, die ja genau aus diesem Grunde eben das „Ding da draußen", in welchem Sinne auch immer verstanden, nie direkt oder übereinstimmend „kopiert".

Wenn ma´u aber bedenkt in welchem Ausmaß auch noch die schon eingangs zu diesem Kapitel erwähnten „Beeinträchtigungen" unseres allgemeinen gegenseitigen Verständnisses ein solches gegenseitiges Verständnis zusätzlich erschweren, können wir erst erkennen in welchem Ausmaß unser Verständnis und damit jede Kommunikation belastet, bis annähernd unmöglich ist.

Aber wenn Sie, verehrte Leser*innen glauben, dass mit dieser bisherigen Darstellungen alle unsere Probleme einer gegenseitigen Verständigung angesprochen wurden, muss ich Sie leider enttäuschen. Leider kann ich auch hier nicht auf alle Aspekte des Redens, Sprechens oder Sagens eingehen, wie sie z.B. Otto

F. Bollnow in seinem Buch „Sprache und Erziehung" so gründlich ausgebreitet hat. Nicht wenige davon würden allerdings schlicht ihrerseits wieder eher zu Unklarheiten führen, wenn ma´u sie dann nicht umfassend begründen würde. Aber vielleicht genügt es ja darauf zu verweisen, dass das Sagen im Zusammenhang mit einem deutlich wahrgenommenen Gegenstand oder Umstand zu tun hat, der dadurch „be-nannt" wird. Reden erfolgt in aller Regel vor einer größeren Gruppe. Hier gibt es dann den Parallelbegriff des Vortrages, allerdings dann meist in einer „offizielleren" Situation.

Um was es mir hier jetzt besonders geht, ist das Sprechen, hier gemeint als die Voraussetzung des schon oben angesprochenen Austauschs von Gedanken und Ansichten. Bollnow unterscheidet hier aber deutlich zwischen einem Gespräch und einer Diskussion. Was ist hier konkret gemeint? Kurz auf den Punkt gebracht kann ma´u sagen, dass ein Gespräch immer nur dann stattfindet, wenn sich zwei oder einige wenige Partner über einen Gegenstand oder Umstand unterhalten, in dem erstens dieser Umstand im Mittelpunkt steht. Der alles überragende Umstand ist aber, dass sich jetzt zweitens alle Gesprächsteilnehmer auf gleicher Augenhöhe begegnen. Wichtig ist hier aber auch die Formen von Erwiderung und Entgegnung zu unterscheiden. In einer Erwiderung geht der/die Teilnehmer/in auf das zuvor ausgesprochene Wort oder den Gedanken in dem Sinne **ein**, indem er/sie sich eben auf das zuvor Gesprochen bezieht, es gelten lässt. Aber natürlich dann auch eine eigene Meinung dazu äußert, um das Verständnis zu bereichern, auszubauen, „in einer freieren Anknüpfung weitergeführt"[67], wie es Bollnow darlegt. In einer Entgegnung wird hingegen „gegen" das zuvor gesagte argumentiert.

---

[67] a.a.O. S.34

An dieser Stelle sind wir aber am Übergang zu einer Diskussion. Bollnow schreibt hier ganz klar: „Sie unterscheidet sich von anderen Formen des Miteinander-sprechens dadurch, dass es in ihr nicht um eine Entscheidung für das gemeinsame Handeln geht, sondern die Auseinandersetzung sich hier in der theoretischen Ebene abspielt. In der Diskussion geht es um ein Thema, eine aufgestellte Behauptung. Während in der Beratung (Gespräch) das Moment der gemeinsamen Bemühung im Vordergrund steht, bedarf die Diskussion eines Gegners, an dessen Einwänden sich die eigene Auffassung bewähren muss"[68]. Es ist daher kein Wunder, dass diese Form der sprachlichen Auseinandersetzung vor allem im politischen Bereich anzutreffen ist, bzw. öffentlich praktiziert und dargeboten wird. Schlimm ist dabei, dass es den jeweiligen „Gegnern" nur darauf ankommt die eigene Position darzustellen und mit allen Mitteln zu verteidigen, um die eigenen Mitglieder oder Anhänger „bei der Stange zu halten". Dass dabei selbst sinnvolle oder gar dringend zu beachtende Gesichtspunkte des/der Gegners/in nicht nur übersehen sondern einfach ignoriert oder gar bekämpft werden, ist dabei immer häufiger die Regel, sehr zum Schaden der Allgemeinheit.

Noch ein letzter Hinweis in diesem Zusammenhang ist hier nicht unwichtig, nämlich die immer häufiger zu beobachtende Praxis so vieler Politiker*innen lange Reden zu halten, ohne etwas „zu sagen". Es wird allerhöchste Zeit, dass wir endlich bereit sind diese Umstände wahr-zu-nehmen und in unseren gegenseitigen Verständnisbemühungen mit zu bedenken. Erst wenn wir alle die hier aufgeführten Umstände einer ganz deutlichen Belastung bis Verunmöglichung von Kommunikation endlich ernst nehmen und uns bemühen sie anzuerkennen,

---

[68] a.a.O. S.44

aber eben dann auch bis zu einem gewissen Grade zu verbessern, erst dann können wir uns im Laufe der Zeit immer besser verständigen. Aber eben nur dann.

Kapitel III Egoisch mentale Sprache

Da unsere Sprache, nach allem was wir bisher lesen konnten, in grundlegender Weise unsere Weltsicht, also unsere „Bilder im Kopf" vorgibt, müssen wir uns jetzt besonders auf die Voraussetzung konzentrieren, die diese Sicht in umfassender Weise bestimmt und vorgibt, nämlich die Weltsichtebenen. Im ersten Kapitel wurden einige Grundbestandteile oder Sichtweisen der jeweiligen Weltsichtebenen aufgezeigt. Um aber die Reichweite, aber auch Begrenzung der jeweiligen Weltsicht, die ja immer durch die jeweils gelebte Weltsichtebene vorgegeben und bestimmt wird, wirklich zu erkennen, soll hier nochmals das Zitat von Claire Graves selbst eingefügt werden, das bereits oben im Zusammenhang mit den Weltsichtebenen eingefügt wurde. „Wenn der Mensch in einem Existenzzustand zentralisiert ist (wenn sich also das Ich-Bewusstsein auf einer bestimmten Weltsichtebene befindet), dann hat er oder sie eine Psychologie, die diesem Zustand eigen ist. Seine oder ihre Gefühle, Motivationen, Moralvorstellungen und Werte, Biochemie, Grad neurologischer Aktivierung, Lernsystem, Glaubenssystem, Begriff geistiger Gesundheit, Vorstellungen davon, was eine psychische Störung ist und wie sie behandelt werden sollte, Konzepte/Vorstellungen von und Vorlieben für Management, Erziehung, Ökonomie und politische Theorie und Praxis sind alle für diesen Zustand passend", bzw. von diesem jeweiligen „Zustand" vorgegeben.

Oder etwas anders formuliert; alle unsere „Bilder im Kopf" werden von der jeweils erreichten Weltsichtebene bestimmt, so dass wir „die Welt" in der wir leben, nur von daher verstehen, aber eben auch nur von daher interpretieren können. Da nun aber nach unseren bisherigen Bemühungen völlig klar ist, dass die Sprache diejenige Kompetenz ist, die alle diese eben aufgezählten Fähigkeiten und Möglichkeiten in unsere jeweils gelebte Realität „übersetzt", ja „definiert", ist es überhaupt keine Frage, dass die jeweils gesprochene Sprache einer Gesellschaft oder Kultur von diesen Voraussetzungen her bestimmt ist. Wir werden uns diesen Umstand an unserer derzeit gesprochenen Sprache und ihrer Herkunft verdeutlichen.

a. egoische Wort-Erfindungen

Bevor ich hier weiterfahren kann, muss ich eine Vorbemerkung einfügen. Bisher war ich der Überzeugung, dass sich das egoische Denken zuerst auf den ab dann gültigen Satzbau ausgewirkt hat, was ich bisher auch in meinen Bücher so angab, die sich mit diesem Thema beschäftigten. Durch die erneuten Nachforschungen bei Linguisten, insonderheit Benjamin L. Whorf musste ich feststellen, dass diese Annahme unzutreffend war. Die ersten entscheidenden Veränderungen, die durch das egoische Denken entstanden, waren neue Wort-Erfindungen, die ich hier gleich versuche aufzuzeigen. Ich hoffe, dass mir das so gelingt, dass es für Sie, verehrte Leser*innen nachvollziehbar wird. Aber die vorherigen Wortarten der früheren Menschen sind so weit von unseren üblichen Anwendungen entfernt, dass dies durchaus mühsam sein wird. Also ganz konkret; diejenige Weltsichtebene, die aus unseren historischen Sichtmöglichkeiten heraus deutlich erkennbar diese unsere heute gültige Wortwahl und Sprachstruktur mitgeprägt hat – neben der mentalen, wie sich unten zeigen wird -, ist die des mythischen und dann insonderheit die des egoischen Denkens. Oben wurden die Grundaussagen zu dem egoischen Denken aus dem Buch „Spiral Dynamics" zitiert. Um aber die volle Bedeutung und daraus ableitbaren Folgen wirklich zu verstehen, sollen hier noch einige weitere nähere Erläuterungen zu dieser Ebene folgen. Da in dieser Ebene „von sich her", oder bezogen auf dieses jetzt entstehende Ich gedacht wird, ist hier das erste Auftauchen eines Bewusstseins von sich selbst von alles entscheidender Bedeutung. Das ist jemand, der ein Selbst hat, das von der Identifizierung mit einem Stamm oder am Wir unterschieden ist. Das ist aber noch keine Individualität, diese erscheint erst viel später (s.u.). Alle auf dieser Ebene denkenden Menschen können ab jetzt nur noch von sich her denken. Oder anders formuliert, ein solcher Mensch sieht sich nach und nach nicht mehr als Teil des Stammes und dann irgendwann auch nicht mehr als Teil der Natur.

Aber so denkende Menschen haben immer Recht und wenn ihnen etwas nicht passt oder etwas schief läuft, dann sind immer andere Menschen oder Umstände daran schuld. Da werden dann auch mal bestimmte unangenehme Umstände einfach auf andere projiziert, um diesen dann die Schuld für diese Umstände zuschieben zu können. Noch wichtiger ist, dass solche Menschen in Sekundenschnelle ihre Aussagen und Ansichten zu ihnen unangenehmen Themen oder vergleichbarer Reaktionen anderer ändern können. Aber ab dann vertreten sie stur und/oder gar aggressiv diesen neuen „Standpunkt" und verteidigen ihn bis „aufs Messer". Für diese Menschen ist dann ihre jetzt zurechtgebogene Wahrheit ihre ab jetzt unbedingt gültige und daher absolut geltende Wahrheit, Punkt. Kompromisse sind ausgeschlossen.

Dieses Denken begründete aber von dieser Denkvoraussetzung her vor allem das Patriarchat. Historisch gesehen bedeutet diese Ebene auf der diese Denkvoraussetzung aufbaut, die

Zeit der Gründung feudaler Reiche. Insbesondere aber die seither existenten Machthierarchien. Vor allem aber auch das, was wir Zivilisation nennen. Das sind die machtvollen, egozentrischen, ja heroischen Menschen, z.B. aus der klassischen und/oder germanischen Sagenwelt. Diese Herren schützen zwar ihre Untertanen, bieten ihnen also Sicherheit. Aber eben nur im Austausch gegen Gehorsam, Nahrung und Frondienste. Oder m.a.W. gegen umfassende Unterwerfung, ja Unterdrückung und Ausbeutung. Zu dieser Weltsichtebene zählt ma´u noch heute ca. 20% der Weltbevölkerung. Dagegen schätzt ma´u heute ihren Machteinfluss auf nur noch 5%, wobei diese Schätzung doch sehr unklar ist. Das hat damit zu tun, dass sich so denkende Menschen hervorragend im rationalen Denken „verstecken" können, das ja auch wieder am Ich orientiert ist (s.u.). Dies gilt besonders dann, wenn sie über die entsprechende Intelligenz verfügen. Ein besonders wichtiges Beispiel dafür ist Trump.

Diese Darstellung des Denkens solcher Menschen beschreibt unsere derzeitige Sicht auf dieses Denken. Ma´u kann das daher auch jederzeit bei so denkenden Menschen beobachten Aber diese Sicht können wir natürlich keineswegs auf die Zeit und damit die Verhältnisse übertragen, als dieses Denken entstand. Noch einmal zur Erinnerung; zuvor gab es nur das Stammesdenken, und in diesem Denken geht es darum den Häuptlingen (?? erst gegen Ende dieser Zeit), Alten, Ahnen und dem Stamm gegenüber treu ergeben zu sein. Vor allem aber heilige Gegenstände, Orte, Vorkommnisse und Erinnerungen in Ehren zu halten, um zwei der hier besonders wichtigen Bezüge dieser Weltsichtebene nochmals zu erwähnen.

Diese Menschen lebten und leben in einem Ausmaß in der Natur und einer Verbundenheit mit dem Stamm, der für uns nicht mehr nachvollziehbar ist. Sie sind sozusagen Teil und damit Bestand des Stammes *und* der Natur. Ihr Denken und Sprechen ist daher eindimensional, wie Jean Gebser behauptet. Ihre Sprache ist daher nicht „auf sich" bezogen, oder „von sich her" sehend, sondern immer im Hinblick und Anerkennung aller dieser sie selbst einbeziehenden Beziehungen[69]. Diese sind ihnen aber völlig unbewusst, sie leben sie einfach. Gebser führt diese umfassende Eingebundenheit unter anderem darauf zurück, dass alle Kunstwerke aus dieser Zeit, ob Malerei oder Statuen, die Menschen ohne Mund darstellen. Dieser wird einfach nicht dargestellt. Es gibt sogar die Vermutung, dass nicht wenige dieser Menschen eine Art Telepathie kannten.

Zum Beleg solchen Sprechens hier zwei Beispiele von B.L. Whorf aus seinem Buch „Sprache Denken Wirklichkeit". In diesen Beispielen wird sowohl die Wortwahl als auch der Satzbau erläutert. Auf den später heraufkommenden „neuen" Satzbau gehen wir dann im nächsten Kapitel näher ein. Whorf schreibt zu seinen Forschungsergebnissen und daher kommenden Beurteilung dieser Sprache bei dem Nordamerikanischen Indianerstamm der Nootka von der Insel Vancouver ganz klar: Bei diesen „ist die einzige Satzart eine solche ohne Subjekt und Prädikat"[70]. Er demonstriert dies an Satzbeispielen. Hier zunächst die englische Aussage des ersten Satzes „Er (irgend eine Person) lädt die Leute zu einem Festessen"[71]. In dieser Übersetzung wird aber zwischen einem Subjekt und einem Prädikat unterschieden, die es aber in dieser Sprache nicht gibt. In der Nootka-Sprache hört sich das so an: „tl´imsh = kochen, also das eigentliche Ereignis des Kochens, aber immer dargestellt als Prozess. Dann kommt die Silbe ya, die auf das Resultat des Kochens verweist, nämlich gekocht sein. Dann ´is = essen, was dann im Gesamtzusammenhang „essen Gekochtes" meint.

---

[69] Zwei Beispiele für dieses Denken und Sprechen werden gleich dargestellt.
[70] a.a.O. S.42
[71] Die Übersetzung ins Deutsche entstammt dem Buch selbst.

Aber nochmals, die hier verwendete Substantivierung Gekochtes existiert in dieser Sprache gar nicht, usw. Der ganze „Satz" lautet: „tl´imshya´isi ta´itlma".

Ma´u muss hier aber bedenken, dass sich die Laute und Bedeutungen der Nootka-Sprache sowohl mit unseren Buchstaben, als auch mit unseren Worten nur annähernd darstellen lassen. Eine angenäherte Übersetzung könnte lauten; „gekochtes essende holen tut er". Der Begriff „angenähert" wird hier deshalb angewandt, weil die wirklich benutzten Worte der Nootka, die Bedeutung, die wir diesen hier beilegen nur angenähert wiedergeben. Das, was wir als Prädikat hier auffassen, nämlich „tut" und als Subjekt „er", gibt es in dieser Sprache nicht. Dieser Umstand wird durch die ersten beiden „Worte" in bestimmter Wendung – durch Anhängen eines Suffix - dann als Gesamtsatz ausgesagt. Oder anders gewendet; „im Nootka gibt es keine Satzteile; die einfachste Äußerung ist (bereits) ein Satz, der von irgendeinem Ereignis oder Ereigniskomplex handelt. Lange Sätze sind Sätze aus Sätzen und nicht Sätze aus Wörtern"[72]. Also nochmals das obige Beispiel; die Aussage „gekochtes" wäre demnach ein Satz, wie die Aussage „essende". Die Zuordnung in Richtung der vorhandenen Absicht, andere einzuladen ergibt sich aus den angehängten Suffixen ya und ma.

Da ma´u sich eine solche Sprache ja aber nun wirklich nur sehr schwer vorstellen kann, vielleicht hier noch ein zweites Beispiel. Zunächst der englische Satz: „Das Boot ist mit ausgewählten Leuten bemannt". Lautmäßig übersetzt würde ein Nootka sagen: „lash-zskwiq-ista-ma". Nach der obigen Darstellung hätten wir hier zunächst drei „Sätze", ergänzt mit dem Suffix ma. Die „Sätze" lash und zskwiq bedeuten in etwa „auswählen" – also das Wort lash. „Überrest" oder „Resultat" das Wort zskwiq

---

[72] a.a.O.

-, so dass diese beiden Sätze so etwas wie „ausgewählt" bedeuten. – Ista - bedeutet nun in diesem Zusammenhang „in einem Boot als Mannschaft". Mit dem Suffix ma aber wird der Sinn in dem Sinne klar, dass dieser Satz jetzt in etwa meint; „Das Boot hat eine Mannschaft ausgewählter Männer". Was aber besonders bedeutsam ist, dass durch dieses Suffix die Aussage in dem Sinne „gewendet" wird, dass „das ganze Ereignis, bestehend aus Ausgewählten und Bootsmannschaft, als Prozess vor sich geht"[73].

Diese letzte Wendung ist aber von ganz entscheidender Bedeutung. Im oben zitierten (übersetzten) englischen Ausgangssatz ist schlicht eine Aussage in dem Sinne enthalten, dass hier einige „ausgewählte" Leute als Bemannung in einem Boot existieren. Wenn ma´u will, so etwas wie auf einem Foto. In der Sprache der Nootka gibt es aber keine „fest-stehende" Zu- oder Umstände in ihrer Umgebung. Nach allem, was ich bisher über solche Sprachen von anderen Sprachforscher*innen gelesen habe, trifft dies auch für andere generell zu. Es gibt nur von ihnen zuordenbare prozesshafte Wahrnehmungen. Nichts „steht still", wie wir das ja mit Hilfe von Fotografien so deutlich wahr-nehmen können. Bei den frühen Stammeskulturen ist Alles und Jedes auf irgend eine Art und Weise mit anderem in Verbindung oder Beziehung. Alles hängt mit Allem zusammen. Alles ist in einer für uns schwer vorstellbaren Weise „prozesshaft", insbesondere aber nicht „gegen-über", nicht getrennt voneinander und damit auch nicht „von uns". Wir werden auf diesen Satz noch umfassend zurückkommen.

Und genau das bringt diese Sprache auch umfassend zum Ausdruck, wie die beiden Beispiele belegen. Alles was sie sehen und dann durch Sprechen zum Ausdruck bringen, ist ein sie *ein-*

---

[73] a.a.O. S.35

schließender Prozess, oder, um den Begriff Gebsers aufzunehmen, sympathisierendes Verflechten. Es ist ein Erlebnis, das sie
in mitbeteiligten, insonderheit aber mitbestimmenden Veränderungen ihrer Umgebung inklusive der verlaufenden Jahreszeiten „einbindet". Diese Sicht zeigt uns aber, dass sie eben
auch keine Vorstellung von Zeit kannten, ganz wie es Gebser
behauptet. Sie sind sozusagen nicht nur im Raum „eingeschlossen", sondern auch in der Zeit.

Alle diese Umstände ändern sich mit dem heraufkommenden
mythischen Denken, hier zunächst in seiner effizienten Form.
Siehe den heraufkommenden Hackbau und dann die Kleintierhaltung. Dann aber umgehend mit dem egoischen Denken,
dessen mythisch defiziente, am Ich orientierten Form, siehe
nochmals die obigen Darstellungen. Bevor ich die wichtigsten
Folgen dieses „neuen" Denkens darstelle, zunächst eine dringende Vorbemerkung. Auch unsere allgemein menschliche
geistige Evolution ist ein Prozess. Durch diesen gewinnen wir
„neue" Fähigkeiten und Möglichkeiten zur Bewältigung all unserer Lebensverhältnisse. Aber wie bei allen diesen neuen
Möglichkeiten, hängt es immer umfassend davon ab, wie wir
diese nutzen und/oder be-nutzen. Ob dies in positiver Absicht
und Aktion geschieht, oder negativer, liegt ganz in unserer
Macht, bzw. Entscheidungsmöglichkeit. Entscheidend ist allerdings, ob wir diese überhaupt wahr-nehmen. Noch wichtiger
ist aber, dass diese positiven wie negativen Folgen sowohl uns
Menschen selbst betreffen, mit zunehmenden Fähigkeiten
aber dann auch die Natur.

Diese Möglichkeiten einer solchen Wahrnehmung sind aber
auf den Weltsichtebenen des ersten Grades eher gering bis unmöglich. Dies ist die Grundvoraussetzung aller folgenden Überlegungen und daraus entwickelten Argumente. Das mythische
Denken ist nach der Überzeugung Gebsers zweidimensional.
M.a.W., die Menschen sind ab jetzt weder im Raum, noch –

zumindest ansatzweise – in der Zeit „eingeschlossen". Sie erleben dadurch zwar noch keine Dualität, wie dann im mentalen Denken, aber eine flächenhafte Sicht mit einer darin immer existenten Polarität. Dadurch entsteht jetzt Stück für Stück, über enorme Zeiträume hinweg, aus dieser neuen Form der Anschauung heraus eine Art Weltbild. Also eine erste selbstentwickelte Form von Wirklichkeitssicht. Noch entscheidender aber ist, dass sich hier die Sprache in dem Sinne „erweitert", dass sie jetzt eine Form des „erinnernden Sagens" entwickelt. Dies führt dann auch zu ersten Möglichkeiten von Erfahrungen. Aber eines ist unbedingt wichtig beachtet zu werden. Hier, in der effizienten Phase, ist die zwischenmenschliche Einstellung der Menschen immer noch am Wir orientiert. Das kommt darin zum Ausdruck, dass

erstens die Männer nach wie vor nicht in ihrer eigenen Blutsfamilie wohnten, sondern in einer anderen, aber natürlich immer innerhalb des eigenen Stammes. Das kann ma´u eben als eine Bestätigung der immer noch existierenden Wir-Orientierung auffassen.
Zweitens brachten die Frauen nach wie vor den überwiegenden Bestandteil der Nahrung herbei. Dies wurde durch den sich in dieser Phase neu entwickelnden Hackbau wahrscheinlich noch gesteigert. Und drittens kann ma´u davon ausgehen, dass zunächst schon der Hackbau die Sesshaftigkeit verstärkte. Dies wurde dann wohl endgültig durch die in der zweiten Phase dieser Entwicklung hervorkommende Kleintierhaltung „abgeschlossen".

In dieser Phase, die ja in etwa rund 4000 Jahre währte, wird jetzt gegen Ende die Heraufkunft des egoischen Denkens in dem Sinne erkennbar, dass ab dieser Zeit die Rolle der Männer als Erzeuger der Kinder „entdeckt" wurde. Wie ist das gemeint? Ma´u muss davon ausgehen, dass dieser Umstand in allen älteren Stammeskulturen unbekannt war. So fanden doch Ethnologen noch Ende des 19. Jh. solche Stämme, die diesen Zusammenhang nicht kannten. Der Grund dürfte darin liegen, dass in dieser frühen Phase unserer Geschichte alle Frauen ihre Kinder über 3-4 Jahre stillten. Dadurch wurde aber eine erneute Schwangerschaft verhindert. Da ja nun aber alle Frauen weiterhin mit ihren Partnern sexuell verkehrten, konnte ein solcher Zusammenhang lange nicht erkannt werden. Ganz davon abgesehen war ma´u wohl eh der Überzeugung, dass alles, was mit Zeugung, bzw. Geburt zusammenhing, von der „Großen Mutter" ausging und damit vorgegeben war.

In der Kleintierhaltung konnte ma´u nun aber diesen Zusammenhang nicht mehr länger „übersehen". Die direkte Folge dieser neuen Sicht zeigte sich dann in der in dieser Zeit neu entstandenen Zeremonie der „Heiligen Hochzeit", in der sich die „Große Mutter" – vertreten durch eine Schamanin - mit einem jungen Mann „vermählte". M.a.W., die Rolle der Männer innerhalb der Stämme wurde durch diese Zeremonie neu bestimmt. Diese wurden jetzt in dem Sinne „aufgewertet", dass auch ihre Rolle als Erzeuger der Kinder als „geheiligt", in manchen Interpretationen vielleicht sogar schon als „göttlich" anerkannt wurde.

Da sich aber dieses egoische Denken in seiner alleinigen Orientierung am Ich oder Ego jetzt ganz grundsätzlich von dem bisherigen Stammesdenken unterschied, muss ma´u davon ausgehen, dass seine Durchsetzung eine sehr lange Zeit benötigte. Da ich hierzu in meinem Buch „patriarchal denken und sich verhalten – getreu bis in den Tod" ein große Menge Überlegungen anstellte und diese mit Fakten unterlegte, kann ich mich hier auf die wichtigsten Zusammenhänge beschränken. Das Stammesdenken, und sicher noch die erste Phase des mythischen Denkens, war ja nicht nur von der Identifikation mit dem

Stamm geprägt, sondern auch mit den Ahnen. Dieser Umstand bedeutete eine enorme „Bremse" für jede Art neuer Sichtweisen. Da darüber hinaus die Vorstellung bestand, für Nichtgehorsam gegenüber deren Vorgaben mit Krankheit oder gar Tod bestraft zu werden, wirkten diese Vorgaben noch nachhaltiger. Da sich aber nun das egoische Denken gegen alle diese vorausgehenden Grundeinstellungen wandte, muss ma´u davon ausgehen, dass die ersten Anzeichen dieses Denkens bei den „betroffenen" Menschen[74] enorme Ängste auslöste und damit verbunden sowohl zu äußeren wie inneren Widerständen führte. Das deshalb, weil ihre bis dahin erfahrene Erziehung, ja auf diesem bisherigen Denken basierte.

Hier ein Beispiel das diesen Umstand deutlich macht. Wie uns noch in jüngerer Vergangenheit, einige Nordamerikanische Indianer zeigten, war es in diesem Denken im wahrsten Sinne des Wortes unvorstellbar dem „Leib" der Mutter Erde durch Bearbeitung Verletzungen zuzufügen. Da ja aber der Hackbau genau dies tat, ist dies ein erstes Zeichen in eine Richtung veränderten Denkens. Hilfreich könnte hier gewesen sein, dass durch das Ende der Eiszeit sich ja gerade in allen nördlichen Regionen die natürliche Umwelt veränderte. Das könnte eine solche erste, wenn auch sehr „schonende"[75] „Bearbeitung" als möglich erschien, ohne dadurch die „Große Mutter" zu erzürnen. Es dauerte immerhin ca. 2000 Jahre, bevor der nächste Schritt, nämlich die Kleintierhaltung mit Schafen und Ziegen erfolgte. Auch dies war eine weitere Verhaltensweise, die gegen die bisher beobachteten „Gesetze" der Natur verstieß.

---

[74] also denjenigen, die diese neue Denk-struktur „hervorbrachten".
[75] Das Ziehen mit einer Hacke durch den Boden lockert diesen nur, „verletzt" ihn aber nur wenig, was jederma´u selbst auf Wunsch ausprobieren und feststellen kann.

Aber eines ist unbedingt festzuhalten; hatte schon die effiziente Phase des mythischen Denkens wichtige Veränderungen erzeugt, galt dies für das egoische Denken in geradezu umwälzender Form. Dies ist jetzt der Beginn einer über 4-5000 Jahren andauernden grundlegenden Veränderung des damaligen gesellschaftlichen Denkens, oder der gesellschaftlich-geschichtlichen Imagination. An deren Ende stand die alleinige Dominanz der Männer und die völlige Unterdrückung bis Missachtung der Frauen. Es ist das, was wir seither als Patriarchat kennen und nach wie vor erleben, besser, ertragen müssen. Es ist ganz konkret das, was sich darüber hinaus umfassend in der absoluten Veränderung sowohl der Religionen beobachten lässt. Das begann mit dem männlich dominierten Götterhimmel und endete bei uns mit dem Eingottreligionen des Ein-Gott-Vaters.

Es veränderte aber auch die gesellschaftlichen und seit rund 7-6000 Jahren auch staatlichen Strukturen. Es ist auch die Geburtsstunde dessen, was wir seit ebenfalls rund 6000 Jahren als Zivilisation kennen. Rechnet ma´u zu dieser Zeitangabe die schon oben angegebene „Vorlaufzeit" der Hackbaukultur und dann der Kleintierhaltung hinzu, ergibt sich eine „Herrschaftszeit" des mythischen Denkens insgesamt – nach Gebser - von annähernd 9000 Jahren. Während dieser Zeit aber ging dieses Denken dann nach rund 4000 Jahren in das egoische Denken über. Diese ganz enormen Zeitspannen, sind nur schwer vorstellbar.

Aber hier ist ein Umstand als besonders wichtig zu beachten. Dieser Prozess der Dominanz der Männer lässt sich ziemlich deutlich an der Entwicklung der jährlichen Zeremonie der „Heiligen Hochzeit" ablesen. In dieser wurde der „Vater-Gott" zunächst immer älter und dann immer mächtiger, um letztlich als selbsterzeugter Gott-Vater – siehe das Thema Theismus bis heute - alleine dominierte. Aber hier wäre es vielleicht sinnvoller zunächst von einem männlichen „Anteil" an der allgemeinen Gottesvorstellung zu sprechen. Dieser Umstand lässt sich auch deutlich an den gefundenen Götterstatuen ablesen, in denen die weibliche Seite Stück für Stück von der männlichen, vor allem von der Größendarstellung her „verdrängt" wurde. Das ist hier in aller Kürze der historische Ablauf. Was aber brachte dieses Denken in der Sprache für Folgen hervor, da sich ja das Denken selbst so grundsätzlich geändert hatte?

Das, was hier in der Überschrift angesprochen wird, bezieht sich insbesondere auf Substantive und Verben. Bevor wir hier aber weiterargumentieren können, muss vorab geklärt werden, was hier mit Substantiven gemeint ist. Es gibt ja doch auf dem Hintergrund ihrer seitherigen Dominanz in ihrer sprachlichen Anwendung eine ganze Reihe neuer wichtiger Unterschiede innerhalb dieser Wortklasse. Es gibt hier manchmal regelrecht spitzfindige Unterteilungen, die ihrerseits eine Folge des rationalen Denkens sind (s.u.). Um aber diesen Exkurs einigermaßen gesichert durchführen zu können, muss ich kurz auf die übliche Darstellung dieses Begriffs eingehen.

„Der Ausdruck Substantiv ist ein auf eine Substanz bezogenes Nomen, also eine solche bezeichnender „Name". Mit Substanz ist hier ungefähr „selbständig existierende Entität" gemeint, im Gegensatz zu Eigenschaften und Vorgängen, die nicht selbständig existieren, sondern – in Form von Adjektiven bzw. Verben – Substanzen zugeschrieben werden. Im Deutschen wird es daher auch als Hauptwort, Dingwort, Gegenstandwort oder Namenwort bezeichnet. Es ist in der Grammatik eine Wortart, die zusammen mit dem Verb die fundamentalste Unterscheidung im Bereich der Wortarten ergibt. Substantive bezeichnen dabei typischerweise Gegenstände, im Gegensatz zu Ereignissen oder Eigenschaften, d. h., stehen für die besonders zeitstabilen Begriffe. Sie können benutzt werden, um sprachlich auf Dinge in der Welt zu verweisen.

Die bis hierher verwendete Bezeichnung Gegenstandswort ist
jedoch mehrdeutig, denn ein Substantiv ist auch eine Bezeichnung für ein Konkretum im Gegensatz zum Begriffswort bzw.
Abstraktum. Von einem anderen sprachtheoretischen Blick-
punkt her wird das, was bisher dargestellt wurde auch als Re-
ferenz - als Referent, wird das bezeichnet, worauf sich ein Zeichen, eine Zeichenkette oder ein sprachlicher Ausdruck wie
Name, Wort oder Redewendung bezieht, erinnert sei nochmals an De Saussure - oder Prädikation - Prädikation ist eine
sprachliche Handlung, durch die einem Gegenstand (Ding, Objekt, Sachverhalt) Eigenschaften zu- oder abgesprochen werden – bezeichnet. Auch diese Sichtweise verweist letztlich auf
die beiden Wortarten Substantiv und Verb, bzw. begründet sie
von daher. Da es sich bei den Substantiven aber um die derzeit
wichtigste Wortform handelt, die darüber hinaus im Laufe ihrer Anwendung enorme inhaltliche Erweiterungen und veränderte Gebrauchsweisen hervorbrachte, müssen wir hier zwar
in gebotener Kürze, aber doch erforderlicher Verweisung auf
die Arten ihrer Einteilungen, Klassifikation und neuartigen
Worthildungen eingehen, da sonst die folgende Argumentation „in der Luft" hängen bliebe. Zunächst die Einteilungen:

> Substantive lassen sich vor allem nach semantischen
> – also ihre Bedeutung -, syntaktischen - Syntax ist ein
> Regelsystem zur Kombination elementarer Zeichen zu
> zusammengesetzten Zeichen
> und morphologischen[76] Eigenschaften klassifizieren.
> Das Ergebnis sind weitgehend voneinander unabhän-
> gige Klassifikationen.

---

[76] die Morphologie ist eine linguistische Teildisziplin, deren Untersu-
chungsobjekt das Wort als größte und das Morphem (die kleinste
Spracheinheit) als kleinste Einheit ist

Semantische Klassifikation

Die traditionelle Klassifikation versucht, semantische Klassen mit syntaktischen Kriterien abzusichern. Sie ergibt folgende Taxonomie:

Abstraktum, z. B. Kunst, Liebe, Erwähnung, Freundlichkeit (Ein Abstraktum ist ein Appellativum, das sich auf etwas Abstraktes bezieht. Typische Abstrakta sind Substantivierungen und bilden keinen Plural, wie z.B. Feindlichkeit).

Konkretum z.B. Eigenname z. B. Vanessa, Donau, Berlin, Alpen, Gattungsname, Sammelname oder Stoffname

Morphologische Klassifikation

primäres Substantiv, z. B. Wahn, Freund, Korn (Ein primäres Substantiv ist morphologisch einfach, also weder abgeleitet noch zusammengesetzt).

sekundäres Substantiv, z. B. Erwähnung (von erwähnen), Freundlichkeit (von freundlich), Träger (von tragen). (Ein sekundäres Substantiv ist eines, das durch Ableitung, nämlich Substantivierung, gebildet ist).

Klassifikation durch Wortbildung von Substantiven

Substantivierung

Substantive können auf der Basis von Mitgliedern jeglicher Wortart, allerdings kaum von Adverbien, abgeleitet werden. Ist die Basis kein Substantiv, heißt der Vorgang Substantivierung

(im engeren Sinne). Substantivierung im weiteren Sinne umfasst dann noch die Ableitung eines Substantivs auf Basis eines
Substantivs. Nach dem Kriterium der Wortart der Basis ergibt
sich folgende Klassifikation abgeleiteter Substantive:

desubstantivisches Substantiv: Schrift-tum, Knapp-
schaft, Frau-chen, Löw-in

deverbales Substantiv: Lehr-e, Erwähn-ung

deadjektivisches Substantiv: Freundlich-keit, Klug-heit,
Kurios-ität.

Auf syntaktischer Ebene genügt es, ein Wort mit dem definiten
Artikel zu kombinieren, um es („zwangsweise") zu substanti-
vieren, wie in <die Grünen, das Streiten, das Ich>.

Durch Zusammensetzung oder Komposition (Grammatik)

Durch Zusammensetzung (Komposition) zweier Stämme können neue Substantivstämme gebildet werden, z. B. wie in Stra-
ßenverkehr, Rotkehlchen, Feingold, Dichterkomponist. In der
Regel ist ein Substantiv als zweiter Bestandteil dann der Kopf:
Er macht das Gesamtwort zu einem Substantiv, sein Genus bestimmt das Genus des Kompositums und er liefert i. d. R. die
Bedeutungskategorie, die vom ersten Teil nur näher bestimmt
wird" (teils Wik).

Das was jetzt hier dargelegt wurde verweist umfänglich darauf,
dass die Bedeutung von Worten im lebendigen Dialog weiterentwickelt wird. Jede Sprache „hebt" die Realität des Objekts
und des Subjekts in sich auf. Sie „vermittelt" zwischen beiden
und so kann in der Sprache jenseits der Konvention „jede neue
<Ansicht> immer etwas Neues entdecken". Etwas ist beson-
ders wichtig nochmals betont zu werden. Die Bedeutung von
Begriffen und Worten ist immer an eine ganz konkrete Sprache
gebunden. Oder m.a.W., selbst bei empirischen Gegenständen

sind die Wortbedeutungen verschiedener Sprachen nie vollkommen identisch. Umso mehr gilt dies bei Bezeichnungen für Gedanken und Empfindungen mit noch unbestimmteren Umrissen, wie das deutsche Wort Geist in seinen verschiedenen Übersetzungsbedeutungen so deutlich beweist.

Aber zum Abschluss dieser kurzen Darstellung dessen was wir üblicherweise unter Substantiven verstehen, will ich nochmals das Zitat aus dem Eingangsbereich dieses Buches von Hans Peter Duerr wiederholen, da es das Problem der Substantivierung absolut zutreffend auf den Punkt bringt: „Substantivierung ist zunächst eine Abstraktion. Wir erreichen dies praktisch durch ein geeignet vergröbertes Hinsehen oder durch Ausmittelung. Das geht aber in meiner neuen Sichtweise - des Quantenphysikers - nicht mehr, weil es das Unwesentliche strenggenommen nicht mehr gibt. Mit der Mittelung streift man gewissermaßen das Lebendige ab. Abstraktion führt so zur Isolation, ermöglicht gedanklich damit die Subjekt-Objekt-Trennung und damit eine Objektivierung. In dieser Hinsicht ist jedes Substantiv ein menschliches Konstrukt. Es kommt in der Wirklichkeit nicht vor, es „ist" nicht". Deutlicher kann ma´u das Problem, das wir uns mit der Substantivierung selbst er-schaffen haben, nicht beschreiben. Wir kommen noch mehrfach auf diesen Umstand zurück.

Das zweite dieser enorm wichtigen neuen Wortarten ist die des Verbs. In der Deutschen Grammatik wird das Verb als veränderbare Wortart definiert, die eine Tätigkeit, einen Vorgang oder einen Zustand bezeichnet. In der Schulgrammatik spricht ma´u daher auch von Tätigkeitswort, Zeitwort oder gar Tu[n]wort. Von dieser Sichtweise her unterteilt ma´u daher Verben in

Tätigkeits-/Handlungsverben (weinen, kritisieren, malen),

Vorgangsverben (wachsen, fallen) und

Zustandsverben (stehen, leben, bleiben) ein.

Als ein weiteres Differenzierungsmerkmal wird auch hervorgehoben, dass das Verb „die einzige konjugierbare Wortart" ist. Die Konjugationsformen sind hierbei vor allem

Tempus,

Modus und

Infinitivformen.

Von unserer Fragestellung und Sichtweise her, durch die sich ja diese Fragestellung ergibt, ist es von absolut entscheidender Bedeutung, dass Verben typischerweise als das Prädikat eines Satzes dienen. M.a.W., vom Verb hängen dann die Satzergänzungen wie das Subjekt und Objekt ab, sie werden vom Verb in spezifischer Weise mit-bestimmt. Diese Eigenschaft von Verben kann auf ihre jeweilige Wortbedeutung zurückgeführt werden.

Hier noch einige kurze Hinweise zu der Wortherkunft. Der Ausdruck Verbum ist eine gelehrte Entlehnung des 15. Jahrhunderts vom lateinisch *verbum* = „Wort, Ausdruck, Zeitwort". Die gekürzte Form Verb tauchte erst im 18. Jahrhundert auf. Das lateinische Wort *verbum* wurde dabei für das griechische Wort *rhêma* verwandt, das allgemein Rede, Wort, Ausspruch bedeutet, vor allem aber als das griechische Wort für Aussage angesehen wird. Diese Bemerkung ist ein erster Hinweis darauf, dass ma´u ab da – also seit den Griechen - das Verb als unentbehrlich für eine wie auch immer verstandene „Aus-Sage" ansah. Wir werden darauf noch zurückkommen (teils Wik).

Nach allem, was ma´u derzeit zu der Entstehung und dann Entwicklung dieser neuen Worte finden kann, müssen diese während der Periode des mythischen Denkens entstanden sein. Es gibt dazu zumindest zwei Ansatzpunkte. Beginnen wir zunächst bei den Überlegungen von Gebser. Nach diesem sind die entscheidenden neuen Fähigkeiten dieses zweidimensionalen Denkens die Wahrnehmung eigener Erlebnisse und dann das, was ma´u Er-Fahrungen nennen wird. Das sind beides Umstände, die ganz entschieden verändernd in ein Denken und Sprechen gewirkt haben müssen. Wir haben das oben mit dem Beispiel der in der Sprache der Nootka aufgezeigten Eingebundenheit eines Individuums kennengelernt. Das Wahr-Nehmen eines **eigenen** Erlebens und Erfahrens macht eine solche Veränderung im Laufe der Zeit unabdingbar und dann Stück für Stück unumkehrbar.

Wann dieser Prozess einsetzte und wie schnell er sich entwickelte – höchstwahrscheinlich eher langsam -, ist heute kaum noch nachvollziehbar. Möglicherweise könnte so etwas gelingen, wenn eine neue Generation Linguist*innen mit dem Wissen von Graves und insonderheit Gebser ausgestattet mehrere Stämme vergleichend untersuchen würden. Aber auf dem Hintergrund der Forschungen von Whorf bei dem Indianerstamm der Hopi gibt es eine Menge Ansatzpunkte zumindest eine Momentaufnahme dieser Entwicklung zu zeigen. Es ist allerdings anzumerken, dass es mit Hilfe dieser „Daten" nicht möglich ist, den zeitlichen Stand dieser Entwicklung im Verlauf zu unserer derzeitigen Sprachstruktur anzugeben. Es ist ja eh schwierig, das unter dieser Blickrichtung „deutlich" zu können, wie dies z.B. die chinesische Sprache zeigt, die ja keineswegs eine Grammatik verwendet, die der westeuropäischen seit den Griechen entspräche. M.a.W., es ist noch keineswegs endgültig erwiesen, ob die Denk- und Sprachstrukturen auch anderer weiterentwickelten Völker der Welt, wie z.B. die ostasiatischen, immer mit unserer Sprachstruktur kompatibel sind. Vor allem aber ist es schon gar nicht erwiesen, ob ein „anderes"

Denken mit anderen Denkstrukturen wie z.B. die der amerikanischen Ureinwohner, zu denen ja auch die Hopi gehören, nicht auch gute bis sehr gute Erkenntnisse und Lebensumstände hervorbrachte. Um dies zumindest in Ansätzen festzustellen, kehren wir zu den Hopi zurück, um zu sehen, was wir hier finden.

Zunächst in aller Kürze einige Bemerkungen zu den „Leistungen" der amerikanischen Ureinwohner. Die Erkenntnisse der Maya in Bezug auf deren Himmelsbeobachtungen sind ja inzwischen auch in der westlichen Welt bekannt. Aber sie werden nur wenig anerkannt, da deren Sprache und daher kommendes Denken für uns wenig zugänglich ist. Dass diese Menschen aber zeitlich fast parallel mit unseren westeuropäischen gesellschaftlichen Errungenschaften nicht nur „mithalten" konnten, ja zeitweise wesentlich bessere hervorbrachten ist wenig bis gar nicht bekannt, vor allem aber überhaupt nicht anerkannt. Hier nur zwei Beispiele. Die etwas nördlich von Mexiko-Stadt liegende Stadt Teotihuacan war bereits seit dem sechsten vorchristlichen Jahrhundert permanent besiedelt. Zwischen 100 und 650 nach Christus war die Stadt das dominierende kulturelle, wirtschaftliche und militärische Zentrum Mesoamerikas. Auf dem Höhepunkt ihrer Entwicklung hatte sie möglicherweise bis zu 200.000 Einwohner. Damit war sie zu ihrer Zeit die mit Abstand größte Stadt auf dem amerikanischen Kontinent und eine der größten der Welt (teils Wik).

Das zweite Beispiel ist die Stadt Cahokia auf dem Gebiet des Bundesstaates Mississippi in den USA, die um 1100 n.Chr. gegründet wurde und schon kurze Zeit später über 30 000 Einwohner hatte, also mehr als zur gleichen Zeit London. Entscheidend ist aber, dass alle Städte des frühen Amerika absolut präzise nach bestimmten Himmelskörpern ausgerichtet waren. Das waren sowohl Sonne, Mond und Venus, vor allem aber meist nach markanten Orten in deren Verlauf, wie Ort des Auf-

und Untergangs. So viel zu unserer üblichen Überheblichkeit in Bezug auf sog. Primitive oder gar Haiden. Diese europäische Sicht war der Grund, warum doch durch eine Bulle von 1493 die Spanier ermächtigt wurden diese entweder zu vernichten, oder auch mit Gewalt zu Christen zu machen, auf jeden Fall aber sich deren Gebieten zu bemächtigen. Dass das oberste US-amerikanische Gericht sich selbst noch in diesem Jahrhundert auf diese Bulle bezog, um den Anspruch von Indianern auf ein Gebiet in den USA abzulehnen, zeigt das übliche verachtende „weise" Denken in Bezug auf solche Menschen. Siehe auch das Thema des Uluru in Australien, allerdings neuerdings mit „besserem" Ausgang. Es zeigt vor allem auch unser Verständnis für das Thema Menschenrechte, wenn es um die Rechte anderer Völker oder gar Rassen geht.

Wie Whorf bei seinen Forschungen bei den Hopi erkannte, ist deren Sprache und Denken erheblich von unserem zu unterscheiden. Sie kennen zwar schon Verben und Substantive, aber deren Anwendung ist teils noch sehr „anders", um es vorsichtig auszudrücken. Es ist natürlich völlig ausgeschlossen, den über viele Seiten gehenden Vergleich unseres westeuropäischen Sprachgebrauchs mit dem der Hopi hier auszubreiten. Ich muss mich daher hier auf das Aufzählen der wichtigsten Unterschiede beschränken und einige Anmerkungen über das daher kommende Denken anfügen. Bei umfassenderem Interesse kann ich Sie nur auf das Buch von Whorf verweisen. Die wichtigsten Unterschiede in Bezug auf die Substantive zeigen sich beim Zählen und der Anwendung des Plural. Der Plural und die Kardinalzahlen – also z.B. 10 Tage oder 10 Mann – werden nur für Dinge benutzt, die eine gegenständliche Gruppe bilden oder bilden können.

Beispiel; die Aussage „Sie blieben 10 Tage" gibt es nicht. Die Hopi würden sagen: „Sie blieben bis zum elften Tag, oder Sie gingen nach dem 10 Tag weg", wie es Whorf ausdrückt. Die

Zahlen – hier 10 oder 11 - werden also mit einem Singular – Tag – verbunden. Darüber hinaus kennen die Hopi aber keine Unterklassen von Materialnamen, wie z.B. Wasser, Fels oder vergleichbare. Alle Substantive haben einen individuellen Sinn. Jetzt wörtlich: „Sie implizieren Unbestimmtheit, aber nicht Abwesenheit von Begrenzung und Größe. In bestimmten Aussagen bedeutet <Wasser> eine bestimmte Menge oder Qualität von Wasser, aber nicht das, was wir <die Substanz Wasser> nennen. Allgemeinheit der Aussage wird mit dem Verb oder Prädikat ausgedrückt, nicht mit dem Substantiv"[77].

Wie hier deutlich zu erkennen ist, ist es nicht leicht die wesentlichen Unterschiede beider Sprachen oder gar Sprachfamilien zu erkennen. Ich werde daher noch ein Beispiel anführen und dann sowohl auf die direkten Schlussfolgerungen in Bezug auf das Denken der Hopi und dann die allgemeinen eingehen. Bei den Verben haben die Hopi keine Zeitformen (Tempora). „Dafür haben sie Gültigkeitsformen <= Formen der Behauptung ->, Aspekte und Formen der Verbindung zwischen Gliedsätzen. Die Gültigkeitsformen zeigen folgendes an: entweder

> 1., dass der Sprecher – nicht das Subjekt des Satzes – die Situation berichtet. <Diese Form korrespondiert unserer Vergangenheit und Gegenwart>, oder

> 2., dass der Sprecher die Situation, von der die Rede ist, erwartet. <Diese Form korrespondiert unserer Zukunft>, oder

> 3., dass der Sprecher eine nomothetische (bestimmend bis gesetzgebend) Feststellung macht".

---

[77] a.a.O. S.81f

Und Whorf fährt neben weiteren näheren Bestimmungen fort: „Die Hopiverben geben ebenso wenig wie andere Hopistrukturen eine Basis für das Verdinglichen von Zeit ab. Dennoch hindert dies die Verbformen und andere Strukturschemata keineswegs an einer engen Anpassung an die betreffenden Realitäten aktueller Situationen"[78].

Alle diese Hinweise belegen, dass die Hopi auf der mythischen Ebene denken. Sie können sowohl persönliche Erlebnisse als auch Erfahrungen sprachlich kommunizieren Das meint ja aber nichts anderes, dass sie diese auch denken können. Sie scheinen aber auch am Beginn des egoischen Denkens zu stehen, denn einerseits gibt es bei ihnen noch eine matrilineare Familienstruktur, aber es gibt auch männliche Häuptlinge. Allerdings können diese durch einen Frauenrat abgesetzt werden. Der entscheidendste Hinweis aber, dass sie noch keineswegs mental denken können, bezieht sich auf den Umstand, dass weder ihr Denken noch ihre Sprache eine „Basis für das Verdinglichen von Zeit abgibt". M.a.W., ihnen fehlt ganz im Sinne Gebsers die Fähigkeit, sich Raum und Zeit in einem dreidimensionalen Kontinuum vorstellen zu können.

b. mentaler Satzbau

Zum Beginn dieses Abschnitts nochmals zur Verdeutlichung; ein egoisch denkender Mensch sieht alles „von sich her". Ma´u muss davon ausgehen, dass vom Beginn dieser Entwicklung an gerade einige Frauen es waren, die schon zumindest in Ansätzen so dachten. Das waren diejenigen, die dann auch die ersten

---

[78] a.a.O. S.85f

dieser Veränderungen hervorbrachten, siehe das Thema „Heilige Hochzeit". Er/sie kann sich Stück für Stück sowohl sich selbst, als dann auch der Natur „gegen-über" stellen, sich von sich und ihr distanzieren. Das ist zwar noch keine Dualität, die ja erst mit dem mentalen Denken hervorkommt Aber eine deutliche Polarität auf der zweidimensionalen „Fläche" des mythischen Denkens. Sie/er ist es, der/die ab jetzt alles initiiert. Die/der bestimmt was abläuft. Dies gilt insonderheit dann, wenn er/sie, und später nur noch er, die entsprechende Position innerhalb der entsprechenden Gemeinschaft innehat.

Ist es dann aber nicht logisch davon auszugehen, dass solche Menschen ab dann Stück für Stück anfingen auch so zu denken? Sie handelten ja schon so. Und wenn jemand denkt: ich mache das so und so, ich bestimme dies und das, dass sich das auch in seiner Form des Denkens niederschlägt? Ist es denn nicht so, dass unsere Satzstruktur in Subjekt, Prädikat uns Objekt, genau so abläuft? Ich, das Subjekt, mache das, also das Prädikat, mit dieser Sache, oder Person, so und so, also Objekt. Oder anders ausgedrückt, ein erheblicher Teil aller Sprachen folgen in ihrer Grundstruktur der eben neu, vor allem anders beschriebenen Handlungslogik.

Allerdings ist hier unbedingt etwas zu beachten; diese Veränderung des Denkens konnte sich in den allgemein angewandten Sprachen nur sehr langsam durchsetzen. Das hat wohl vor allem damit zu tun, dass nach wie vor die absolute Mehrheit der Menschen magisch, also auf der Ebene der Stammeskulturen dachte und sprach. Diejenigen aber, die schon egoisch dachten, befanden sich immer noch auf der zweidimensionalen mythischen Ebene. Nach allem, was die Linguisten über die Veränderungen der Sprachen bei noch existierenden Stämmen herausfanden, machte sich zunächst zunehmend eine gewisse Substantivierung in den benutzten Worten bemerkbar. Das setzt ebenfalls eine gewisse Polarität des eigenen Standpunktes im zweidimensional-mythischen Denken voraus. Dazu kommt, wie ebenfalls schon erwähnt, die „Erfindung" von Verben. Wie ma´u sich diesen ganzen Prozess vorstellen kann, habe ich schon oben mit der Hopi-Sprache zumindest ansatzweise dargestellt. Der Übergang zu der eben angesprochenen, heute noch gültigen neuen Grammatik erfolgte dann aber mit dem Heraufkommen des mentalen dreidimensionalen Denkens fast schlagartig. Und zwar innerhalb nur weniger hundert – ca. 2-300 – Jahren, siehe die Veränderung in der griechischen Sprache, wie ma´u sie z.B. noch bei Heraklit beobachten kann (s. erneut u.).

Noch ein weiterer Aspekt ist hier zu beachten. Nach der Theorie von Gebser ist das egoische Denken die defiziente Phase des mythischen Denkens. Defizient deshalb, da es am Ego orientiert ist. Diesem Umstand werden wir nochmals beim rationalen Denken nach Graves, oder dem defizienten mentalen Denken nach Gebser begegnen. Es zeigt sich nämlich unter dieser Blickrichtung, dass in einem solchen Denken immer die defiziente, oder eher negative, nämlich am Ich orientierte Seite dieses jeweiligen Denkens, gegen Ende der jeweiligen Dominanz dieses Denkens besonders deutlich hervortritt. M.a.W., hier liegt einer der Gründe, warum sich das patriarchale machthierarchische Denken in dieser Endphase, also so etwa ab 1500 vor Chr., besonders nachteilig bemerkbar machte.

Es ist die Zeit, die Jaspers als Achsenzeit bezeichnete und in der die kriegerischen Auseinandersetzungen in all den Weltregionen besonders hervorkamen, die an diesem Denken orientiert waren, also Südosteuropa, der vordere Orient mit Nordafrika, Indien und China. Diese Kriege zeichneten sich immer mehr mit absolut ausufernder Grausamkeit aus. Ma´u vergleiche hierzu die Pfählungen der Assyrer, die Kreuzigungen der Römer, oder das „Herausschneiden des Herzens bei noch lebenden Menschen" in China. Diese wurden dann sogar gebraten und gegessen. Dieser Vorgang wurde übrigens in China noch mehr als 1000 Jahre später praktiziert. Der Grund für dieses Vorgehen war offensichtlich der, um damit mögliche zukünftige Gegner abzuschrecken, was aber weder damals noch später je gelang.

Aber nochmals, dieses egoische Denken ist als mythisches Denken zweidimensional, oder an einer Fläche orientiert. Gebser schlägt zum besseren Verständnis einen Kreis vor. Das hatte zur Folge, dass hier in diesem Denken die gegenüberliegenden Objekte nicht dreidimensional vorgestellt werden konnten, sondern als auf der Fläche „gegenüberliegende" erkannt wurden. Wir sollten hier also nicht von Dualität sprechen, sondern von Polarität (s.o.). Dadurch wird das Denken in Freund- Feind Polarität noch deutlicher, aber auch dann in dieser Endphase noch rücksichtsloser.

An dieser Stelle muss ich aber einige spezifische Hinweise auf die positiven wie negativen Folgen jeder Heraufkunft von Ebenen überhaupt einfügen. Zunächst ist festzuhalten, dass jeder evolutive Vorgang grundsätzlich in eine positive Richtung verweist, oder m.a.W., er ist der Ausdruck einer solchen „Vorwärts"-Bewegung. Wenn ma´u sich nun diese mythische, dann vor allem egoische Weltsichtebene unter diesem Aspekt betrachtet, kommt dies an der eben dargestellten Möglichkeit und daher kommenden Fähigkeit zum Vorschein. Nämlich sich von allem Umgebenden einschließlich der eigenen Person zu distanzieren. Ma´u muss sich hier bewusst machen, dass diese Fähigkeit die Voraussetzung dafür ist, sich selbst im Laufe der Zeit zunächst als eine eigenständige Person wahrzunehmen. Daraus folgt aber auch die Fähigkeit, sich gegenüber der umgebenden Natur „betrachtend" und daraus im nächsten Schritt „erkennend" verhalten zu können. Hier wird der positive Aspekt dieser damit hervorkommenden Entwicklung absolut deutlich, wie dies besonders auch die mittelamerikanischen Völker belegen.

Es wird sich noch zeigen, dass diese Seite dieses Prozesses letztlich die Voraussetzung aller folgenden wissenschaftlichen Entwicklungen und Erkenntnisse darstellt. Keineswegs positiv aber muss die aus der gleichen Entwicklung herkommende immer umfassendere Dominanz der Männer den Frauen und dann später der Natur – „machet euch die Erde untertan" AT – gegenüber gesehen werden. Dies bewirkte letztlich deren absolute Verachtung, Unterdrückung und manchmal regelrechter Ausbeutung. Ganz im Gegenteil ist dies die erste absolut negative Folge dieser defizienten mythischen Denkstruktur. Wir werden noch sehen, dass dies bei der folgenden mentalen ganz ähnlich verläuft.

Aber damit nicht genug muss ma´u dann die Entstehung der ersten Stadtstaaten mit der in diesen stattfinden ersten Zerstörung der Stammesbindungen, Unterdrückung und Ausbeutung der unteren Schichten der Bevölkerung im gleichen Sinne bewerten, inclusive der hier entstehenden Zivilisation. Fast noch schlimmer ist dann aber das Heraufkommen der immer umfassenderen Kriege und Ermordung von hunderten von Millionen Menschen seither bis heute zu bewerten. Und wenn das Ganze nicht schon schlimm genug wäre, sind auch die seit einigen Jahrhunderten praktizierten Genozide gerade und vor allem christlich denkender Menschen an sog. minderwertigen Rassen bis in die jüngste Vergangenheit letztlich noch eine Steigerung dieser Entwicklung. Wir müssen auch auf diesen Umstand nochmals zurückkommen.

Wenn nun aber Menschen auf eine solche Art und Weise denken, können sie die überkommene Denkweise und die darauf aufgebaute Sprachstruktur nicht mehr nachvollziehen und akzeptieren. Was meint das und gibt es zu dieser Aussage Hinweise? Oh ja, die gibt es. Im Laufe des letzten Jahrhunderts erkannten eine ganz Reihe von Sprachforscher*innen, dass heute noch existierende Stämme völlig andere Sprachstrukturen in ihren Sprachen anwenden, als wir Europäer (s.o.). Dies gilt insbesondere für einen anderen Satzbau. Ab hier interessiert jetzt vor allem unser Satzbau.

Nirgendwo konnte ma´u bei diesen Forschungen unsere übliche Art und Weise des Sprechens finden. Also konkret, unser Satzbau als Subjekt, Prädikat und Objekt. Aber bevor wir so sprachen, stand für uns nichts „still", wie wir das ja heute so deutlich glauben wahr-nehmen können. Fotografien sind dazu ein deutlicher „Beleg", glauben wir zumindest. Bei den frühen Stammeskulturen stand nichts Still. Alles und Jedes stand auf irgend eine Art und Weise mit anderem in Verbindung oder Beziehung. Alles hing mit Allem zusammen. Alles ist in einer für uns schwer vorstellbaren Weise „prozesshaft", insbesondere aber nicht dual, nicht getrennt voneinander (s. nochmals o.). Aber im dualen Denken wird dies völlig anders. Subjekt und Objekt sind ab jetzt immer getrennt, wobei das Subjekt immer von „oben" − Subjekt - auf das Objekt − „unten" (s.u.) - einwirkt.

Noch ein weiterer Umstand ist in diesem Zusammenhang besonders wichtig hervorgehoben zu werden. Diese jetzt entstandene starre Linearität in der Sprachstruktur[79] ist vor allem und zuerst machtorientiert, ja bestätigt diese damit immer aufs neue. Dies bringt die Schweizer Leiterin einer psychiatrischen Klinik Ingrid Olbricht in einem Vortrag mit folgenden Sätzen sehr gut auf den Punkt: „Sich selbst (ein Mann), seine Art als absolut zu sehen und alles andere in Relation dazu zu setzen, gibt ein Gefühl von Stärke und Einzigartigkeit, ja von

---

[79] also immer vom Subjekt über das Prädikat zum Objekt.

Macht. Denn wenn das Leben, wie wir es auch aus der Natur kennen, zyklisch abläuft[80] dann ist das Nicht-Zyklische, das Lineare, unnatürlich und sogar widernatürlich und damit naturfeindlich"[81]. In diesen Sätzen kommt zum ersten Mal ein Zusammenhang mit dem Untertitel dieses Buches zum Vorschein, der ja vordergründig so unsinnig erscheint. Wir werden in den folgenden Kapiteln noch eine ganze Reihe weiterer solcher Hinweise und Zusammenhänge erkennen, die diese meine Position zu diesem Sachverhalt immer erneut bestätigen.

Bevor hier weiterargumentiert werden kann, ist noch auf einen weiteren Umstand zu verweisen, der in dieser ganzen Entwicklung nicht übersehen werden darf. Wie schon mehrfach angezeigt, dauerten diese bisher dargestellte Sprachveränderungen immer eine sehr lange Zeit. Dass aber solche Veränderungen wie die Entstehung des neuen Satzbaus selbst dann noch nicht völlig das Denken beherrschen, wenn er nachweislich schon angewandt wird, zeigt ein Beispiel des Ioniers Heraklit, wahrscheinlich um 500 v.Chr. Eine wörtliche Übersetzung seines Fragmentes 22B 36 lautet nach der wörtlichen Übersetzung nach Gebser wie folgt: „Seelen Tod Wasser werden. Wasser aber Tod Erde werden. Aus Erde aber Wasser wird, aus Wasser Seele".

Eine übliche, an die deutsche Sprache angeglichene Übersetzung lautet: „Für Seelen ist es Tod Wasser zu werden, für Wasser aber Tod Erde zu werden. Aus der Erde aber wird Wasser, und aus Wasser Seele". Diese deutsche Übersetzung verändert aber die kreisförmige Bewegung des ehemaligen mythischen

---

[80] wir erleben dies beispielsweise im Wechsel der Jahreszeiten, in der Folge von Säen und Ernten

[81] aus „Wendepunkte Erde Gott Frau" Hrsg. Peter Michael Pflüger S.53.

Denkens, das hier Heraklit kaum ohne Grund anwandte. Diese verläuft von der Seele zum Wasser zur Erde und dann wieder von der Erde zum Wasser zur Seele. Dabei „umkreist" dieses Denken aber den Tod. Die Seele stirbt keineswegs einen Tod wenn sie Wasser „wird", wie die deutsche Übersetzung nahelegt. In unserer mentalen Denke ist es eben nicht mehr möglich solche „Kreisbewegungen" des mythischen Denkens abzubilden, wie es hier Heraklit nochmals zeigte. Wie sich noch zeigen wird entsteht durch dieses mentale Denken Leere, um die es sich herumbewegt (s.u.).

Kehren wir aber jetzt zu unseren eigentlichen Überlegungen zurück. Dieser ganze oben im mythischen und dann besonders egoischen Denken in ersten Ansätzen dargelegte Prozess einer völligen „Neu-Erfindung" unserer Sprache wird sich im mentalen Denken und hier zunächst der effizienten Denkstruktur umfassend fortsetzen. Der erste wichtige Denkansatz entstammt jetzt sowohl der Sicht auf diese mentale Denkstruktur – nach Gebser -, oder des mythologischen Denkens nach Graves. Beginnen wir zunächst bei Graves. Da die wichtigsten Angaben zum mythologischen Denken oben erfolgten, soll hier zunächst eine etwas umfassendere Darstellung dieser Weltsichtebene aus der gleichen Quelle erfolgen.

In diesem Denken hat jetzt das Leben einen vorgegebenen Sinn. Dieser Sinn und damit auch die Bedeutung des Lebens selbst folgt aus der Vorstellung einer alles umfassenden und einschließenden Ordnung. Diese wird von einer allmächtigen Wesenheit – z.B. eine Gottheit – repräsentiert, die diesen Sinn und die Richtung vorgibt. Diese gibt aber auch den jetzt verbindlichen Verhaltenskodex vor, ma'u erinnere sich an die 10 Gebote. Es gibt nur eine, eben die von „oben" vorgegebene Weise richtig zu denken. Wer sich daran hält wird belohnt – er/sie kommt in den Himmel -, wer dagegen verstößt in die Hölle. Vor allem aber in seinen Folgen besonders wichtig; wer anders denkt wird bestraft oder gar bekämpft. Ma´u denke nur an die vielen Kriege mit religiösem Hintergrund oder an den heute besonders aktiven Terrorismus. Dieser wird ja in der Regel mit solchen Motiven begründet, obwohl er meist andere Ursachen hat. Ma´u spricht daher auch von der heiligen, aber eben auch von der absolutistischen, oder auch dogmatischen Ebene.

Eine etwas andere Sicht auf diese Ebene entwickelte Jean Gebser. Nach ihm ist diese Struktur[82] „sprengend". Hier die Begründung; in dem Wort mental sind von ihrem griechischen Ursprung menis und dem römischen menos folgende Bedeutungen bzw. Inhalte enthalten: „Absicht, Zorn, Mut, Denken, Gedanke, Verstand, Besinnung, Sinnesart, Denkart und Vorstellung. Mit diesen Inhalten ist bereits das Grundlegende gegeben; es handelt sich um das ansatzmäßige In-Erscheinung-Treten des griechischen Denkens". Bei diesem „neuen" Denken handelt es sich „um ein grundsätzlich anders geartetes: es ist nicht mehr polarbezogen, in die Polarität - siehe im mythischen Denken -, diese spiegelnd eingeschlossen und gewinnt aus ihr seine Kraft, sondern es ist objektbezogen und damit auf die Dualität, diese herstellend, gerichtet, und erhält seine Kraft aus dem einzelnen Ich.

Dieser Vorgang ist ein außerordentliches Geschehen, das buchstäblich die Welt erschüttert. Mit diesem Ereignis wird der bewahrende Kreis der Seele - wie im mythischen Denken -, die Eingeordnetheit des Menschen in die seelische, natur- und kosmisch-zeithafte polare Welt des Umschlossenseins gesprengt: der Ring - s.o. die Metapher des Kreises - zerreißt, der

---

[82] er lehnte solche Begriffe wie Stadien, Stufen oder Ebenen als zu statisch ab.

119

Mensch tritt aus der Fläche hinaus in den Raum[83]; ihn wird er mit seinem Denken zu bewältigen versuchen"[84].

Und wie er das dann macht, bringt einer der ersten philosophischen Sätze zum Ausdruck, nämlich der Satz des Parmenides: „Denn dasselbe ist Denken und Sein". War im mythischen Denken noch die Seele mit dem Leben identisch, so gilt dies ab sofort für die Gleichsetzung von **Denken** und Sein. Oder m.a.W., das menschliche Denken bestimmt ab jetzt was das Sein, bzw. ganz konkret, was dies ab jetzt als das **objekthaft Seiende** ist. Was hier aber in der Folgezeit völlig übersehen wurde und was dann Heidegger in seiner Spätzeit so deutlich kritisiert, ist der Umstand, dass wir mit dem heraustrennenden Seienden, ab sofort das Sein selbst übersahen und weiterhin weitgehend übersehen, ja umfassend ignorieren, mit absolut weitreichend negativen Folgen für uns selbst und insonderheit die Natur. Wie aber geht dieser „Übergang" eigentlich vor sich? Gibt es dazu Erkenntnisse? Oh ja, die gibt es. Ma´u kann diesen Vorgang bei Castoriadis deutlich nachlesen. Schauen wir also hier genauer.

c. Zusammenschau der „neuen" Satzstruktur und „neuen" Worte

Kehren wir also zu diesem Zweck zu dem griechisch französischen Philosophen Cornelius Castoriadis zurück. Dieser hat diesen eben erwähnten Prozess in seinem Buch „Gesellschaft als

---

[83] das mentale Denken ist nach Gebser ab jetzt dreidimensional, also räumlich, siehe die „Erfindung" der Perspektive in der Malerei im heraufkommenden rationalen Denken.
[84] J.G. „Ursprung und Gegenwart" Bd.1 S.128.

imaginäre Institution" mit den beiden Begriffen **legein** (unterscheiden, auswählen, aufstellen, zusammenstellen, zählen, sagen) und **teukein**[85] (zusammenstellen, zurichten, herstellen, errichten) deutlich auf den Punkt gebracht. Erinnern wir uns nochmals an die zuvor gesprochenen „Sätze". Da sind zuerst die „Sätze", die von den früheren Stammeskulturen in einem prozesshaften Sinne verwendet und nur so „verstanden" wurden. Oder die dann im mythischen Denken zweidimensional gelebt, gesprochen und erkannt wurden. Von da ausgehend sind alle diese hier angeführten Bedeutungen dieser beiden Begriffe gerade das dreidimensionale Gegenteil. Sie unterscheiden, wählen aus, stellen auf und zusammen, m.a.W., sie stellen das Gesehene „fest", indem sie es aus ihrem Gesamtzusammenhang herausheben und als dreidimensionales Objekt, bzw. Seiendes isolieren.

Oder noch anders; da ma´u in diesem Denken jetzt in der Lage war die dreidimensionale räumliche Dimension von allem und jedem, das uns täglich begegnet und umgibt wahr-zu-nehmen und dadurch zu erkennen, stellte ma´u sie jetzt auch mit diesen Substantiven in diesem neuen Sinne „fest". Dabei wurde diese Entwicklung noch durch die Erfindung von Abstrakta (s.u.) wesentlich erweitert. Castoriadis kommt zwar in seiner Argumentation aus einem Denken in Mengen her[86], aber wie in diesem

---

[85] dieser Begriff *teukein* enthält übrigens die Wurzel des griechischen Wortes *techne* und damit des deutschen Wortes Technik.
[86] so orientiert er sich an dem „naiven" Mengenbegriff von Cantor; „Unter einer <Menge> verstehen wir jede Zusammenfassung von bestimmten wohlunterschiedenen Objekten unserer Anschauung oder unseres Denkens (welche die <Elemente> der Menge genannt werden) zu einem Ganzen".

Cantor'schen Mengenbegriff deutlich wird, gibt es keine Mengen ohne „wohlunterschiedenen", aber genau aus diesem neuen Denken heraus eben auch isolierten Objekten.

Um nun aber von hier aus weiterzukommen, müssen wir uns noch einen weiteren wichtigen Zusammenhang vergegenwärtigen: Geschriebene und gesprochene Sprache ist ein „Medium des Denkens und der Weltauffassung schlechthin". Diese Definition, wie sie zuerst Wilhelm von Humboldt vorlegte, geht davon aus, dass Sprache für alle komplexeren Tätigkeiten und Denkvorgänge des Menschen unverzichtbar ist. Sprache ist damit nicht erst ein „nachträgliches" Mittel zur Verständigung zwischen Menschen. Nein jede **Auffassung** von Dingen und Sachverhalten in der Welt ist nach ihrer Wahr-Nehmung und ihrem Abgleich mit unseren Bildern im Kopf schon sprachlich strukturiert. Dinge und Sachverhalte werden durch die von der jeweiligen Weltsichtebene vorgegebene sprachliche Auffassung der Welt in daherkommende Sinnzusammenhänge gebracht.

Der Mensch lebt demnach nicht in einer sinnlich aufgefassten Welt, über die er sich erst nachträglich und gelegentlich mittels Sprache verständigt, sondern er lebt und arbeitet „in der Sprache". Er spricht und handelt eben aber auch in der „Denke", die sich auf die jeweilige Weltsichtebene bezieht, von dieser vorgegeben wird (s.u.). Aber genau mit diesen letzten Formulierungen kommen wir erneut auf die absolut umfassende Bedeutung der Weltsichtebenen zurück. Da diese, wie ja die obigen Beispiele so deutlich zeigten, die absolut grundlegende Voraussetzung jeder Weltsicht und damit der _in_ dieser gesprochenen Sprache ist, müssen wir uns jetzt insonderheit klar und deutlich auf dem Hintergrund der eben dargelegten Bedeutungen der Substantive in unseren derzeit gesprochenen Sprachen beschäftigen.

Der oben mit Gebser angefügte Bedeutungswandel zunächst des mythischen, das polarbezogen ist und dann des mentalen Denkens, das ab dann dual- objektbezogen ist, begründete genau dadurch - allerdings in einer enormen Zeitspanne - einen völligen Wandel unserer Weltsicht. Diese drückt sich ab jetzt insonderheit im Wandel der Sprachen aus. Die griechischen Vorsokratiker sind diejenigen, die diesen Wandel zuletzt in die Richtung vollziehen, die, wie oben mit Castoriadis belegt, die letzte Wendung in unsere seitherige westliche Sprachstruktur hervorbrachten.

Dieses neue mental-dreidimensionale Denken bestimmt ab jetzt die Sicht auf das Sein, indem es dieses in das Seiende zerlegt, auf-teilt. Die Begriffe *legein* und *teukein* sind Synonyme für diesen Wandel im Denken und dann im Handeln. „Es ist (ab jetzt) *eine Welt des Menschen*, das will sagen, es ist eine vorwiegend menschliche Welt, in welcher <der Mensch das Maß aller Dinge ist> (Protagoras), in welcher der Mensch selber denkt und dieses Denken richtet; und es ist eine Welt, die er misst, nach der er trachtet („machet euch die Erde untertan"), eine materielle Welt, eine Objektwelt, die ihm *gegenüber* steht"[87].

Wenn wir jetzt von der Grundoperation des **legein**, der sagenden Be-zeichnung oder Be-nennung ausgehen, können wir auf der Voraussetzung der eben mit Gebser dar-gelegten „neuen Sicht" der Menschen auf sich und die Welt klar und deutlich erkennen, was jetzt vor sich geht. Ab jetzt ist alles, was Menschen, die so denken, sprechen und handeln, als Welt wahrnehmen, von dieser Prämisse bestimmt. Die Welt wird ab jetzt von Menschen alleine und ausschließlich „von ihnen her" ge-

---

[87] J.G. a.a.O. S.132

sehen, ja aufgeteilt und vermessen. Ihr wird mit Hilfe des *leg-ein* nachgestellt, damit sie sich herausstellt[88] und durch das *teukein* be bzw. ver-arbeitet. Es ist ab jetzt eine objekthafte, und unter „objektivem" Blick, rein materielle, zur zu bearbeitenden Welt.

Wie aber drückt sich dieser umfassende Blick-Wandel auf uns Menschen und von da her auf die Welt mit Hilfe einer neuen Sprache aus? Beginnen wir zunächst nochmals bei den Substantiven. Substantive sind die in einer enormen Zeitspanne entstandene neue Wortform der „Be-nennung". Dies zwar ganz im Sinne des *legein*, nämlich indem ma´u das um-sich-her Gesehene zunächst polarhaft zweidimensional und dann dual-dreidimensional, aber ab jetzt ganz in diesem Sinne, unterscheidet, auswählt, zusammenstellt, zählt. Vor allem aber das so Vor-gestellte aus-sagt, be-nennt. Aber dieses Unter-scheiden und Aus-wählen trennt es dadurch von allen seinen „natürlichen" Be-zügen. Es ist ab jetzt „*in* unserem Kopf" ein völlig unabhängiges, durch das dafür be-nannte Wort selb-ständig **Seiendes**. Es ist sozusagen nur noch für sich da, aber dadurch natürlich vor allem und zuerst „**für uns**".

Diesen Umstand hat der Persönlichkeitspsychologe Gordon W. Allport in seinem Buch „Die Natur des Vorurteils" sehr deutlich auf den Punkt gebracht. Er schreibt: „In der empirischen Welt gibt es etwa zwei und eine halbe Milliarde Sandkörner (er meint hier Gegenstände), auf die unsere Kategorie ‚Menschheit' zutrifft. Mit so vielen verschiedenen Einheiten können wir in unserem Denken nicht umgehen; wir können nicht einmal die Hunderte, denen wir im täglichen Leben begegnen, individuell erfassen. Wir müssen sie gruppieren, zu Haufen ordnen. Daher begrüßen wir die Namen, die uns bei der Gruppierung helfen. Die wichtigste Eigentümlichkeit eines Substantivs ist (in

---

[88] siehe die Sicht auf die Technik als Ge-Stell nach Heidegger

diesem Zusammenhang), dass es viele Körner zu einem Haufen vereint, ohne Rücksicht auf die Tatsache, dass dieselben Körner genauso gut in einen anderen Haufen gepasst hätten. Um es technischer auszudrücken: ein Name **abstrahiert** von einer konkreten Realität einige Eigenschaften und vereinigt verschiedene konkrete Realitäten nur in Hinsicht auf diese eine Eigenschaft (die das Substantiv zum Ausdruck bringt). Die unvermeidliche Klassifizierung zwingt uns, alle anderen Eigenschaften zu übersehen, von denen manche vielleicht eine bessere Basis geboten hätte, als die von uns gewählte Rubrik"[89].

Aber es steht ab jetzt uns Menschen zu allen mit ihm vor-gesehenen Verwendungen_**zur Verfügung**. Wie es sich dann insbesondere im rationalen Denken, der defizienten Phase des mentalen Denkens zeigen wird, auch in dem Sinne, dass wir es ab jetzt zer-legen und auf-teilen. Dies tun wir, um es wissenschaftlich ver-stehen zu können, um es dann in unserem Sinne und zu unseren Zwecken neu auf-stellen zu können, um damit etwas her-zu-stellen. Aber was wir dabei völlig übersehen ist der Umstand, dass nichts und niemand ohne Schaden „unabhängig sein kann, denn Unabhängigkeit bedeutet Abspaltung. Und Abspaltung bedeutet immer den Verlust an Zugehörigkeit, bedeutet Beziehungslosigkeit, fehlender Lebenszusammenhang, sie bedeutet das Herausfallen aus den lebendigen Zusammenhängen – und Bruchstücke können nicht auf Dauer existenzfähig sein" wie es die schon erwähnte I. Olbricht so präzise auf den Punkt bringt. Da Ihnen, verehrte Leser*innen diese Sichtweise völlig fremd ist, will ich dies an einigen Beispielen verdeutlichen. Als ein in einem solchen Sinne besonders bezeichnendes Beispiel scheint mir das Substantiv Wasser hervorragend geeignet zu sein – siehe auch die obige Erwähnung von Wasser bei den Hopi. Was also ist Wasser?

---

[89] G.A. a.a.O. S.187 Hervorh. G.A.

Was soll denn jetzt diese Frage; jederma´u weiß doch nun wirklich was Wasser ist? Ach ja, ist das wirklich so? Schauen wir uns also das Ganze mal etwas näher an. Wenn irgendjemand das Signifikat Wasser hört oder liest, das ja als Benennung ein Abstraktum ist, ist der in seinem/ihrem Kopf erscheinende Signifikant je sein/ihr ganz eigenes „Bild" dazu. Dieses Bild, das sowohl aus seiner/ihrer Ontogenese hervorging, also von persönlichen Hinweisen der frühen Umgebung, dann aber auch persönlichen Erfahrungen, z.B. vom Waschen, Baden, Duschen, Schwimmen oder Regen her und zuletzt gegenwärtige Erfahrungen, z.B. beruflicher Art oder im Zusammenhang mit Urlauben. Ja vielleicht ja auch unangenehmen oder gar bedrohlichen Erfahrungen mit Wasser, z.B. einer Überschwemmung.

Wie wir aber schon oben erfuhren, ist weder das Signifikat noch der Signifikant mit dem Referenten, also dem „realen" Wasser identisch. Jedes eigene Bild eines Menschen zum Wasser ist seine/ihre persönliche Konstruktion (s.o.). Das ist das erste Problem, das es hier zu beachten gilt. Gerade aber in unserer derzeitig besonders durch die naturwissenschaftliche Sicht geprägten Sichtweise auf das Wasser, kommt noch ein weiteres Problem hinzu. Natürlich wurde auch das Wasser wissenschaftlich „zer-legt", so dass als Synonym für Wasser heute sogar oft genug im allgemeinen gesellschaftlichen Umgang, H_2O gebraucht wird. Völlig unabhängig davon, ob sich alle Menschen darunter konkret etwas vorstellen können – in der Regel wohl eher nicht -, bewirkt diese Sichtweise auf das Wasser eine noch weitere „Ent-Fernung" von dem Phänomen Wasser. Dies gilt insonderheit in Bezug auf seine sowohl biologische Rolle, als auch seine umfassend menschliche. Beginnen wir mit der biologischen Rolle.

Ohne Wasser kein Leben. Das hat nicht nur damit etwas zu tun, dass alles Leben auf der Erde – wahrscheinlich - zunächst „im

Wasser" entstand, sondern dass Wasser das einzige uns bekannte „Element" ist, dessen größte Dichte bei +3,98° C liegt
und sich sowohl nach „oben" = höheren Temperaturen -, als
auch nach unten = niedereren Temperaturen - ausdehnt und
damit die Voraussetzung für Leben überhaupt schafft. Darüber
hinaus hat sich diese seine „Schöpfungsrolle" in dem Sinne
weiter etabliert, dass es nach wie vor ohne Wasser kein Leben
gibt. Oder anders formuliert; wenn das Wasser ausgeht, er-
löscht das Leben. Wasser gehört zu den Stoffen auf der Erde,
die uns wie kaum ein anderer direkt verdeutlichen, in welchem
Umfange alles mit allem zusammenhängt.

Es ist mehr als bemerkenswert in welchem Umfang und Ausmaß wir diesen Zusammenhang durch unser sprachlich beding-
tes „abstraktes" Denken über Wasser gelernt gaben zu „übersehen". Vielleicht können Sie, verehrte Leser*innen, diese Aussage nicht annehmen? Aber wenn ma´u sich ansieht in welchem Ausmaß wir einerseits Wasser verschwenden, andererseits aber Wasser mit allen von uns hervorgebrachten Abfällen
be- bis überlasten[90], ist gerade diese Seite unserer Überhebung
und Verachtung der Natur und damit dem Wasser gegenüber
einer der wichtigsten Faktoren, aber auch Belege unserer lebensbedrohlichen Sicht- und daher kommenden Lebensweise.

Aber die allgemein menschliche Sichtweise auf das Wasser ist
nicht weniger wichtig beachtet zu werden, um zum Wasser
endlich wieder eine „neue" (?!) Einstellung hervorzubringen,
die weit über unsere übliche wissenschaftliche Sicht hinausgehen muss. Wasser steht, fließt, quillt, rauscht, tropft, plät-
schert, fällt, mäandriert, schwemmt, wirbelt, verdunstet, ge-
friert, steigt, fällt, erodiert, sprengt, zerstört, bedeckt, wäscht,

---

[90] angefangen von der sichtbaren Vermüllung von Flüssen und Mee-
ren bis zu unsichtbaren mit allen möglichen, vor allem aber schädli-
chen Chemikalien.

reinigt, nässt, benetzt, kühlt, usw. Alle diese Begriffe zeigen an, in welchem Ausmaß und Umfang Wasser unser Leben begleitet, bis dirckt betrifft, ob biologisch, sozial, oder gar künstlerisch. Alle diese menschlichen Beziehungen zu, aber auch Betroffenheiten durch Wasser sind insbesondere Stadtbewohnern kaum noch bekannt, geschweige denn bewusst. Es sei denn, sie werden durch Naturkatastrophen welcher Art auch immer daran erinnert.

Allerdings stärken solche Erfahrungen kaum die dringend erforderliche Bindung von uns Menschen mit dem Wasser. Da aber weltweit inzwischen mehr als die Hälfte aller Menschen in Städten leben, mit steigender Tendenz, kann es nicht wundern, dass die Probleme die dadurch entstehen immer mehr zunehmen. Da es hier aber ja nicht die Absicht ist, dieses Buch über diese Zusammenhänge zu schreiben, sondern uns darauf aufmerksam zu machen, in welchem Maße unsere Sprache - in diesem Zusammenhang die Substantivierung -, unseren Blick auf die wahren Zustände mit und in die Natur trübt bis verdeckt, muss dieses Beispiel hiermit abgeschlossen werden.

Allerdings gibt es natürlich weitere Beispiele. Um aber auch hier das Ganze nicht zu sehr ausufern zu lassen, soll hier nur noch ein Beispiel neben diesem Konkretum angeführt werden, das einer Substantivierung im Sinne von Abstrakta. Als besonders gutes Beispiel könnte sich hier das Wort Schönheit erweisen. Beginnen wir zunächst bei dem Adjektiv schön. Wenn irgendeine Person dieses Adjektiv in Bezug auf einen konkreten Umstand oder Vorgang anwendet, geht jede/r Zuhörer/in davon aus, dass dies die Meinung dieser Person zu diesem Umstand oder Vorgang ist. Es handelt sich ganz klar um ein persönliches Urteil, das jederma´u teilen kann oder eben auch nicht.

Dieser Umstand ändert sich aber umfassend mit dem Substantiv Schönheit. Dieses Wort erhebt den Anspruch immer und in jedem Falle in Bezug auf den betreffenden Zustand oder Gegenstand zutreffend zu sein. Und dieser Anspruch steckt in der Substantivierung. Jedes Substantiv beschreibt und/oder benennt das durch seine Anwendung Beurteilte als immer und überall gültig, bzw. zutreffend beurteilt zu sein. Da sich aber dieses Substantiv schon immer von Beginn an, wie oben mit dem Adjektiv schön dargestellt, auf die persönliche Sicht dess(r)en bezieht, der/die es angewendet hat, bescherte uns dieses Substantiv von Beginn seiner Anwendung an die heftigsten Auseinandersetzungen. Dieser Umstand gilt übrigens generell für alle diese substantivierten Abstrakta und die damit hervorgebrachten Streitereien, zumindest solange ihr/e Anwender/in darauf besteht, dass diese Aussage in dem eben angesprochenen allgemeinen Sinne gilt, siehe die Worte Freiheit, Klug-heit, Selbständig-keit usw. usw. Es wäre einfach sinnvoller entweder diese Substantive zu vermeiden, oder sich darauf zu einigen, dass sie auf der persönlichen Sicht des/r Anwenders/in beruhen und jederzeit infrage gestellt werden können.

Das nächste und fast noch schwierigere Problem, ist das der Verben. Aber schauen wir uns auch das hier etwas genauer an. Nachdem ma´u im mythischen und dann mentalen Denken begonnen hatte, alles was ma´u abgetrennt von seinen Bezügen[91] in immer umfassenderer Weise zu be-nennen, musste ma´u ja aber nun diese neuen Substantive in geeigneter Weise in Sätze „einbinden". Es gab zwar ansatzweise so etwas wie Verben – siehe oben das Beispiel der Nootka-Sprache – aber auch diese mussten zuerst im mythischen erlebnishaften Sinne aus ihrer

---

[91] die ma´u ja in diesem Denken nicht wahrnahm.

eher adjektivischen Anwendung herausgelöst und in eine selbständige Sprachform überführt werden, das was wir seither als Verben kennen.

Dieser Übergang dauerte zweifellos ebenfalls eine enorme Zeitspanne, wie das oben zitierte Beispiel aus der Hopi-Sprache belegt. Betrachten wir uns aber die heute „normale" Anwendung dieser Worte, können wir deutlich erkennen, was hier vor sich ging. Diese Verben verbanden die objektivierten Namenworte in einem Sinne, dass sie ganz in dem oben von Gebser dargestellten Weise eine ab jetzt zunehmend „menschliche Welt" hervorbrachten. Oder m.a.W., die jetzt in diesem Sinne verwendeten Verben erzeugten genau diese Welt, in welcher zunächst der „jetzt" mythisch und dann mental denkende, auf sich selbst bezogene Mensch nur noch *von sich her* denkt, und dieses Denken so ein-richtet, bzw. anwendet. Und zwar in der Weise, dass er/sie, sie jetzt „messend" und „auf-teilend", nach ihr trachtet, um sie sich untertan zu machen.

Ma´u kann diesen so beschriebenen Vorgang besonders deutlich an der Art und Weise erkennen, in der die Verben von den Subjekten, also den Menschen herkommend den Objekten vorgeben, wie sie sich zu „verhalten" haben. Dies galt ja schon in Ansätzen im mythischen Denken, siehe erneut oben das Beispiel der Hopi-Sprach. Die Subjekte dominieren die Objekte, in dem sie diesen mit den Verben *ihre* Absichten aufzwingen. Und es ist völlig unerheblich, ob ma´u diese Verben als Tätigkeits-/Handlungsverben (weinen, kritisieren, malen), Vorgangsverben (wachsen, fallen) oder Zustandsverben (stehen, leben, bleiben) versteht. Immer geht die von den Subjekten beabsichtigte Vorgabe in Richtung Objekten von diesen Subjekten aus, ganz in dem Sinne, in welcher <der Mensch das Maß aller Dinge ist>.

Dieser Umstand wird vollkommen in dieser unserer derzeitigen Sprachrealität um- und durchgesetzt, bzw. in dieser sichtbar. Dieser Umstand drückt sich vor allem darin aus, dass das Verb ab der mentalen Sprachstruktur „die einzige konjugierbare Wortart" ist. M.a.W., alles was in dem jeweiligen Satz

> das Tempus, - also die aus der zeitlichen Situation von daher bestimmte Zeitform des Verbs -, das der Satz „ausspricht",
> dann den Modus – entweder die Normalform für Aussagen über reale Ereignisse, wie z.B. „ ich gehe" oder Behauptungen im Sinne allgemeingültige Wahrheiten, wie z.B. „wir sehen etwas" -,
> und die Infinitivformen – also die Grundformen oder Nennformen eines Verbs, wie z.B. gehen, sitzen, hüpfen, usw. – aussagt,

geht von dem verwendeten Verb aus. Das was hier jetzt dargestellt wurde beschreibt eben genau den Umstand, dass Verben typischerweise als Prädikat eines Satzes dienen. Also deutlich; das Verb wird zwar in seiner jetzt „gebrauchten" Konjugation von dem Subjekt und dessen Sicht auf den in diesem Satz darzustellenden Sachverhalt bestimmt. Aber das, was dem Objekt widerfährt oder mit dem Objekt geschieht, aus welchem Zeithorizont her, wird von dem Verb in spezifischer Weise bestimmt. Beispiel: „Ich hacke Holz". Ich, das Subjekt zerteile jetzt in diesem Moment ein Stück Holz. „Ich hackte Holz". Der Vorgang des Holzhackens ist schon vorbei. „Ich werde Holz hacken". Ich habe die Absicht irgendwann Holz zu hacken. „Ich werfe das gehackte Holz auf einen Haufen". Dem Holz widerfährt etwas anderes, das jetzt dieses neue Verb ausdrückt.

Betrachtet ma´u sich diese Beispiele, wird die obige Aussage von Gebser ganz deutlich. Diese mentale Welt, die sich ja in diesen Sätzen ausdrückt, ist eine absolut menschengemachte,

menschenbestimmte Welt. Wir, Sie und ich, ja wir alle gemeinsam, die solche Sprachen nutzen, zeigen damit deutlich, dass
wir der Welt, und leider auch in erheblichem Ausmaß anderen
Menschen (s.u.), sowohl ihren Zustand, als auch den Umgang
mit ihr, ihr umfassend vorschreiben. Ja sie zu allen möglichen
von uns vorgegebenen Zwecken ge- und miss-brauchen. Wir
werden noch sehen, was das für Folgen hat.

Kapitel IV Denken

Wie stellt ma´u die heute übliche Sicht auf das Denken dar? Nach diesem Verständnis werden unter dem Begriff des Denkens alle Vorgänge zusammengefasst, die aus einer inneren Beschäftigung mit Vorstellungen, Erinnerungen und Begriffen eine Erkenntnis zu formen versuchen. Bewusst werden aber – zumindest geht ma´u hier davon aus - dabei meist nur die Endprodukte des Denkens, nicht die Denkprozesse selbst, die sie hervorbringen. Darüber hinaus wird Denken allgemein von Wahrnehmung – siehe das Thema „Bilder im Kopf" - und Intuition unterschieden. Dies wird in der Regel damit begründet, dass Wahrnehmung und Intuition unbegrifflich seien, Gedanken jedoch als begrifflich oder inhaltlich bestimmt aufgefasst werden.

Denken kann auf einem Einfall basieren, spontan durch Gefühle, Situationen, Sinneseindrücke oder Personen ausgelöst werden, oder es wird abstrakt-konstruktiv entwickelt (teils Wik). Alle diese Sätze verweisen zunächst letztlich darauf, dass es in uns eine Stelle gibt, die sich mit diesen Vorstellungen, Erinnerungen und Begriffen beschäftigt. Wir nennen es üblicherweise Bewusstsein[92]. Und es sind natürlich diejenigen sprachlichen Vorgaben, die in uns seit dem mentalen Denken im Sinne von Subjekt-Prädikat-Objekt-Konstrukten dieses Denken hervorbringen. Und dieses entspricht den Vorgaben in dem Sinne, dass wir dieses Bewusstsein als Ich wahrnehmen.

---

[92] wir werden aber noch sehen, dass es hier dringend erforderlich ist, etwas genauer hinzuschauen.

Bevor wir uns aber konkret mit der Art und Weise des Denkens befassen können, wie es sich aus den bisherigen Vorgaben herleiten und begründen lässt, müssen wir uns kurz mit dieser Ich-Instanz beschäftigen. Vorab ist hier zu vermerken, dass schon mit dem mythischen Denken zumindest ansatzweise ein Gefühls-Ich entstand. Dies galt dann aber besonders deutlich in dem egoischen Denken, mit dem in uns eine „bewusste" Institution entstand, von der aus und auf die hin gedacht wurde. Dies war ab dann genau dieses eher „gefühlte" Ich[93].

Es ist aber dann vor allem das mentale Denken, das uns in die Lage versetzt, dieses momentan in uns existierende abstraktionsfähige Ich auch wirklich wahrzunehmen und uns über dieses Gedanken zu machen. Aber vor allem es im Sinne des *legein* „vor uns zu stellen" und von dieser Sicht her zunächst zu identifizieren und dann zu definieren. Da ich aber in meinem Buch „Sitte, Ethik und Moral" sowohl zu diesem Thema, als auch zu dem des damit zusammenhängenden Ego je ein ganzes Kapitel schrieb, kann ich mich hier auf die wichtigsten Zusammenhänge konzentrieren.

Das erste, was es hier zu beachten gilt ist der Umstand, dass wir im Laufe unseres Lebens von Kleinkindesbeinen an mehrere aufeinander aufbauende „Ich-Zustände, Phasen oder Ebenen" hervorbringen. Das beginnt mit

dem Körper-Ich, dann
dem Gefühls-Ich,
dem abstraktionsfähigen Ich,
dem sozialen Ich usw.[94]

---

[93] siehe hier erneut Gebser
[94] siehe hierzu Ken Wilber in „Integrale Psychologie".

Das Bezeichnende in den früheren Ich-Phasen oder Ebenen besteht nun darin[95], dass wir das zuvor in uns existierende Ich als dieser jeweilige Selbst-Bezug erst auf der dann folgenden Ebene in der „Rückschau" in seiner besonderen Ausprägung erkennen können. Oder anders gewendet; in der Phase einer bestimmten Ich-Identifikation kann ma´u diese Ich-Form nicht erkennen und analysieren. Auf diesen Umstand weist z.b. auch und gerade der Sachverhalt hin, dass wir erst mit dem abstraktionsfähigen Ich in der Lage waren, die früheren Ich-Phasen zu erkennen und zu verstehen. Es wird uns ab da „be-wusst", oder m.a.W., Gegenstand eines erst ab hier möglichen „rück-schauenden" Bewusstseinsaktes.

Dieser letztere Begriff bezieht sich jetzt aber auf den Umstand, dass jeder Bewusstseinsakt ein grundsätzlich dialektischer Prozess ist, der immer und nicht mehr hintergehbar aus Vollzug und Gehalt besteht. Der deutsche Philosoph J. Heinrichs erklärt dies in seinem Buch „Integrale Philosophie" ganz deutlich: „Es handelt sich bei Vollzug und Gehalt um eine grundlegende, nicht mehr hintergehbare Doppelheit: Es gibt keine Bewusstseinsaktivität, die nicht irgendeinen Gehalt hat: **Ich denke etwas – Ich will oder fühle etwas.** ... Der Gehalt braucht (aber) kein rational scharf umrissener und kein gegenständlich-objekthafter Gehalt zu sein. Umgekehrt ist ohne weiteres evident, dass keinerlei Gehalt ohne die Bewusstseinsaktivität möglich ist. Gehalte sind stets vollzogene Größen, keine außerhalb des Vollzugs vorfindliche. In diesem Sinne der Unerlässlichkeit der beiden Seiten füreinander, aber auch der Unrückführbarkeit aufeinander kann man sagen, dass diese beiden Seiten von Bewusstseins- oder Sinnvollzügen <dialektisch> zu-

---

[95] was praktisch alle hier forschenden Psycholog*innen bestätigen

sammengehören. **Dialektik** meint hier .... stets die Einheit (Zusammengehörigkeit) des wesentlich Unterschiedlichen, ja Gegensätzlichen"[96].

Wenn wir nun diese Sätze auf den Bewusstseinsvollzug unserer Ich-Bewusstheit anwenden, können wir erkennen, dass das derzeitige in uns existierende Ich Bewusstseinsgehalt wird und zwar dadurch, dass es dem Subjekt, also meinem Ich bzw. mir als Gehalt in diesem Bewusstseinsvollzug zum Objekt wird. Und über dieses „Objekt" kann ich nun im Sinne des *legein* nachdenken, es erkennen, definieren und etwas über es aussagen. Und dies ist eben erst auf der Ebene bzw. der Struktur des mentalen Denkens möglich. Erst hier in einer „dreidimensionalen Welt" kann ich mir Objekte als eigenständige, ohne weitere Bezüge zu anderen Objekten oder gar einer sie umgebenden Einheit vor-stellen. Bekanntlich liegt auch hier der Beginn des wissenschaftlichen Denkens, das ja spätestens mit Sokrates auch den Menschen mit einbezog.

Aber nochmals ganz klar; das sind ab sofort alles Bewusstseinsvollzüge und zwar eines Selbst-Bewusstseins, „gemeinhin Ich genannt"[97]. Es ist J. Heinrichs, der diesen Grundbezug zu uns selbst im Unterschied zu allen anderen Philosophen, die mir bekannt sind, besonders deutlich darstellt. Von hier ausgehend schreibt er daher von dem Ich als dem Woher der Bewusstseinsvollzüge ausgehend: „Es ist das, was in deren Vielfalt und in der Vielfalt <meiner> bewussten Tätigkeiten konstant bleibt". Ja noch mehr: „Ich ist ein durch Selbstbezüglichkeit zustande kommendes Wesen, weil zum Ich-Sagen fundamental der *Selbstbezug des Menschen* zu sich selbst gehört: seine Re-

---

[96] a.a.O. S.23
[97] a.a.O.

flexionsfähigkeit, Reflexion und Selbstbezüglichkeit sind dasselbe"[98]. Der nächste entscheidende Umstand, der hier unumgänglich für uns Menschen ist, besteht darin, dass wir keinen Ich-Bezug ohne einen Fremdbezug kennen können. Dies gilt insonderheit bezogen auf das Du und damit auch auf jede Gemeinschaft, hier als Wir verstanden. Und so kann Friedrichs unseren Selbstbezug erst mit Hilfe dieses Fremdbezugs erkennen und benennen; danach ist **Selbstbezug-in-Fremdbezug** die Voraussetzung unseres Ich-Bewusstseins[99].

Oben habe ich aber darauf verwiesen, dass es gerade an dieser Stelle des Verständnisses der Bewusstseinsstelle, auf die hin und von der aus wir denken, es unbedingt erforderlich ist genauer hinzuschauen. Dies wollen wir ab hier tun. Denjenigen unter Ihnen, verehrte Leser*innen, die schon einmal Versuche in Richtung Meditation unternommen haben, ist vielleicht dabei aufgefallen, dass es gar nicht so einfach ist, sein/ihr permanentes „Geschwätz" im Kopf, also das, was oben Denken genannt wurde, anzuhalten. Bekanntlich ist es ja eine der Voraussetzungen von wirklicher, „nach Innen" gerichteter Meditation, genau dies zu tun. Nämlich dieses „Geschwätz" anzuhalten. Wenn jemand mit solchen Versuchen beginnt, ist es zu Beginn sehr frustrierend sich genau diesem Umstand zu stellen, weil es eben **nicht** anzuhalten ist. Und es braucht nicht selten Hilfe, aber in aller Regel eine nicht unerhebliche Anstrengung und meist auch längere Zeit der Übung, dies so Stück für Stück umzusetzen.

Oben haben wir aber doch mit Johannes Heinrichs darauf verwiesen, dass dieses unser Denken ganz das unsere sei, damit aber dann doch völlig unter unserer Kontrolle sein müsste. Also so nach dem Motto funktionieren müsste, „so mein verehrtes

---

[98] a.a.O. S.27
[99] a.a.O. S.28ff

Denken, jetzt möchte **ich**, dass du mit diesem ständigen Gerede aufhörst". Aber mit Nichten, das Gerede hört keineswegs auf einen solchen Beschluss hin auf. Es geht ständig weiter und weiter, so dass es auch den Hinweis von Meditations-Lehrer*innen gibt, dieses Gerede einfach weiterlaufen zu lassen und es sozusagen aus der Distanz zu beobachten, um es dann möglicherweise irgendwann loslassen zu können. Aber warum kommt eigentlich niemand auf die Idee mal zu fragen, was denn da eigentlich vor sich geht?

> Erstens mal ist selbständiges konzentriertes Denken ja keineswegs ein „Gerede", oder gar „Geschwätz", und zweitens kann ich damit natürlich sehr wohl immer dann aufhören, wenn ich mich dazu entschließe.

Was also geht hier wirklich vor sich? Meiner Überzeugung nach ist das der erste Hinweis darauf, dass dies höchstwahrscheinlich diejenige Sub-Persönlichkeit[100] ist, die wir Ego nennen. Das kann ma´u auch daran erkennen[101], dass hier nämlich fast ausschließlich Inhalte „beredet" werden, die sich auf die eigene Person und deren Zustand oder Absichten beziehen. Es handelt sich letztlich immer um das Ego, vor allem **seine** Sicht der Dinge. Diese müssen sich nun keineswegs mit unseren bewusst überlegten oder gar entschiedenen Absichten oder gar Einstellungen zu was auch immer decken. Ganz im Gegenteil ist es das Ego[102], das solche Entscheidungen vor allem in Richtung Bequemlichkeit oder gar vorgeschobener Angst zu verhindern sucht. Es sei hier deutlich darauf verwiesen, dass solches dann auch nicht selten von den Betroffenen genau in einem solchen

---

[100] So nennen modernen Psycholog*innen, verhältnismäßig selbständige psychische Instanzen in uns.
[101] wenn ma´u denn mal aufmerksam „zuhört", was hier eigentlich geredet wird.
[102] sofern ma´u diesen Umstand von dieser Seite her sehen kann.

Sinne entschieden wird. Aber eben dann auch nicht selten[103] zu unserem großen Ärger, oder zur großen Enttäuschung über uns selbst führt.

Sind aber denn solche Entschlüsse für das Ego nicht völlig egal? Warum „mischt" es sich da hinein? Nun, Psycholog*innen, die diese Phänomene untersuchen, machen darauf aufmerksam, dass auch Sub-Persönlichkeiten zu ihrer weiteren Existenz feinstoffliche, sprich psychische Energie brauchen. Diese können sie natürlich nur von uns selbst bekommen. Psychische Energie steigt aber immer dann besonders stark an, wenn wir uns über irgend etwas ärgern oder gar wütend werden. Dies gilt besonders dann, wenn wir diesen Ärger oder gar Wut in unserer Psyche und dann eben auch in unserem Gehirn austragen. M.a.W., das Ego ist immer daran interessiert, dass wir uns über irgend etwas aufregen. Diese dabei erzeugte Energie ist sozusagen **seine** „Nahrung".

Ma´u muss leider davon ausgehen, dass hier eine der wichtigsten Quellen liegt, warum wir uns so häufig, selbst gegen zuvor gegebene „heilige" Versprechungen, immer wieder mit Personen aus unserer näheren Umgebung „anlegen". Das kann ma´u ganz besonders bei Partnerschaften beobachten. Es sei nur an die immer wieder auftretenden Streitereien über eigentlich höchst geringfügige Umstände erinnert. Z.B. die immer wieder nicht verschlossene Zahnpasta Tube, aber natürlich noch viele mehr solcher Marginalien. Dass sich solche immer wieder aufkommende Unstimmigkeiten auf jede Beziehung negativ auswirken müssen, ist ganz offensichtlich und belastet häufig die betroffenen Personen. Leider ist es den betroffenen Personen meist überhaupt nicht bewusst, wo die Gründe für solche Vor-

---

[103] sofern es uns wirklich bewusst wird, was hier vor sich geht und wer hier wirklich entscheidet.

gänge eigentlich liegen. Vor allem wie schnell ma´u diese abstellen könnte, wenn einem dieser Zusammenhang bewusst wäre.

Es gibt aber noch einen weiteren Umstand, in dem dieser Zusammenhang noch deutlicher werden könnte. Jederma´u erlebt in seinem Leben Momente, die im ersten Moment richtig bedrohlich erscheinen. Das können Vorfälle im Berufsalltag sein, aber auch solche in einem Verein oder anderen Beziehungsverhältnissen. Ganz besonders „bedrohlich" erleben wir solches, wenn es dann noch öffentlich wird oder gar durch die Presse geht. Ich denke jederma´u, dem solches schon einmal widerfuhr, kann sich daran erinnern, was dann in seinem Kopf vor sich ging. Immer und immer wieder kreisen die Gedanken um diesen Sachverhalt und mögliche Strategien, wie ma´u damit umgehen könnte oder gar müsste. Stunde um Stunde vergehen und oft kann ma´u noch nicht einmal mehr schlafen.

Dieses „Hamsterrad" ist einfach nicht mehr zu stoppen, egal wie sehr wir uns bewusst darum bemühen. Nicht selten erweist sich diese Reaktion im Nachhinein als völlig überzogen. Wenn ma´u die obige Darstellung des Ego und seine höchst eigenen Bedürfnisse[104] verstanden hat, dürfte es schnell klar sein, was hier vor sich geht. Das ist ein wahrer „Festschmaus" für unser Ego, mit dessen Hilfe aber auch seine „Macht" uns gegenüber, im Sinne der Beeinflussung unserer Handlungen in seinem Sinne umfassend zunimmt. Ich kann nur aus eigener Erfahrung mit solchen Abläufen darauf verweisen, dass es kaum möglich ist, sich aus dieser „Klammer" zu befreien. Auf jeden Fall bedarf es dazu sehr, sehr langwieriger Anstrengungen, wobei natürlich das Bewusstsein über diese Zusammenhänge die unabdingbare Voraussetzung darstellt.

---

[104] die natürlich keineswegs mit unseren identische sind.

Das kann aber keinesfalls im Sinne von „Abwehrkampf" funktionieren. Denn ein solcher „Kampf" würde ja erneut Energie produzieren, die das Ego nur noch mehr stärken würde. Das geht nur mit bewusstem „Anschauen" und dann loslassen. Die Voraussetzung für eine solche Abwehrstrategie ist aber auf jeden Fall das Ego unter diesem Aspekt zu kennen.

> Erstens um sich selbst besser verstehen zu können, vor allem
>
> Zweitens aber auch sich bewusst zu sein, in welchem Ausmaß unser Ich gerade auch von dieser Seite her bedrängt bis beherrscht wird.

Ohne solche Kenntnisse sind viele Reaktionen bis Handlungen von Menschen einfach nicht zu verstehen. Vor allem aber kann es nur von hier aus gelingen, unser Ego Stück für Stück zu schwächen. Dass dies aber eine sehr lange Zeit braucht, darauf müssen Sie sich leider einstellen. Zur Ergänzung muss ich aber noch anführen, dass spätestens mit der Beobachtung des Über-Ich durch Freud noch eine weitere „Instanz" entdeckt wurde, die ebenfalls unser Denken und daher kommende Entschlüsse und Handlungen beeinflusst. Aber da eine nähere Darstellung dieser Umstände nun endgültig den beabsichtigten Zusammenhang sprengen würde, muss es mit diesem Hinweis genügen.

Dieser kleine „Abstecher" war aber unbedingt erforderlich, wenn ma´u sich auf einigermaßen gesichertem Boden mit unserer alleine menschlichen Fähigkeit des abstraktionsfähigen Denkens beschäftigen will. Nochmals zur Erinnerung; ein solches Denken ist nur mit einem Ich möglich, das abstraktionsfähig denken kann und dies beginnt nach den Forschungsergebnissen von Piaget erst ab der Entwicklungsstufe prä-op. Diese Stufe ist zwar höchstwahrscheinlich mit der defizienten mythischen Struktur (nach Gebser) oder der egoischen Stufe (nach

Graves) identisch. Bei genauerem Hinschauen aber muss ma´u feststellen, dass diese Stufe einerseits die Schwächen dieses Denkens immer deutlicher hervorbringt, andererseits aber so etwas wie eine Übergangsstufe zum mentalen Sprechen und Denken darstellt.

In dieser Stufe kommt zwar irgendwann gegen Ende seiner Dominanz ein Ich im Sinne einer bewusst auf sich bezogenen oder von sich ausgehenden Handlung hervor, aber nach der Auffassung von Gebser ist dieses Ich noch eher gefühlsbetont, an der Polarität mit dem Du orientiert, aber noch nicht dreidimensional und dual. Erst diese sich hier im mentalen Denken entwickelnde Ich-Struktur ist dann auch abstraktionsfähig im heute so verstandenen Sinne. Erst von hier aus können wir uns jetzt dem Problem des Verhältnisses von Sprechen und Denken zuwenden.

a. Das Verhältnis von Sprechen und Denken

„Den nachteiligsten Einfluss auf die interessante Behandlung jedes Sprachstudiums hat die beschränkte Vorstellung ausgeübt, dass die Sprache durch Konvention entstanden, und das Wort nichts als Zeichen einer unabhängig von ihm vorhandenen Sache, oder eines ebensolchen Begriffs ist. Diese bis auf einen gewissen Punkt freilich unleugbar richtige, aber weiter hinaus auch durchaus falsche Ansicht tötet, sobald sie herrschend zu werden anfängt, allen Geist und **verbannt alles Leben,** und ihr dankt man die so häufig wiederholten Gemeinplätze: [...] dass jede Sprache, wenn man sich ihrer nur recht zu bedienen weiß, ungefähr gleich gut ist [...] die Sprache ist ein eignes und selbstständiges Wesen, ein Individuum, die Summe aller Wörter, die Sprache, ist eine Welt, die zwischen der erscheinenden außer, und der wirkenden in uns in der Mitte liegt". Sie ist daher „das letzte, äußere Ziel der Geselligkeit und zugleich die durch seine Natur selbst in ihn gelegte Richtung des Menschen auf unbestimmte Erweiterung seines Daseins."[105] Sie, verehrte Leser*innen, können sich sicher erinnern, dass dieses Zitat von Wilhelm von Humboldt hier eine Wiederholung ist. Dass es jetzt hier erneut mit einer Ergänzung aufgenommen wird hat den Grund, dass es eigentlich hierher gehört, nämlich an den Beginn der folgenden Überlegungen des Verhältnisses von Sprache und Denken. Nochmals; nach der hier zitierten Überzeugung von Humboldts entstand die Sprache eben genau nicht aus gesellschaftlichen Konventionen, oder noch deutlicher, Gewohnheiten. Sie ist in einem erheblichen Umfange ein „selbständiges Wesen, ein Individuum, eine eigene Welt", die zwischen der "außer uns erscheinende Welt, und der **wirkenden** in uns" vermittelt.

Diese Sicht wird von B.L. Whorf in dem Sinne noch erweitert, dass seiner Überzeugung nach, die Sprache uns umfassend unsere Sicht auf die Natur vorgibt. Er schreibt: „Man fand, dass das linguistische System (mit anderen Worten, die Grammatik) jeder Sprache nicht nur ein reproduktives Instrument zum Ausdruck von Gedanken ist, sondern vielmehr selbst die Gedanken formt, Schema und Anleitung für die geistige Aktivität des Individuums ist, für die Analyse seiner Eindrücke und für die Synthese dessen, was ihm an Vorstellungen zur Verfügung steht. Die Formulierung von Gedanken ist kein unabhängiger Vorgang, der im alten Sinne dieses Wortes rational ist, sondern er ist beeinflusst von der jeweiligen Grammatik. Er ist daher für verschiedene Grammatiken mehr oder weniger verschieden.

---

[105] Zitiert aus Wik.

Wir gliedern die Natur an Linien auf, die uns durch unsere Muttersprache vorgegeben sind.

Die Kategorien und Typen, die wir aus der phänomenalen Welt herausheben, **finden wir nicht einfach in ihr.** Etwa deshalb weil sie jedem Beobachter in die Augen springen. Ganz im Gegenteil präsentiert sich die Welt in einem kaleidoskopartigen Strom von Eindrücken, **der durch unseren Geist organisiert werden muss. Das aber heißt weitgehend: von dem linguistischen System in unserem Geist.** Wie wir die Natur aufgliedern, sie in Begriffen organisieren und ihnen Bedeutungen zuschreiben, das ist weitgehend davon bestimmt, dass wir an einem Abkommen beteiligt sind, sie in dieser Weise zu organisieren – **einem Abkommen, das für unsere Sprachgemeinschaft gilt und in den Strukturen unserer Sprache kodifiziert ist.**

Dieses Übereinkommen ist natürlich nur ein implizites und unausgesprochenes, **ABER SEIN INHALT IST ABSOLUT OBLIGATORISCH;** wir können überhaupt nicht sprechen, ohne uns der Ordnung und Klassifikation des Gegebenen zu unterwerfen, die dieses Übereinkommen vorschreibt"[106]. Oder m.a.W., danach ist unser Denken umfassend von der Sprache vorgegeben und bestimmt. Oder von einer anderen Sicht her; schaut ma´u von daher, ist die Sprache in erheblichem Umfang die Voraussetzung und Grundlage unserer „Bilder im Kopf" und wäre damit die entscheidende Voraussetzung dessen, was wir unter Wirklichkeit verstehen.

Aber stimmt denn diese Auffassung wirklich? Haben wir oben nicht schon eine völlig andere Behauptung gelesen, wenn es um ein Verständnis unseres Denkens und seiner Herkunft geht? Aber ja. Hier nochmals die Sätze von Graves - wobei ich

---

[106] L.B. Whorf a.a.O. S.12 Hervorh. oben PS, durchgehende Großschreibung Whorf.

hoffe Sie, verehrte Leser*innen, nicht zu nerven - zu den Folgen, bzw. den Auswirkungen der Weltsichtebenen: „Wenn der Mensch in einem Existenzzustand zentralisiert ist (wenn sich also das Ich-Bewusstsein auf einer bestimmten Weltsichtebene befindet), dann hat er oder sie eine Psychologie, die diesem Zustand eigen ist. Seine oder ihre Gefühle, Motivationen, Moralvorstellungen und Werte, Biochemie, Grad neurologischer Aktivierung, Lernsystem, Glaubenssystem, Begriff geistiger Gesundheit, Vorstellungen davon, was eine psychische Störung ist und wie sie behandelt werden sollte, Konzepte/Vorstellungen von und Vorlieben für Management, Erziehung, Ökonomie und politische Theorie und Praxis sind alle für diesen Zustand passend", bzw. kommen daher, werden davon bestimmt.

Widerspricht denn diese Aussage denen von Whorf und Humboldt nicht klar und deutlich? Beschreibt sie nicht das gerade Gegenteil? Die Antwort wird Sie vielleicht überraschen; ja und nein. Wir können hier eine Erklärung dieses Widerspruchs auf zwei Wegen finden. Humboldt nannte unsere Sprache ein „selbständiges Wesen", ja sogar ein „Individuum". Aber selbst „selbständige Wesen" oder „Individuen" entstehen aus existenten anderen „Wesen", sie fallen sozusagen nicht vom Himmel. Was meint dieser Satz aber in diesem Zusammenhang?

Oben haben wir uns den Übergang vom effizienten mythischen Denken zum defizienten mythischen, sprich egoischen Denken näher angeschaut. Mit der Weltsichtebene des egoischen Denkens entstand aber bei den davon „betroffenen" Menschen eine völlig neue Sicht auf sich selbst. Sie „erkannten" sich ab da als eigenständige Menschen, die von sich her und auf sich hin bezogen dachten. Oder m.a.W., ab jetzt veränderte sich ihre Sicht auf sich und die Welt grundsätzlich. Sie sind der eine „Pol" einer grundsätzlichen Polarität der „gegenüber"-liegenden Welt.

Wie wir aber oben sahen, entstanden dadurch völlig neue Worte, insonderheit Substantive. Es entstand aber auch das, was wir oben zunächst mit Gebser als ein eher gefühltes Subjekt be-nannten, das jetzt pol-haft auf das reagierte, was um dieses Ich bzw. Ego vor sich ging. Schon hier in dieser Phase entstanden Begriffe, Substantiven und Verben, die sich später in der mentalen dreidimensionalen und dualen Denke endgültig zu dem wandelten, was wir dann mit den Begriffen **legein** und **teukein** kennenlernten, dem Beginn des Trennens, Zerlegens und Messens. Um auf die obige Frage eine erste Antwort geben zu können, können wir jetzt sagen, dass die Evolution unserer geistigen Fähigkeiten, die sich ja in den Weltsichtebenen zum Ausdruck bringt, der eine „Elternteil" dieses selbständigen Wesens Sprache ist. Wer aber ist der andere?

Nun das kann nur die Sprache selbst sein. Wie kann ma´u dich das vorstellen? Wir finden die Antwort auf diese Frage, wenn wir uns bewusst machen, dass die durch die Weltsichtebenen hervorgerufenen Veränderungen den handelnden Menschen – leider weitgehend bis heute – völlig unbekannt ist. M.a.W., die Veränderungen der Weltsicht bewirkt eine Veränderung der bis dato gültigen „Gefühle, Motivationen, Moralvorstellungen und Werte". Dieser Veränderungsprozess braucht natürlich Zeit, wie wir ja gerade beim Heraufkommen des mythischen und dann egoischen Denkens sehen konnten sogar mehrere Tausend Jahre. Diese Zeitspannen wurden und werden aber mit der weiteren Evolution unseres Geistes immer kürzer.

Der eigentliche Grund für diese „Verzögerungen" liegt meiner Überzeugung nach sowohl in der Sprache, aber auch in der Er-Ziehung, vor allem im Sinne der Weitergabe der jeweils gültigen „Gefühle, Motivationen, Moralvorstellungen und Werte", die ja ihrerseits in erheblichem Umfange durch die Sprache vermittelt und damit weiterhin diese „stabilisiert". Aber auch die vermittelten Sichtweisen. Es ist genau dieser so lange dauernde Prozess, der ja über eine enorme Zahl von Generationen hinweg verläuft, der es so schwer macht ihn wahrzunehmen, bzw. zu erkennen. Es waren und sind nicht viele Menschen, die in der Lage waren diesen Vorgang zumindest in Ansätzen zu erkennen und noch weniger, die ihn wirklich wahr-nahmen, wie Jean Gebser und zuletzt Ken Wilber. Ma´u könnte hier Bayle, Rousseau, Hume, Kant und Hegel nennen, aber auch Whitehead, John Dewey, Gadamer, Heidegger und Popper. Um diesen Prozess an einem Beispiel aufzuzeigen, der uns etwas näher liegt, der des mentalen Denkens nämlich, soll es hier kurz dargestellt werden.

Das alles Entscheidende um dies zu verstehen ist nun aber, in welcher Weise ma´u diese Art des von dieser Sprache vorgegebenen Denkens und Handelns jetzt auch in seinen sich zeitlich verändernden **Auswirkungen** auf wen oder was auch immer beachtet, bzw. diese berücksichtigt. Noch einmal ganz klar; diese heutige Art der Sprache „spricht und denkt", ganz im Sinne des egoisch-patriarchalen Denkens nach wie vor nur vom Menschen, oder dem Subjekt her. Aber die erste Phase des neuen effizienten mentalen oder mythologischen Denkens, ist zunächst am Wir orientiert.

Einer der ersten Denker, bei dem ma´u die Folgen dieses Denkens absolut deutlich beobachten kann ist Sokrates. Ihn trieb die Vorstellung um, wie ma´u Menschen dazu bringen könnte, sich nicht mehr schädigend gegenüber sich selbst, aber besonders gegenüber seinen Mitmenschen und damit der Gesellschaft, also dem Wir, zu verhalten. Sein ganz neuer Ansatz bestand darin, sich mit Menschen über ihre Sicht gesellschaftlicher Verhältnisse und insonderheit dem, was ma´u damals unter dem „Guten" verstand, zu unterhalten. Diese seine Sicht stand entgegen den sog. Vorsokratikern, die nach dem Ursprung bzw. den Ursachen von allem - arché – suchten. Diese

147

Vorsokratiker (ab ca. 600 v. Chr.) waren mit einiger Wahrscheinlichkeit die ersten Menschen, die ganz in dem obigen Sinne des *legein* damit begannen die Welt nur noch vom Menschen her zu sehen. Das taten sie ganz im Sinne des Vermessens und in Ansätzen das Ganze auch mathematisch zu verstehen, und einem daher kommenden Verständnis zugänglich zu machen.

Sokrates hingegen war völlig der Überzeugung, dass nur das Wissen um das Gute dem eigenen Besten dient und dazu befähigt, Gutes zu tun und damit der Gesellschaft oder dem Wir zu nutzen. M.a.W., er war – soweit wir das wissen - der erste Denker, der die neue mental-duale Sichtweise auf sich und den Menschen, aber damit auch auf die Gesellschaft allgemein richtete. Er ging von der absoluten Überzeugung aus, dass niemand wissentlich Übles tut. Sokrates bestritt immer wieder, dass jemand gegen die eigene bessere Erkenntnis handeln könne. Sein Ziel war es mit Hilfe der Sprache und daraus herkommendem Denken zu verstehen, warum sich Menschen so verhielten, wie sie es taten. Dabei wandte er die von ihm erfundene Methode der Mäeutik – Hebammenkunst an.

Damit holte er das seiner Überzeugung in jedem Menschen existierende Wissen um das Gute aus den Menschen „hervor". Ab da konnten sie nichts mehr „Falsches", sprich Nicht-Gutes tun. Zu den von ihm dabei erzielten Ergebnissen gehörte die von ihm vermittelte Einsicht, dass richtiges Handeln aus dieser folgt und dass Gerechtigkeit Grundbedingung für einen guten Zustand der Seele, aber auch eines guten Staates ist. Daraus ergab sich für ihn und seine Zuhörer, die sich auf ihn einließen: Unrecht tun ist schlimmer als Unrecht erleiden. Seine Bezüge auf „das Gute" bestanden dabei im Hintergrund in den ethischen Prinzipien der Tapferkeit, Besonnenheit, Gerechtigkeit und Tugend.

Da es hier ja nicht darum geht, die Rolle des Sokrates sowohl in der Athener Gesellschaft[107], noch in der Philosophie auszubreiten, sondern nach dem neuen Verhältnis von Sprache und Denken zu suchen, kann es eben auch nur in eine solche Richtung gehen. Unbedingt wichtig für das Folgende ist nochmals daran zu erinnern, dass dieses neue effizient mentale Denken wieder am Wir orientiert war. Und genau diesen Umstand kann ma´u in den Dialogen des Sokrates, die ja von seinem Schüler Platon in dessen Büchern veröffentlicht wurden, deutlich nachvollziehen.

Zunächst ist festzuhalten, dass Sokrates ganz im Sinne des dreidimensionalen mentalen Denkens argumentierte. M.a.W., sowohl seine Sprache als auch seine Argumente lassen sich ganz in einem dualen Sinne verstehen. Sein Fragen ist ja immer ein sich „gegenüberstellen", wobei er aber sein Gegenüber so fragte, dass in dieser Frage schon die Grundgedanken der Antwort enthalten waren. Oder anders gewendet; in diesen Dialogen kann ma´u die Grundvoraussetzungen der Denkform der Dialektik – These. Antithese, Synthese – erkennen. Seine Gesprächspartner stellen mit ihrer Antwort eine „These" auf, Sokrates antwortet mit einer „Antithese" und das gesuchte Ergebnis, der von der Vernunft geleiteten Erkenntnis, war das Gute im Interesse sowohl des Fragenden, als auch des Befragten. Aber natürlich damit auch der Gesellschaft allgemein, also dem WIR, worum es Sokrates ja immer ging. Dieses Ergebnis wäre danach aus der Sicht des Denkprozesses die „Synthese".

Wohlgemerkt, das ist natürlich nicht die reine Form der Dialektik, wie sie ja besonders von Hegel praktiziert wurde, aber der Grundgedanke durch Rede und Gegenrede zu einer neuen Einsicht zu kommen, ist hier durchaus zu erkennen. Um es aber

---

[107] die ihn übrigens in einem wohl ungerechtfertigten Gerichtsverfahren mehrheitlich zum Tode verurteilte.

nochmals besonders zu betonen; Sokrates´ im Hintergrund deutlich zu erkennende Absicht bestand immer darin, diese neuen Einsichten im Sinne eines besseren Verständnisses der Voraussetzungen einer besseren gegenseitigen und damit gesellschaftlichen Umgangsweise zu verdeutlichen. Wir erkennen in diesen Dialogen deutlich seine Orientierung an dem Wir. Das geht sogar so weit, dass er nach seiner Verurteilung zum Tode die Möglichkeit zur Flucht zurückwies, um der Gerechtigkeit durch ein solches Handeln keinen Schaden zuzufügen. Oder m.a.W., mit einem solchen Handeln dem Wir in der Zukunft nicht zu schaden, da für ihn die Gerechtigkeit eines der Fundamente eines „guten" Staates war.

Was ist jetzt aber das Entscheidende als Voraussetzung des Handelns, die Sprache oder das Denken? Betrachtet ma´u sich das eben dargestellte Beispiel kann ma´u dazu wohl Folgendes sagen: Sokrates bewegt sich in seinen Gesprächen voll und ganz auf der Ebene effizienten mentalen Denkens. Die Sprache die er dabei benutzt ist zwar immer noch deutlich von dem früheren egoischen Denken mitbestimmt, indem sie insbesondere immer mehr Substantive benutzt. Aber er benutzt jetzt umfassend die neue Grammatik, als Subjekt, Prädikat und Objekt. Also ganz deutlich; die jeweiligen neuen Weltsichtebenen oder Denkstrukturen liefern die Grundstruktur des Denkens. Aber die daraus herkommende Sprache wirkt ihrerseits auf das Denken in dem Sinne zurück, dass die Menschen jetzt ihr Handeln an den Vorgaben der verwendeten, seit ihrer Kindheit vorgegebenen Sprache orientieren.

Oder noch anders; Denken und Sprache wirken sich infolge eines gegenseitig bedingten und sich daraus permanent weiterentwickelnden Entscheidungssystems immer gemeinsam auf das Handeln aus. Und das ist besonders dann deutlich zu beobachten, wenn die handelnden Menschen über die Voraussetzung unserer geistigen Evolution keine Kenntnis haben. Da das aber nach wie vor die absolut überwiegende Zahl aller Menschen ist, kann ma´u diese Zusammenhänge, insbesondere in der Auswirkung neu entstehender Weltsichtebenen nicht erkennen. Aber genau dieser Umstand wäre gerade in unserer derzeitigen Situation so besonders wichtig. Um dies aufzuzeigen, wollen wir uns noch kurz dem defizienten mentalen, bzw. rationalen Denken und seinen Folgen zuwenden.

Bevor wir dies aber können, muss in diesem Zusammenhang noch auf einen weiteren Umstand verwiesen werden, der oft übersehen wird. Wenn irgend eine Person sich mit anderen Personen über bestimmte gesellschaftliche Umstände unterhält, dann ist es von entscheidender Bedeutung, zu welcher gesellschaftlichen Gruppe er/sie gehört. Bekanntlich gibt es ja seit Beginn dessen, was wir Zivilisation nennen, in allen seither folgenden Staatsformen ganz im Sinne der darin existierenden Machthierarchien abgestufte gesellschaftliche Schichten. Diese wurden von den jeweils Herrschenden in ihrem Interesse und daher kommender Absicht „eingerichtet", bzw. entstanden auf diesem Hintergrund. In den Gesprächen des Sokrates wird dieser Umstand in aller Regel, wie fast immer, wenn es um „besondere" Personen geht, schlicht übersehen. Wenn ma´u sich die Athener Gesellschaft in ihrer damaligen Zusammensetzung betrachtet, kann ma´u folgende Situation beobachten.

Nach allem was ma´u dazu heute weiß, bestand in Athen damals in etwa die Hälfte der Bevölkerung[108] aus Sklav*innen. Ein weiterer ganz entscheidender Bestandteil waren die sog. Metöken, also fremd abstammende Menschen, die sich in Athen niedergelassen hatten, um die Tätigkeiten auszuüben, die den „freien" Athener Männern verboten waren. Oder m.a.W., wer damals in Athen in diesem Sinne als Bürger „frei" war, durfte

---

[108] ma´u geht heute von ca. 150000 aus.

schlicht keiner „gewöhnlichen" Arbeit nachgehen[109]. Menschen, die welche Form von Arbeit auch immer verrichteten, waren nach der Überzeugung der herrschenden Schicht von Athen schlicht Banausen (Xenophon). Die Folge war, dass jede Form von Arbeit von Sklav*innen – insonderheit dienende Arbeit – oder den Metöken gemacht wurden, einschließlich des sehr einträglichen Handels, besonders des Seehandels. Ma´u geht davon aus, dass damals in Athen etwa 30 000 gebürtige Athener lebten, also Männer, Frauen und Kinder. Da aber eine „Idealfamilie" aus 3-4 Kindern[110] bestand, kann ma´u sich schnell ausrechnen, dass die Anzahl erwachsener Männer bei etwa 7-8000 Personen lag.

Sokrates war daher ein Mitglied der herrschenden Schicht Athens. Diese Position kommt besonders deutlich in seiner Auseinandersetzung mit Thrasymachos über den inhaltlichen Begriff von Gerechtigkeit zum Vorschein. Thrasymachos behauptet zunächst, dass „das Gerechte immer den Überlegenen Zuträgliche sei". Bekanntlich widerlegte Sokrates alle Einwände des Thrasymachos, so dass dieser am Ende dieser Auseinandersetzung Sokrates in allen Belangen zustimmte. Was aber ist denn eigentlich Gerechtigkeit? Gerechtigkeit wird weltweit als Grundnorm menschlichen Zusammenlebens betrachtet; daher berufen sich in fast allen Staaten Gesetzgebung und Rechtsprechung auf sie (Wik). Die beiden zentralen Begriffe, um die es hier geht, sind Gesetzgebung und Rechtssprechung, die sich ja auf diese Gesetze beruft. Wann aber entstanden Gesetze?

---

[109] siehe hierzu Hannah Arendt in „Vita activa".
[110] in der Regel 2-3 Jungen und immer nur ein Mädchen. Was mit „zu viel" geborenen Mädchen geschah, kann ma´u in der Literatur finden.

Gesetze waren von Beginn der Zivilisation an die für alle Bürger*innen eines Staates vorgegebenen verbindlichen Verhaltens-Normen, an die sich diese zu halten hatten. Übertraten sie diese, wurden sie dafür bestraft. Die Gesetzestafel des Hammurapi ist der älteste Beleg, was ma´u in vergleichbaren Gesellschaften darunter verstand. Sie waren die von den Herrschenden vorgegebenen Normen, die natürlich vor allem und zuerst in deren Interessen lagen. Betrachtet ma´u sich die Strafandrohungen auf der eben erwähnten Gesetzestafel, kann ma´u sofort erkennen, in welchem Maße die „normale", sprich unterdrückte und ausgebeutete Bevölkerung behandelt wurde. Von der Todesstrafe für **alle** „Vergehen" gegen den Staat, bis zu übelsten Körperbeschädigungen selbst für relativ „harmlose" Vergehen – wie wir das heute sehen würden -, waren selbstverständlich.

Und wer glaubt dieses machthierarchische Denken könne doch in jüngerer Vergangenheit so nicht gewesen sein, der schaue sich mal das Buch von Jean Bodin aus dem 16. Jh. an. Noch für diesen Theoretiker war es erstens selbstverständlich, dass nur der jeweilige Herrscher - Souverän - Gesetze erlassen konnte und dann als oberster Richter auch „das letzte Wort" bei Streitfragen hatte. Zweitens selbst aber nicht an diese gebunden war. M.a.W., Gesetze waren und sind Bestimmungen, die von den jeweiligen Eliten einer jeweiligen Gesellschaft erlassen wurden oder werden, oder eben in deren Auftrag. Wenn sie für diese letzte Aussage einen Beweis brauchen, dann schauen Sie sich mal weltweit geltende „Gesetze" im Zusammenhang mit den Interessen der wirtschaftlichen Eliten an. Siehe z.B. die so „wunderbaren" geheimen Schiedsgerichte, die ja praktisch in allen derzeitigen Handelsverträgen obligatorisch sind, siehe auch die TTIP Verhandlungen der EU mit den USA. Wer glaubt, dass dieser dahinter existente Vorsatz, die Interessen der Geldeliten der „normalen" Bevölkerung aufzuzwingen, durch die Unterbrechung Trumps vom Tisch ist, ist schlicht naiv. Ma´u beachte nur die Äußerungen zu diesem Thema vieler europäischer Politiker*innen. Das könnte mal wieder unsere Erfahrung sein, wenn wir es denn wahrnehmen würden. Wer das aber vor lauter Propaganda immer noch nicht sehen kann bzw. will, dem ist nur schwer zu helfen.

Kehren wir aber zu Sokrates zurück. Wenn ma´u sich dessen Dialoge unter dem Blickwinkel der Menschenrechte für alle[111], dem müsste eigentlich auffallen, dass hier wesentliche Teile der damaligen Athener Gesellschaft fehlen. Das gilt sowohl für die Frauen, die Kinder, vor allem aber die Sklav*innen. Natürlich ist mir bewusst, dass gerade die letztere Gruppe selbst noch in jüngster Vergangenheit und bei nicht wenigen Menschen auch heute immer noch, einfach nicht als vollwertige Menschen existieren. Oft genug wurden sie direkt unter die Gattung der Tiere gerechnet, siehe hier als Beispiel die Einschätzung des Aristoteles, der ihnen schlicht die Denkfähigkeit absprach. Dieser Umstand ist aber sehr wichtig beachtet zu werden, belegt er doch das durchaus elitäre Denken gerade auch des Sokrates. M.a.W., auch Sokrates war schlicht unfähig sich wirklich umfassend von dem üblichen und typischen Denken seiner Zeit, in der er lebte, zu entfernen und **alle** Menschen in sein Denken zu integrieren.

Diese seine Sicht gilt aber ganz klar für die Beurteilung dessen, was wir unter Gerechtigkeit seither, und heute erst recht verstehen. Es ist natürlich keineswegs zu bestreiten, dass ihm dies zumindest in wesentlichen Teilen gelang, was ja letztlich seine Wirkung bis heute belegt. Wie wir aber gleich noch sehen werden, ist ja auch das derzeitige Denken keineswegs über diese „Mauer" im Kopf wirklich hinweg, wodurch ja dieses Denken

---

[111] fast alle westlichen Kommentare sind ja der Überzeugung, dass dieser Ansatz derjenige von Sokrates war.

immer noch seine Wirkung entfalten kann. Auf dem Hintergrund des damals noch dominanteren patriarchalen Denkens als heute, das er ja in vielen seiner Ansätze angriff[112] ist Sokrates durchaus mit Recht zu bewundern. Aber das sollte keineswegs die eben aufgezeigten Grenzen seines Denkens in Bezug einer wirklich zutreffenden Beurteilung seines Denkens verdecken.

Betrachtet ma´u sich aber unsere Geistesgeschichte der vergangenen Zweieinhalbtausend Jahre, gelang dies nur wenigen dieser Denker und das meist nur in Ansätzen. Als ein besonderes Beispiel kann hier Rousseau gelten, zumindest was seine Beurteilung einer wirklichen Demokratie betrifft, wobei er in anderen Bereichen durchaus auch versagte. Und ich erhebe hier keineswegs den Anspruch diesem Vorhaben wirklich gerecht zu werden. Jederma´u der/die dies wirklich versucht, kann sich immer nur darum bemühen. Seine/ihre Leser*innen werden dann irgendwann entscheiden, ob er/sie erfolgreich war oder nicht.

Aber um eine weitere wichtige Fassette des effizienten mentalen Denkens nicht zu übersehen, hier nochmals zur Erinnerung, dass sich dieses Denken erneut am Wir orientiert, wie schon oben angemerkt. Dieser Umstand hat aber neben den schon erwähnten noch weitere Folgen. Dieses Wir, an das sich ab jetzt die meisten Menschen orientierten, war aber jetzt nicht die allgemein gelebte und erlebte eher private menschliche Gemeinschaft, sondern die von den Religionen[113] vorgegebe-

---

[112] siehe gerade das obige Beispiel seiner Auseinandersetzung mit Thrasymachos.
[113] und später Wissenschaft, Parteien oder Interessengruppen

nen Glaubensgemeinschaften. Diese ihrerseits waren aber völlig von den von den „Vordenkern"[114] ihrer Zeit niedergeschriebenen religiösen, bzw. wissenschaftlichen oder parteipolitischen Vorgaben durchdrungen. Aber gerade diese orientierten sich eben in keiner Weise an den Wünschen und Bedürfnissen der „normalen" Menschen, sondern nur von denen der Religions- und neuerdings Gesellschaftseliten. Dass dies in der Öffentlichkeit als die allgemein staatlichen Stellen betrachtet werden, ist unbedingt zu beachten. Denn beide unterstützten sich gegenseitig, wodurch ja auch beide von diesem Zustand profitierten.

Oder anders gewendet, persönliches oder gar selbständiges Denken war – und ist bis heute - absolut tabu. Dass diese Kurzdarstellung jetzt aber nicht fehlinterpretiert wird ist unbedingt darauf zu verweisen, dass praktisch alle Menschen, die sich zu einer Religion, von ihrer inneren Überzeugung her bestimmt, wirklich bekannten, diese Vorgaben absolut glaubend annahmen und alle ihre Aktivitäten darauf gründeten und dann auch ausrichteten, was in nicht wenigen Fällen ja auch positive Folgen hatte. Dass sie dabei nicht selten von ihren „Vor-Gesetzten" ausgenutzt und oft auch benutzt wurden, war ihnen völlig unbekannt. Diese Wir-Identifikation bestimmte einfach diesen Umstand. Hier ist aber erneut anzumerken, dass sich eben das damalige Denken an der zugrundeliegenden Weltsichtebene des Wir-orientierten mythologischen Denkens orientierte, was sich ja auch in der Sprache bemerkbar machte. Die theologischen Dispute des gesamten Mittelalters sind hierfür deutlicher Beleg. Wie wir gleich sehen werden, änderte sich dieser

---

[114] siehe das Thema Paulus oder Augustinus, oder später Descartes, Newton und viele mehr, oder dann Hitler, Mao und Stalin und ebenfalls viele mehr.

ganze Zusammenhang aber in der ab jetzt wieder mit dem rationalen Denken einsetzenden Ich-Identifikation, also der defizienten Phase des mentalen Denkens.

Zunächst gibt es aber noch ein weiteres wirklich wichtiges Detail des effizienten mentalen Denkens, was seine Auswirkung bis heute belegt, anzusprechen, nämlich den Umstand, dass jedes duale Denken immer etwas Drittes hervorbringt. Schon der Mystiker Lao tse hat dies in seinen Erleuchtungserfahrungen erkannt und mit folgenden Sätzen beschrieben: „Der Sinn (tao oder das Ein-Eine) erzeugt die Eins. Die Eins erzeugt die Zwei. Die Zwei erzeugt die Drei. Die Drei erzeugt alle Dinge"[115].

Das, was für uns Europäer zunächst besonders wichtig wurde, war das in diesem Sinne Hervorkommen der Dreifaltigkeit, also die Vorstellung von Gott-Vater, dem Sohn und dem heiligen Geist. Aber Lao tse schreibt: „Die Drei erzeugt alle Dinge". Das defiziente mentale Denken und hier die wissenschaftliche Entwicklung seit Descartes[116] bestätigt diese Aussage umfassend. Alles, was wir seither als wissenschaftliche Erkenntnis hervorbrachten, ist genau in diesem Sinne zu verstehen. Dieses materialistisch-positivistische Hinsehen und Denken auf die Natur und auch auf uns selbst, brachte alle diese neuen „Gesetze" hervor, die wir derzeit immer noch umfassend auf die Natur anwenden, unabhängig davon welche Folgen dies für uns und die Natur hatte und weiterhin hat. Dass wir dabei aber permanent übersehen, dass es ja eigentlich die Drei ist, die das alleshervorbringt, wen interessiert das schon. Wir werden uns gerade um diesen Zusammenhang in den folgenden Kapiteln

---

[115] Lao tse „Tao te king" 42. Traktat.
[116] wie schon oben erwähnt auch ein „Erfinder" einer solchen fundamentalen Dualität, die res cogtans und die res extensa, oder Geist und Materie.

noch nachdrücklich und sehr deutlich kümmern müssen, insbesondere um dessen Folgen und die Gründe, die dazu führten und weiterhin führen.

b. rationales Denken und Sprechen und seine Folgen

Das derzeit herrschende Denken und daher mit-bestimmte Sprechen ist das defiziente oder rationale Denken. Um nochmals mit Gebser das effiziente mentale Denken zu bestimmen, hier der schon oben zitierte Satz: „Es ist (ab jetzt) **eine Welt des Menschen**, das will sagen, es ist eine vorwiegend menschliche Welt, (Protagoras); und es ist eine Welt, die er misst, nach der er trachtet (machet euch die Erde untertan), eine materielle Welt, eine Objektwelt, die ihm **gegenübersteht**"[117]. Oder nochmals m.a.W., ab dem mentalen dreidimensionalen Denken steht der Mensch der Natur und sich selbst "gegenüber". Aber in der defizienten Phase dieses Denkens, das sich seit etwa dem 15. Jh. durchsetzte, wird der zweite Teil dieses Zitates immer dominanter. Wir Menschen trachten nicht mehr nur nach der Natur, ab jetzt machen wir sie uns immer umfassender „untertan".

Durch die Descart´sche Grundformel des seither immer mitgedachten Gegensatzes von Geist und Materie, stellen wir – als Träger des Geistes - ihr nach, damit sie sich heraus-stellt - wenn es sein muss eben auch mit Gewalt, siehe Ockham -, damit wir uns etwas vor-stellen können, um daraus und damit etwas herstellen zu können, um es dann zu-zu-stellen oder auf-zu-stel-

---

[117] J.G. a.a.O. S.132

len. Diese ganzen Begriffe in Bezug auf das Stellen, hat Heidegger in seiner deutlichen Kritik an unserer Überheblichkeit gegenüber der Natur, vor allem aber der Technik[118] – (s.u.) – mit dem Begriff des Ge-Stells als Verdeutlichung der „Macht" der Technik uns gegenüber auf den Punkt gebracht. Es ist ja die Technik als dieses Ge-Stell die uns schon längst ihre Bedingungen in Bezug auf ihre eigene Evolution[119] aufgezwungen hat, ein Umstand, der ebenfalls aus der Einseitigkeit dieses Denkens herkommt. Um diesen Zusammenhang aber jetzt deutlicher aufzuzeigen, müssen wir uns näher mit diesem rationalen Denken beschäftigen.

Wie schon oben in Bezug auf das mentale Denken generell festgestellt, „ist das Charakteristikum der mentalen (Denk)-Struktur die Abstraktion; sie entspricht der Menschbezogenheit dieser Struktur insofern, als alles auf das menschliche, messende Denken abgestellt wird, das den Menschen sowohl von der Triebwelt (siehe das Thema Unbewusstes), dem Emotionalen, als auch von der Bilderwelt (siehe das Thema Intuition), dem Imaginativen, fortreißt, um an ihre Stelle die mentale, gedachte Welt zu setzen, die immer zu einer Abstraktion führt"[120]. Im rationalen Denken aber wird diese Abstraktion absolut dominant. Dies, indem sie alles uns Begegnende in möglichst mathematisierbare „Gesetze" überführt und damit zur Grundlage der derzeit immer noch herrschenden materialistisch-positivistischen Wissenschaft wird. Oder anders gewendet; nur „Erkenntnisse" die mathematisch ausdrückbar und beschreibbar sind, gelten seither als „harte" Wissenschaft.

---

[118] die uns danach schon längst zu ihrem Bestand degradiert hat.
[119] siehe hierzu mein Buch „Der Mythos des freien Marktes....."
[120] J.G. a.a.O. S.148

Dass dieser Vorgang umfassend auf Kosten sowohl des Emotionalen als auch der Imagination geht, wird in der jüngeren Vergangenheit immer mehr Menschen bewusst. Die Folgen dieser Entwicklung aber waren und sind absolut destruktiv. Hier die Einschätzung von Gebser: „Was nun aber die oben angedeuteten Konsequenzen der Trinität (als das aus der Dualität Geborene) betrifft, dass sie nämlich einerseits zur Abstraktion, wie beispielsweise im synthetisierenden Denkakt, andererseits zur Quantifizierung führen, da dieser Akt nur durch dauernde Wiederholung oder wiederholende Neuleistung Bestand haben kann, so gehen diese auf den ersten Blick unvereinbaren Konsequenzen aus der Dualität hervor, die das Gegenüber auf den Gegensatz misst, einer Dualität, die erst die Trinität ermöglicht. Jede Abstraktion ist das Resultat des messenden Denkens in der Scheinunsichtbarkeit des gedanklich Ermessenen, jede Quantifizierung ist das Resultat des messenden Denkens in der Scheinsichtbarkeit des realiter Gemessenen.

In der Wirklichkeit der Gedankenwelt spiegelt sich dieser Prozess wider, indem aus dem Symbol, das stets polaren Bildwert hat, zuerst die Allegorie, dann die bloße, vornehmlich physikalisch-chemische, aber auch die philosophische Formel entsteht, die, als extreme Formel von jedem Lebensbezug durch ihre übertriebene Abstrahierung abgeschnitten (siehe das Thema Substantivierung), autonomen Charakter erhält, und die dann inhaltslos geworden und kein Zeichen mehr, sondern nur eine mentale Bezeichnung darstellend, vornehmlich destruktiv wirkt. In der Wirklichkeit der Ding-Welt spiegelt sich dieser Prozess wider, indem aus der Dualität, welche die Polarität (des mythischen Denkens) zerstörte, fortzeugend das Dritte geboren werden muss (siehe das Thema Massenproduktion), um wenigstens eine duale Kontinuität zu erhalten; damit wird jedoch bewirkt, dass aus dem ursprünglich noch qualitativen monotheistischen Moment, und über dessen Aufspaltung in die bereits quantitativ betonte Dualität, das bloß quantitative, immer neu zu schaffende Dritte hervorgeht; nur mehr das Zählbare, möglichst in Statistiken Erfassbare gilt"[121] Dieses längere Zitat wurde deshalb hierher gesetzt, da das derzeit herrschende Problem nicht hätte besser beschrieben und begründet werden können.

Aber Gebser wird an gleicher Stelle noch deutlicher: „Abgesehen davon, dass jeder Abstraktion eine isolierende Perspektivierung innewohnt und dass Perspektivierung andererseits zu Sektorierungen führen und damit die Erscheinungen, seien sie nun mentaler, seien sie dinglicher Realität durch fortschreitende Unterteilung oder Subsektorierung nicht nur teilen und somit messbar machen, sondern auch quantifizieren, führen beide, sowohl die Abstraktion wie die Quantifizierung, letztlich in die Leere, ja in das Chaos". Ja noch mehr, hier „beginnt der unaufhaltsame Absturz in das Massenhafte, beginnt das einsetzende Gefälle, wo die autonom gewordenen Inhaltslosigkeit die der Erde ungemäßen Kettenreaktionen auslöst, die in die Auflösung führen"[122].

Aber Gebser steht mit diesem vernichtenden Urteil keineswegs alleine. Die Diplom-Psychoanalytikerin Anne Springer formuliert den gleichen Zusammenhang wie folgt: „Mit dem Erscheinen des Christentums (hier auf die Religion bezogen, nicht auf Christus) ist die grobe Unterwerfung der Materie unter den Logos weitgehend vollendet. Der Erd-Archetyp erfährt nun ein Splitting. Der Blick des Logos, des Männlichen, richtet sich geleitet vom Erd-Archetyp, auf die reale Erde und den realen Himmel. Aber dieser Blick ist der des neugierigen, ausbeu-

---

[121] a.a.O. S.149
[122] a.a.O. S.150

tenden und ausfressenden Eroberer-Ichs, das naturwissenschaftlich den Körper und die Körper erobert". Und zu was dieser Umstand führt, bringt erneut die schon erwähnte Ingrid Olbricht auf den Punkt, nämlich direkt zu der Verdrängung von „Reproduktion und Regeneration, also die Fortführung und Erhaltung des Lebens, (die ab jetzt) viel weniger wert sind als Produktion, also die Arbeit vorwiegend des Mannes, die doch offensichtlich zur derzeitigen lebensbedrohlichen Krise geführt hat"[123].

Aber wie genau kommt es denn zu dieser Entwicklung? Oh ja, wir haben diese Frage schon in dem Sinne ansatzweise durch den Hinweis und die Beschreibung des egoischen, wie des mentalen Denkens und der von daher bestimmten Sprache beantwortet. Wie aber kann ma´u sich das genauer vorstellen? Hans Peter Dürr zeigt diesen Zusammenhang in seinem Buch „Geist, Kosmos und Physik" deutlich auf. Zunächst geht er auf dem Hintergrund seiner Erfahrungen als Quantenphysiker davon aus, dass es „grob unzulässig und falsch ist, unsere Wahrnehmung der Wirklichkeit mit der Wirklichkeit schlechthin gleichzusetzen. Genau dies passiert jedoch, wenn wir wissenschaftliche Erkenntnis als allumfassend betrachten".

Was hierbei nämlich passiert, verdeutlicht er mit einem Gleichnis, das auf den englischen Astrophysiker Sir Arthur Eddington zurückgeht. „Eddington vergleicht einen Naturwissenschaftler mit einem Ichthyologen, einem Fischkundler, der seine (Fisch)-Welt erforschen will. Diese Forschung besteht darin, dass er auf das Meer hinausfährt und Fische fängt. Nach vielen Fischzügen und sorgfältigen Überprüfungen seiner Beute gelingt ihm die Entdeckung des ersten Grundgesetzes der Ichthyologie; <Alle Fische sind größer als 5 Zentimeter!> Er nennt dies ein Grundgesetz, weil er bei keinem Fang jemals einen Fisch

---

[123] beide Zitate aus „Wendepunkte Erde Frau Gott".

fand, der kleiner als 5 Zentimeter war (wobei er eben ein Netz mit einer Maschenweite von 5 cm benutzte), und daraus auf eine Allgemeingültigkeit des Befundes schließt. Auf dem Heimweg trifft er seinen besten Freund, den ich den Metaphysiker nennen will, und erzählt ihm von seiner großen wissenschaftlichen Entdeckung. Der entgegnet ihm; <Das ist doch gar kein Grundgesetz! Dein Netz ist einfach so groß, dass dir die kleineren Fische stets durch die Maschen gehen.>

Aber der Ichthyologe ist durch dieses Argument überhaupt nicht beeindruckt und antwortet entschieden;: <Was ich mit meinem Netz nicht fangen kann, liegt prinzipiell außerhalb fischkundlichen Wissens, es bezieht sich auf kein Objekt der Art, wie es in der Ichthyologie als Objekt definiert ist. Für mich als Ichthyologe gilt; <Was ich nicht fangen kann ist kein Fisch!>". Und Dürr fährt erklärend fort: „Auf die Wissenschaft angewendet bedeutet dieses Gleichnis: um wissenschaftliche Erkenntnisse zu etablieren, benutzen wir Wissenschaftler immer ein Netz, obwohl sich die meisten von uns über die Existenz und die Art des Netzes nicht im Klaren sind. Dieses Netz symbolisiert nicht nur das methodische, sondern vor allem auch das gedankliche Rüstzeug, mit dem wir wissenschaftlich arbeiten. Unser wissenschaftliches Denken ist – wie alles (rationale) Denken, immer **fragmentierend und analysierend**. Alles was wir untersuchen und verstehen wollen **zerlegen** wir"[124], teilen wir auf.

Noch deutlicher als es hier Dürr mit Hilfe dieses Gleichnisses und seiner Erklärung die Art und Weise des derzeit herrschenden rationalen Denkens getan hat, kann ma´u dieses Problem gar nicht darstellen. Also nochmals ganz deutlich; auf der Grundlage des defizienten mentalen Denkens, bringt damit die Zerstörung der Natur erst hervor. Und zwar deshalb, weil das

---

[124] beide Zitate a.a.O. S.23f Hervorh. PS

voll und ganz am egoisch patriarchal denkenden Mann orientiert ist. Dieser zergliedert und aufteilt und aufteilt und aufteilt mit seinen „Bildern im Kopf", oder seinem „Netz", herrschafts- und überlegenheitsorientiert die Natur, damit er sie mit den Ergebnissen dieses Zer-Teilens in seinem Sinne ausbeuten kann.

Aber nicht genug damit bzw. wäre das nicht schon schlimm genug, verseucht, verpestet und vermüllt er sie auch noch in immer schlimmeren Ausmaßen. Und warum macht er das? Da ihm der patriarchal dominierte Monotheismus diese Sichtweise aufgegeben hat – „machet euch die Erde untertan" – ist er, nachdem er sich von diesem losgesagt hat, der Überzeugung selbst der Herrscher dieser Welt zu sein. Diese hat ihm all das zur Verfügung zu stellen, was er – inzwischen durchaus auch _sie_ – glaubt zu brauchen und zu be-nutzen. Und zwar um diese Herrschaft nicht nur aufzurichten, sondern sie auch allem und jedem gegenüber aufrecht zu erhalten.

Alle diese in den letzten Jahrhunderten hervorgebrachten „Fortschritte" seiner Kenntnisse und daraus herkommenden Produktionsweisen, vor allem aber die dadurch zu erzielenden Gewinne, haben ihm so den Kopf vernebelt, dass er nach wie vor nicht bereit und/oder in der Lage ist, das dadurch erzeugte absolut bedrohliche und immer noch bedrohlichere Dilemma überhaupt wahr-zu-nehmen. Dieses zerlegende und aufteilende Denken und damit auf die Natur ausbeutend Zugehen führt genau dahin, wohin es Gebser avisierte; in die Leere und ins Chaos. Das Problem dabei ist nach wie vor, dass rein und absolut rational denkende Menschen, einfach nicht in der Lage sind, diese Entwicklung zu erkennen, geschweige denn die Konsequenzen daraus zu ziehen. Dies wird besonders schlimm, wenn das patriarchale überlegenheits- und herrschaftsorientierte Denken noch dazu kommt.

Hier zwei Beispiele, die diesen Umstand belegen. Um 1900 herum lebte in den USA das größte Erfindergenie, das jemals lebte, Nicola Tesla. Neben einer Vielzahl verschiedenster Erfindungen, die auch zum Großteil patentiert wurden, entwickelte er den Wechselstrom inclusive den Wechselstrommotor und die Grundidee des Radios. Es gibt Hinweise, dass er um 1900 herum einen „Koffer" mit Antenne vorstellte, das Energie aus der „Umgebung" erzeugte, an den ma´u jedes elektrische Gerät hätte anschließen können. Oder anders formuliert; er hatte[125] einen Zugang zu der Energie gefunden, die permanent aus dem Weltraum auf die Erde strömt und mit dessen Hilfe ma´u alle elektrischen Anlagen hätte betreiben können.

Diese Aussage wird hier deshalb so formuliert, als sei dieser Umstand bewiesen, da in den 20er und 30er Jahren des letzten Jahrhunderts ein Amerikaner namens Henry Moray ein vergleichbares Gerät erfand, das erstens auf der gleichen „Energiequelle" Weltraum beruhte und die gleichen Möglichkeiten bot. Er versuchte viele Jahre lang dafür einen Investor zu finden, was ihm aber nicht gelang. Zuletzt kaufte das örtliche Elektrizitätswerk seine Erfindung, um sie anschließend zu vernichten. Über diesen Vorgang gibt es eine Menge schriftlicher Dokumente, die teilweise in dem Buch „Verbotene Erfindungen" von György Egely ausgewiesen und dort nachzulesen sind.

Es gibt einen weiteren Umstand, der die gleiche „Denke" (s.u.) belegt. In den 1960 Jahren gründeten mehrere große Energieunternehmen gemeinsam einen Thinktank. Die darin angestellten oder eingeladenen Wissenschaftler*innen sollten eine Diagnose erarbeiten. Diese sollte zeigen, was ihre Tätigkeiten ausgehend von der Öl- und Gasförderung auf die Erde allgemein, vor allem aber in Bezug auf das Klima für Folgen hätten.

---

[125] wahrscheinlich, die Hinweise sind durchaus widersprüchlich.

Ganz ähnlich wie etwas später der Club of Rome waren die Ergebnisse eindeutig, vor allem aber eindeutig vernichtend. Bei einem weiteren unveränderten Betrieb würde die Erde geschädigt. Vor allem aber würde sich die Atmosphäre absolut negativ mit CO_2 aufladen und sich damit das Klima in bedrohlicher Weise verändern. M.a.W., alle wichtigen Persönlichkeiten dieser Branche wissen, im Unterschied zum größten Teil der Öffentlichkeit, seit langem, welche Folgen ihr Verhalten für die Welt hat.

Es dürfte allgemein bekannt sein, dass bisher beide Prognosen von diesen Personen, die für diese Entwicklung verantwortlich sind, keinerlei Beachtung fanden, bzw. diese darauf nicht in einem vorbeugenden Sinne reagierten. Ganz im Gegenteil wurden beide sehr deutlichen Hinweise auf die derzeitige Entwicklung schlicht „übersehen" bis missachtet. Das hätten ja deutliche Gewinneinbußen bedeutet. Ganz im Gegenteil investierten sie hunderte von Millionen in Propagandaaktionen, um den Wissenschaftlern deren Prognosen zu „widerlegen". M.a.W., wenn große Gewinne locken, werden von diesen Personen, die hiervon profitieren, in aller Regel alle zwischenmenschlichen oder allgemeinen Rücksichten einfach „über Bord geworfen".

Die Beweise für diese Aussage können sie seit langem in unserer Geschichte[126] finden, aber besonders deutlich in der Entwicklung des Kapitalismus. In jüngster Zeit steigert sich dieser Umstand noch durch den immer rücksichtsloseren Finanzkapitalismus; die Shareholder lassen grüßen. Konnten in der Vergangenheit verantwortungsvolle Unternehmer, die es von Beginn des Kapitalismus an ja auch gab - siehe das Beispiel Robert Owen, wenn auch sehr wenige -, so gilt heute nur noch das

---

[126] siehe das Beispiel Sklaverei, oder die Vernichtung ganzer Völker.

Prinzip der absoluten Gewinnmaximierung[127]. Als eines der letzten besonders deutlichen, aber auch besonders krassen Beispiele, kann hier der Umstand angeführt werden, dass derzeit alle großen Pharmaunternehmen die Erforschung neuer Antibiotika eingestellt haben, obwohl sie selbst für die überdimensionale Anwendung dieser Mittel durch ihre Werbung ständig beitrugen, wodurch ja erst die resistenten Keime entstanden. Allgemeine Begründung; zu hohe Kosten bei zu geringen Gewinnerwartungen; deutlicher geht es nicht.

Es gibt ein wunderbares Zitat eines leider schon verstorbenen Autors und Fernsehmoderators Roger Willemsen, das unsere derzeitige Situation absolut treffend auf den Punkt bringt: "Es ist eine andere Welt, in der man zwischen <Freiheit> und <Freizeit> (die ma´u ja wunderbar mit allen möglichen Produkten <füllen> kann) nicht unterscheiden kann, <Gesellschaft> sagt und <Zielgruppe> (siehe das Thema Konsumismus) meint, von einem <Konzept> spricht und nicht einmal eine <Idee> besitzt, von einer <Idee> spricht und nicht einmal einen Einfall hat."

c. Urteil

Um aber die Bedeutung des rationalen Denkens in ihren umfassend negativen Wirkungen wirklich zu verstehen, ist es besonders wichtig, diese an einzelnen Substantiven aufzuzeigen, vor allem solcher Wirkungen, die noch über die schon oben angedeuteten hinausgehen. Als besonders geeignet erscheint mir hier das Wort Urteil zu sein. Beginnen wir bei seiner heute

---

[127] siehe als dessen umfassender Rechtfertiger, Friedman in seinem Buch „Kapitalismus und Freiheit".

üblichen Bedeutung, bzw. bei Synonymen, die für dieses Wort auch benutzt werden. Da nennt ma´u einerseits

> einen Beschluss, Richterspruch, also hier eher im juristischen Sinne gemeint, oder
> Einschätzung, Meinung, Standpunkt, also im Sinne eines „persönlichen" Urteils in Bezug auf einen Sachverhalt.

Meiner Überzeugung nach kommen wir dem hier ab jetzt Gemeinten näher, wenn wir seiner Grundbedeutung folgen, die sich aus den Wortteilen selbst ergibt. Es setzt sich nämlich aus der Vorsilbe „ur" und dem Wort Teil zusammen. Zunächst die Vorsilbe. Wird diese Vorsilbe verwendet, deutet sie immer auf einen Zusammenhang hin, der entweder schon lange existiert, der in eine lange Vergangenheit verweist – siehe das Wort Ur-Ahn -, oder besonders bedeutsam ist – siehe die Begriffe Ur-Sache, oder Ur-Grund -. Der Begriff Teil seinerseits ist ein Substantiv, das sich auf das Ergebnis eines teilenden Vorganges bezieht. Oder m.a.W., etwas wird geteilt und dabei entstehen Teile.

Nochmals deutlich, um die Bedeutungsveränderung des Verbs teilen in Bezug auf das Substantiv Teil aufzuzeigen. Das Verb teilen verweist auf einen Prozess, in dem etwas ge- oder zerteilt wird. Das Substantiv Teil ist der Hinweis auf eines der Teile, das während des Teilungsvorganges entstand. Aus einem dynamischen, „lebendigen" – Tätigkeitswort teilen – Prozess, entstehen - als Substantiv ausgedrückte - Teile. Die Bedeutung aber des in unserem Begriff Ur-teil gesuchten Sinn ist noch eine andere. Ein Ur-Teil ist ein durch einen gedanklichen Prozess hervorgerufener Sachverhalt. Gibt es hier eine Verbindung? Oh ja, die gibt es.

Erinnern Sie sich; im mentalen Denken gilt, dass wir die Welt um uns her ab jetzt zer-legen und auf-**teilen**, um sie wissenschaftlich ver-stehen zu können. M.a.W., ab jetzt zer-teilen wir nicht nur die Natur, das Grundverhalten der Naturwissenschaften, sondern auch allgemein gesellschaftlich-menschliche Vorgänge um uns her, um sie besser be-ur-teilen zu können. In welchem Ausmaß das Wort „teil-en" aber in unserer Sprache die unterschiedlichsten Bereiche berührt, bzw. in diese hineinwirkt, ergibt sich aus einer etwas näheren Betrachtung sowohl des Verbs teilen, als auch des Substantivs Teil. Das Verb „beschreibt" je nach Vorsilbe ganz unterschiedliche Sachverhalte.

Beginnen wir nochmals mit dem Grundsätzlichen; wenn wir etwas teilen, trennen oder zerlegen wir es. Aber wir können auch aus-teilen, zu-teilen, auf-teilen, ab-teilen, sich an etwas be-tei-ligen, er-teilen, ein-teilen, tot-teilen, unter-teilen, ur-teilen, oder ver-teilen. Alle diese Aktivitäten betreffen in der Regel sowohl Dinge wie zwischenmenschlichen Aktionen. Fügen wir zu den hier aufgezählten Vorsilben noch weitere hinzu, wie z.B. be- oder ver- ergeben sich in einigen dieser Verben noch weitere Aktivitäten, wie etwa be- oder ver-ur-teilen, aber auch noch weitere.

Mit der Substantivierung erweitert sich dieser Bereich noch umfänglicher. Diese erfolgt meist mit der Endsilbe –ung, also Auf-teil-ung, Ver-ur-teil-ung usw. Aber auch durch Silbenverkürzung, wie z.B. Ab-teil, Ur-teil, aber auch noch weitere Varianten. Aber selbst noch der Bereich der Adjektive ist hiervon betroffen, wie z.B. zu-ge-teilt, auf-ge-teilt usw., usw. Dieser Umstand macht direkt darauf aufmerksam, in welchen Umfang ein solches Wort, das ja eine grundsätzlich neue Art von Sicht auf uns und die Natur und daraus folgenden Aktivitäten beschreibt, unsere Sprache und damit unser Denken beeinflusst. Oder noch deutlicher von der anderen Seite; es war und ist das mentale Denken, das diese neue Sicht auf uns und die Natur bereitstellte, das aber jetzt eine große Zahl von sprachlichen „Anwendungen" hervorbrachte. Sprache und Denken sind gemeinsam die Bedingungen, aus denen heraus wir uns selbst und die Wirklichkeit um uns her darstellen und dadurch definieren. Aber dazu unten noch wesentlich mehr. Kehren wir aber jetzt zu dem Wort Ur-teil zurück und betrachten uns dieses noch von einer „tieferen" Sicht her näher.

Wie schon oben angesprochen, verweist die Vorsilbe ur auf einen sowohl zeitlich frühen, als auch bedeutungsmäßig tiefer liegenden Zusammenhang. Ein Ur-teil wäre danach einerseits ein Vorgang, der schon sehr weit zurückreicht. Wenn wir uns dies an dem Heraufkommen des mentalen Denkens bewusst machen, kommt dieser Umstand sofort zum Vorschein. Vom Beginn des gedanklichen Auf-teilens des uns umgebenden, sind es diese „Teile" – weiter oben wurden sie mit Allport Körner genannt -, die durch diesen ur-sprünglichen Akt zu Ur-teilen in Bezug auf diese neuen Seienden werden. Diese gehören ab jetzt der von uns getrennten, uns gegenüber befindlichen dreidimensionalen Wirklichen an. Aber damit nicht genug übertrugen und übertragen wir diese Be-Ur-teilung von Seiendem auch auf Umstände in unserem täglichen Umfeld.

Oder noch deutlicher beschrieben, auf unseren üblichen Umgang mit uns selbst, wie auf unsere gesellschaftliche Umgebung. Auch wir selbst[128], als auch unsere Mitmenschen sind ja ab jetzt uns gegen-über-stehende „Objekte", die wir nun be-ur-teilen. Ja noch mehr; wir erschufen Systeme[129], mit deren Hilfe wir Menschen be-, aber auch nicht selten ver-urteilten, mit positiven, aber auch negativen Folgen für davon betroffenen Personen.

---

[128] zumindest in unserem Kopf im Sinne einer geistigen Be-Urteilung.
[129] z.B. Gerichtsverfahren, oder Vor-stellungs-gespräche bei allen möglichen hierarchischen Institutionen

Heute ist das für uns so selbstverständlich, dass wir es für völlig „normal" halten, wenn andere Menschen in solchen Gerichtsverfahren ab-ge-ur-teilt werden und dadurch mit gesellschaftlich sanktionierten Strafen bedacht werden. Und es ist ja immer noch nicht gerade selten, dass solche Personen auch noch durch solche Ur-teile zu Tode kommen, siehe das Thema Todesstrafe. Aber auf welche Art von Vorgängen in unseren Köpfen, ja in uns insgesamt, also auch auf unsere Gefühlslage, geht denn das alles zurück? Oder anders gefragt, wer oder was bestimmt unsere Fragen und die daherkommenden Entscheidungen?

Das Erste, was hier anzuführen wäre, wäre das, was ich immer wieder mit dem Begriff der „Bilder im Kopf" benenne, also alles, was unsers Sichtweise auf was auch immer vorgibt. Der schon erwähnte Allport spricht als Psychologe in diesem Zusammenhang, bezogen auf eine erste Eingrenzung unserer Sicht auf das Wirkliche von einer Verallgemeinerung oder Kategorisierung. Damit ist ein grundlegender Allgemeinbegriff zur Ordnung von Erkenntnisinhalten gemeint, den wir sozusagen selbst hervorbringen. Da aber der Begriff der Kategorie zwischen der Philosophie und der Psychologie umstritten ist, wird hier die Definition von Allport angefügt, um für den folgenden Text die entsprechende Klarheit zu schaffen.

Er schreibt: „Wir verstehen unter Kategorie eine zur Verfügung stehende Anhäufung miteinander verbundener Vorstellungen, die zusammen unsere tägliche Anpassung lenken. Selbstverständlich überschneiden sich Kategorien. Alle Dingwörter (Substantive) in unserem Wortschatz verweisen auf Kategorien (wir können sie auch Begriffe nennen), aber Dingwörter erschöpfen nicht alle Möglichkeiten. Ich habe Kategorien für <Wachhunde>, für <moderne Musik> und für <unangepasstes sozia-

les Verhalten>. Die Kategorie ist, kurz gesagt, die ordnende Einheit für alle kognitiven Prozesse"[130]. Ma´u kann wohl davon ausgehen, dass die beiden letzten Sätze das Gemeinte besonders verdeutlicht haben. Wie aber entstehen Kategorien?

Die umfassende Antwort geht aus dem folgenden Text von Allport hervor. Dieser Text besteht aber aus einer verkürzten Widergabe, da der ganze Text viel zu umfangreich wäre. Ich kann nur hoffen, dass die Auswahl die erhoffte Klarheit in Bezug auf das Gemeinte vermittelt. Allport verweist in Bezug auf den Kategorisierungsprozess auf fünf wichtige Merkmale:

Kategorien bilden große Klassen und Zuordnungen, die unsere tägliche Anpassung steuern. Wir verbringen den größten Teil unseres wachen Lebens, indem wir zu diesem Zweck auf bereits vorgeformte Kategorien zurückgreifen. Das bedeutet: Unsere Lebenserfahrungen formen sich von selbst zu Zuordnungen (Begriffe, Kategorien), und wenn wir auch manchmal die richtige Zuordnung zu einem verkehrten Zeitpunkt wählen oder die falsche Zuordnung am richtigen Zeitpunkt, immer beherrscht dieser Prozess unser ganzes geistiges Leben. Jeden Tag widerfahren uns eine Million Ereignisse. Wir können nicht mit soviel Ereignissen fertig werden. Aufgeschlossenheit gilt als Tugend. Aber strenggenommen gibt es sie gar nicht. Jede neue Erfahrung muss mit alten Kategorien aufgefasst werden.
Kategorisierung assimiliert soviel wie möglich in ihre Zuordnungen. Es besteht eine eigenartige Trägheit in unserem Denken. Wir möchten Probleme gerne leicht

---

[130] Gordon W. Allport „Die Natur des Vorurteils" S.180

lösen (siehe das Thema „einfache Lösung" in der Politik). Man kann das Problem so formulieren: Unser Verstand kategorisiert gern die Umweltereignisse in der gröbsten Weise, die mit den gröbsten Forderungen unseres Handelns gerade noch zu vereinen ist.

Die Kategorie ermöglicht uns rasche Identifizierung von Objekten. Jedes Ereignis hat bestimmte Merkmale, die die Vorausurteilskategorie auslöst. So haben Kategorien eine enge und unmittelbare Verbindung zu dem, was wir sehen, wie wir urteilen und was wir tun. Ihr ganzer Zweck scheint tatsächlich darin zu bestehen, Wahrnehmung und Verhalten zu erleichtern, oder anders ausgedrückt, unsere Anpassung an verschiedene Situationen schnell, glatt und beständig zu machen. Und dieses Prinzip bewährt sich, auch wenn wir oft Fehler bei den Einordnungen in Kategorien machen und in Schwierigkeiten geraten.

Die Kategorie tönt alles, was sie enthält, mit der gleichen Vorstellungs- und Gefühlsqualität. Einige Kategorien sind rein geistig. Solche Kategorien nennen wir Begriffe.

Kategorien können mehr oder weniger rational sein. Wir haben gesagt, dass eine Kategorie sich meistens aus einem <Körnchen Wahrheit> entwickelt. So entsteht eine rationale Kategorie und erweitert und befestigt sich durch den Zuwachs an weiterer Erfahrung. Wissenschaftliche Gesetze sind Beispiele für rationale Kategorien. Sie stützen sich auf Erfahrungen. Der Vorgang, den sie bezeichnen, muss einen bestimmten Verlauf nehmen. Selbst wenn die Gesetze nicht 100prozentig sicher sind, halten wir sie für rational, wenn sie einen Verlauf mit hoher Wahrscheinlichkeit vorhersagen"[131].

Liest ma´u sich diesen Text durch, kann ma´u sofort erkennen, in welchem Maße dieser sich mit den Erkenntnissen von Jean Piaget in Bezug auf das Be-Greifen und den daher kommenden Be-Griffen von Kindern deckt. Hier wird aber auch ein besonderes Problem deutlich. Schon Piaget machte darauf aufmerksam, dass es das eigenständige und eigenbestimmte Handeln der Kinder ist, das diesen mit Hilfe ihrer persönlichen Erfahrungen einen Be-Griff und von daher kommenden Begriff vermittelt. Das diesen Kindern im weiteren Fortgang ihrer geistigen Entwicklung zum selbständigen Denken verhelfen kann, wenn dieses denn von den Eltern zugelassen wird.

Zunächst ist aber unbedingt festzuhalten, dass diese so gewonnenen Begriffe selbstverständlich ihrerseits die Grundlage und Voraussetzung weiterer Kategorisierungen darstellen. Aber es ist absolut entscheidend, dass dann, wenn diese Begriffe eigenständig erworben wurden, diese dann ihrerseits „beweglicher" bleiben, als kategorisierte Begriffe, die den Kindern entweder von den Eltern, vor allem aber dem „steuernden" öffentlichen Bildungssystem vorgegeben wurden. Oder m.a.W., immer dann, wenn solche Begriffe nicht selbständig und selbst-bewusst erworben wurden, sondern direkt aufgenötigt werden, diese dann mit an Sicherheit grenzender Wahrscheinlichkeit wesentlich größere Bereiche einer Kategorisierung abdecken, als eigebestimmt erworbene.

Vor allem aber sind sie ab dann „un-be-weg-lich-er". Das hat vor allem damit zu tun, dass in Familien, in denen Kinder noch umfassend im Sinne des patriarchalen Denkens autoritär erzogen werden – wodurch sie dann umfassend autoritätsabhängig

---

[131] a.a.O. S.34ff

werden -, diese dann vor allem eine verdrängte Wut bis Hass mit sich herumtragen[132] (s. auch u.), dieser aber als Folge der Verdrängung Angst erzeugt. Vor allem durch diese Autoritätsabhängigkeit werden diese Kategorien so unbeweglich[133], was sich dann vor allem im Bereich des Vor-Ur-teils besonders bemerkbar macht (s.u.).

Dieser ganze Prozess kann aber in manchen Fällen auch völlig anders verlaufen. Die Voraussetzungen dafür können wir ebenfalls bei Allport nachlesen. So schreibt er dazu sehr bezeichnend: „Das Leben (eines Kindes in einer liebevollen Umgebung) beginnt mit einer liebevollen symbiotischen Beziehung zwischen Mutter und Kind. Das Kind ist ungeheuer vertrauensvoll und entwickelt normalerweise eine starke freundschaftliche Beziehung zu seiner Umwelt – den Dingen **und den Menschen**. Wegen dieser Anlage zur Zuneigung sind die konstruktiven Werte der menschlichen Zusammenarbeit möglich"[134]. Was aber geht hier denn eigentlich vor sich? Ist es denn nicht so, dass wir von Natur aus egoistisch und auf unsere Vorteile bedacht sind?

Nein, das ist keineswegs so. Neben den Folgen des egoischen und rationalen Denkens, die ja unterstützt durch die Folgen des patriarchalen Denkens in erheblichem Ausmaß genau diese Einstellungen hervorbringen, erkannten eine ganze Reihe von Psycholog*innen in den sog. Linien, dass wir Menschen von Natur aus durchaus anders „aufgestellt" sind. So schreibt auch hier Allport, als einer der ersten der diese Zusammenhänge erkannte dazu folgendes: „Es besteht eine Tendenz (in allen Menschen) zum Erwerb von ethnischen Einstellungen

---

[132] ma´u vergleiche hierzu die Literatur von Arno Grün, H.E. Richter, W. Reich und vieler mehr.
[133] denn gegen Autoritäten kann ma´u nicht angehen.
[134] a.a.O. S.325 Hervorh. PS

(die ethisch-moralische Linie), die mit dem Hauptzwecksystem des Individuums übereinstimmen.

Da Werte eine sehr persönliche Sache sind, dle zum Kern der Ich-Struktur gehören, könnte man das (ein) Gesetz auch so aufstellen: Es besteht eine Tendenz (ein angeborenes Grundbedürfnis) zum Erwerb von ethischen Einstellungen, die mit dem wie immer gearteten Selbstbild des Individuums übereinstimmen"[135]. Dass allerdings ein solches System in einer egoistischen Person durchaus dazu neigen kann nur die eigene Sicht von „allem was ist" als gerechtfertigt und durchsetzungsbedürftig wahr-zu-nehmen, werden wir noch sehen. Was aber hat das alles mit Urteilen, bzw. Be-Urteilungen zu tun? Antwort; alles.

Jede Art und Weise von Urteilen, die wir seit Beginn des Bedürfnisses, solches zu tun, bis heute vornehmen, hängt direkt mit unseren „Bildern um Kopf" und damit unseren Kategorien zusammen. Diese je persönlichen „Bilder im Kopf", sind die Voraussetzung eines jeden jemals von wem auch immer ausgesprochenen Urteils. Denn sie sind ja ihrerseits sowohl eine Folge der vermittelten Wahrnehmung der Welt, als auch der eigenen Erfahrungen und daraus gewonnenen eigenen Erkenntnissen – wenn es denn wirklich eigene sind -, Im Zusammenhang der Kategorisierung, kam zum Vorschein, dass alles was wir Menschen denken und sprechen, aber auch danach handeln, immer und grundlegend von diesem Denken bestimmt ist. Das zeigt aber auch die Sicht auf die Linien, insonderheit aber – zumindest in Ansätzen - die Wahrnehmung der Folgen der jeweiligen Erziehungsumstände.

Das kommt daher, dass unsere „Bilder im Kopf", die ihrerseits von den Erziehungsumständen geprägt sind, genau diese

---

[135] a.a.O. S.322

Wahrnehmung und damit die daher zu begründenden Urteile vorgeben. In welchem Ausmaß dieser Umstand schon länger, aber gerade derzeit immer einseitiger in Richtung von Vor-Urteilen geht – wodurch ja das Thema Urteile immer mehr in die Kritik gerät -, werden wir uns im nächsten Kapitel näher anschauen.

d. Vor-Urteile

Betrachten wir uns auch hier vorab das heute übliche Verständnis dieses Wortes. Vorurteil heißt ein Urteil, das einer Person, einer Gruppe, einem Sachverhalt oder einer Situation vor einer gründlichen und umfassenden Untersuchung, Abklärung und Abwägung zuteilwird, ohne dass die zum Zeitpunkt der Beurteilung zur Verfügung stehenden Fakten verwendet werden (Wik). Auch zu diesem Begriff liefert uns Gordon Allport aus seinem schon mehrfach zitierten Buch eine wichtige erweiterte Definition. Nach ihm setzt es bei der urteilenden Person oder Gruppe die beiden Komponenten un-überprüfte Einstellung und Überzeugung voraus. Das äußert sich dann bei zunehmender Stärke in den Stufen

> Verleumdung,
> Kontaktvermeidung,
> Diskriminierung,
> körperliche Gewalt, bis
> Vernichtung.

Diese fünf möglichen Formen der Auswirkungen vorurteilshaftem Verhalten nennt ma´u auch die Allport-Skala. Diese setzt sich aus diesen fünf „Handlungen" und den Erklärungen derselben zusammen. Hier seine nähere Definition:

Verleumdung: Die meisten Menschen mit Vorurteilen reden auch mit anderen darüber. Gleichgesinnten und gelegentlich auch Fremden gegenüber lassen sie ihren feindseligen Gefühlen freien Lauf.

Vermeidung: Wenn das Vorurteil bei einem stärker wird, wird er die Berührung mit einzelnen Personen oder Mitgliedern der abgelehnten Gruppe vermeiden, sogar wenn er dafür beachtliche Unannehmlichkeiten in Kauf nehmen muss.

Diskriminierung: Der Voreingenommene möchte alle Mitglieder der abgelehnten Gruppe von bestimmten Berufen (siehe das Verbot für Juden im Mittelalter einen Handwerksberuf zu erlernen, oder gar auszuüben), von bestimmten Wohngegenden, von politischen Rechten, Erziehungs- und Erholungsmöglichkeiten und anderen sozialen Einrichtungen fernhalten.

Körperliche Gewaltanwendung: Unter der Bedingung von gesteigerter Emotionalität führt das Vorurteil zu verschiedenen Arten von Gewaltanwendung. Beispiele: Grabsteine auf jüdischen Friedhöfen werden geschändet. Die italienische Gang aus dem Nordviertel liegt auf der Lauer, um die irische Gang aus dem Südviertel zu überfallen.

Vernichtung: Lynchjustiz, Pogrome, Massenmorde und Völkermord kennzeichnen den höchsten Grad von Gewalt, durch den sich das Vorurteil ausdrückt.

Wenn ma´u sich diese Skala anschaut, kann ma´u alle Formen der Auswirkungen von Vorurteilen finden, die sich sowohl in der Gegenwart, als auch der Geschichte ereigneten. Das beginnt bei abschätzigen Bemerkungen über „verachtete" Personen oder Gruppen am „Biertisch" und endet bei Pogromen, wie z.B. die Vernichtung der Indianer oder der Juden. Aber noch einer unzähligen Zahl mehr in der älteren und jüngeren Geschichte. Besonders zu beachten ist hier aber, dass diese Art des Verhaltens nach allem was ma´u heute dazu weiß, erst mit dem Heraufkommen des egoischen, patriarchalen, machhierarchischen Denkens begann.

Bevor wir uns näher mit diesen Zusammenhängen beschäftigen können, muss aber noch erwähnt werden, dass hier vor allem und zuerst die negative Form der Vorurteile gemeint ist. Natürlich gibt es auch eine positive Form, wenn z.b. einer Person oder Gruppe, die aus einer positiv bewerteten Familie oder anderweitiger Gemeinschaft herkommt, nur positive Verhaltensweisen zugetraut oder gar unterstellt werden. Ma´u denke an bestimmte Religions- oder sonstiger Glaubensgemeinschaften. Diesen Umstand sollte ma´u in gar keinem Falle übersehen. Ja vor allem in Beziehungen und Ehen gibt es diese fast immer, da ma´u dem jeweiligen Partner nur positive Verhaltensweisen einem selbst gegenüber unterstellt, bzw. keine negativen oder gar bösen Handlungen zutraut.

Es sei hier aber natürlich nicht übersehen, dass eine gute Beziehung eigentlich nur auf einer solchen Voraussetzung existieren kann. Dass es trotzdem immer wieder große Enttäuschungen geben kann, ist bekannt, lässt sich aber bei dem derzeitigen Denken nicht wirklich vermeiden. Die eigentliche Brisanz des Vorurteils aber ergibt sich aus ihrer negativen Sicht und wird auch üblicherweise in der meist so verstandenen Form angesehen und in diesem Sinne verwendet. Wie also könnte ma´u sie erklären?

Bekanntlich lebten unsere Vorfahren zunächst in kleineren Überlebensgruppen mit ca. 15 – 20 Personen zusammen, wie ma´u das noch bei einigen solcher Gruppen, wie der San in Südafrika beobachten kann. Beachtet ma´u, dass es in fast allen menschlichen Gruppen immer ca. 1/3 Kinder gibt, muss ma´u von ca. 10 – 12 Erwachsenen ausgehen. Dieser Zustand dauerte wohl mehrere Hunderttausend Jahre an, so dass es hier höchstwahrscheinlich eine genetische „Information" in unserem Erbgut gibt. Interessant ist, dass nach psychologisch begründeten Beobachtungen die Höchstzahl wirklich funktionierender Gesprächsrunden bei etwa 12 Personen liegt. Ab dann beginnen sich die ersten Beteiligten „zurückzunehmen", m.a.W., sie beteiligen sich nur noch sporadisch bis gar nicht mehr an dem Gespräch. Ob es hier wirklich einen genetischen Umstand oder gar Zusammenhang gibt ist zwar meines Wissens nicht erwiesen, aber eine mögliche Ursache für diesen Umstand erscheint hier durchaus wahrscheinlich.

Noch wichtiger in dem gesuchten Zusammenhang ist es, dass die auf diesen ersten Zustand - übrigens mit archaischem Denken -, folgenden Stammesgemeinschaften zunächst aus bis zu einigen Hundert Personen bestanden, die sich ihrerseits aus einigen matrilinearen Blutsfamilien zusammensetzten. Diese bestanden in etwa aus der gleichen Zahl von Personen, wie die früheren archaischen Gruppen, allerdings mit exogamer Zusammensetzung. Auch dieser Zustand überdauerte mehrere Zehntausend Jahre, so dass ma´u auch hier in einem gewissen Umfang von einer genetischen Vorgabe ausgehen kann. Entscheidend ist hier nämlich, dass sich diese Personen alle von einer Ur-Ahnin ableiteten, wodurch ein erhebliches Zusammengehörigkeitsgefühl existierte.

Es ist zwar nicht sehr wahrscheinlich, dass sich diese Stämme gegenseitig bekämpften. Neben dem Stammesdenken sorgten dafür sowohl die Witterungsbedingungen der Eiszeit, als auch durch die geringe Zahl der damals existenten Menschen. Da es darüber hinaus ein völlig ausreichendes Nahrungsangebot gab, waren solche Kämpfe höchst unwahrscheinlich. Solche Aktionen hätten das Überleben dieser Gruppen höchst gefährdet. Aber dass fremde Personen hier in dieser Zeit eher mit Vorbehalten bis Misstrauen betrachtet wurden, davon zeugen noch die Reaktionen derzeit lebender Stämme.

Es ist übrigens durchaus wichtig zu beachten, welche Personenzahlen noch heute in Dorfgemeinschaften als „bekannt" bis gegenseitig „akzeptabel" betrachtet werden, so dass diese meist friedlich zusammenleben können. Nach allem was ma´u dazu weiß, bewegen sich diese Zahlen in etwa bei drei bis höchstens fünfhundert erwachsenen Personen. Das sind Zahlen die in etwa auch hier mit den Größen früherer Stämme in Einklang stehen. Interessanterweise haben sowohl Erich Fromm als auch Johannes Heinrichs die Zahlen der von ihnen vorgeschlagenen kleinsten Gruppen zur Erarbeitung wirklich demokratisch debattierter Entscheidungen auf solche Zahlen beschränkt. Aber das ist ein eigenes Thema.

Wie also kommen die wirklichen Gründe zur Entwicklung so umfassend vorhandener negativer Vorurteile zum Vorschein, wie sind sie entstanden? Diesen hier folgenden insbesondere psychischen Zusammenhang habe ich wegen den in allen patriarchal geprägten gesellschaftlichen Entwicklungen vorhandenen Umständen in den weitaus meisten meiner Bücher dargestellt und begründet. Ich werde mich daher hier so kurz wie möglich auf die wichtigsten Umstände beschränken. Diese Umstände sind spätestens seit Freud, dann aber noch deutlicher in der kritischen Fraktion der Analyse[136] seit Reich, Richter und zuletzt besonders deutlich Arno Gruen aufgearbeitet worden. Ma´u kann von da her folgendes sagen.

Seit der sich immer umfassender durchsetzenden patriarchalen Denke und deren Folgen, hier speziell die Sklaverei, dann die Unterdrückung der Frauen und die letztlich diese bedingende Gehorsamserziehung, sind immer folgende Zustände zu

---

[136] Aus gesellschaftlich „erwünschten" Gründen gibt es eine große Zahl Analytiker*innen, die ihre Aufgabe darin sehen mit ihren Patient*innen nicht wirklich deren Probleme aufzuarbeiten, sondern diese an die gesellschaftlichen Zustände „anzupassen".

beobachten. Die so „behandelten" Frauen verloren durch diese Behandlung ihr Selbstwertgefühl und damit ihre Selbstachtung und ihre Liebesfähigkeit. Sie konnten also seither, in Familien, in denen diese „Vorgaben" nach wie vor existieren[137], die für eine positive Persönlichkeitsentwicklung der Kinder diesen die so dringend erforderliche liebevolle Zuwendung **nicht** zukommen lassen. Das führte und führt weiterhin zu absolut psychisch krankhaften Ergebnissen bei allen davon betroffenen Kindern.

Die Kinder, die so behandelt werden, müssen ihr Selbst und damit ihre Identität als etwas Fremdes, Bedrohliches in sich bekämpfen[138], wodurch in ihnen zunächst Wut und dann Hass auf ihre Eltern entstehen. Da sie aber damit nicht leben können, richtet sich dieser Hass dann zunächst gegen sich selbst. Da aber auch dieser Umstand mehr als bedrohlich ist, muss dieser verdrängt werden. Das Problem dabei ist aber, dass dadurch zwar dieser Hass aus dem Bewusstsein verschwunden ist, aber selbstverständlich weiterhin existiert. Das führt dann wieder zu umfassenden Ängsten. Je bedrohlicher sich dieser Zustand immer wieder bemerkbar macht, umso mehr braucht es Umstände und noch besser Personen[139], auf die nun dieser Hass projiziert werden kann. Wichtig ist es zu beachten, dass natürlich aus dem Verdrängungszustand heraus die eigentlichen Gründe für diese Angst nicht bekannt sind.

---

[137] Spätestens seit dem Milgram-Experiment, das in den 60er und 70er Jahren des letzten Jahrhunderts weltweit durchgeführt wurde, ist bekannt, dass das immer noch mehr als zweidrittel aller Familien auf der Welt sind.
[138] siehe die Bücher „Der Fremde in uns" und „Der Verlust des Mitgefühls" von Arno Gruen, um nur zwei von vielen mehr zu nennen.
[139] das Thema Sündenböcke lässt grüßen.

Übernehmen nun aber Autoritäten die Verantwortung für daraus herkommende schädigende bis folternde oder gar tötende Handlungen oder beauftragen „normale" Personen damit, solches „in ihrem Auftrag" zu tun[140], um so bereitwilliger, vor allem aber mit ausufernder Grausamkeit werden dann solche „Befehle" ausgeführt. Ma´u kann jetzt diesen verdrängten Hass auf diese „Bösewichte" projizieren und dann ausleben Dass dann aber die Verantwortung für solche Taten nicht angenommen wird – ich habe nur auf Befehl gehandelt -, zeigte besonders deutlich der Nürnberger Prozess. Das schon eben erwähnte Milgram-Experiment bewies aber ganz deutlich, dass auch derzeit noch etwa zweidrittel aller Menschen nur auf der Voraussetzung von angeblichem wissenschaftlichem Auftrag und damit Autorität bereit sind, andere Menschen zu töten. Deutlicher kann ma´u dieses Dilemma gar nicht aufzeigen. Wie aber die Fälle Breivik, Christchurch, El Paso und Halle aber auch andere in jüngster Vergangenheit zeigen, entstehen in jüngerer Zeit durch die von Populisten geschürte Ablehnung bis Hass auf angebliche innerstaatliche „Feinde" immer häufiger gewaltmäßige Ausbrüche solcher Art.

Zusammengefasst kann ma´u daher sagen, dass Vor-Urteile ganz besonders aus der Voraussetzung existenter Angst herkommen. Diese entsteht. ihrerseits nach wie vor aus einer immer noch umfassend existenten autoritären Gehorsamserziehung. Diesen Zusammenhang hat auch G.W. Allport über viele Seiten mit umfassenden Belegen und deutlichen Beispielen dargestellt. Die noch deutlicheren Belege aus der Analyse waren ihm aber möglicherweise nicht bekannt. Dieses Buch entstand in einer Zeit, in der die Analyse, vor allem ihre kritischere

---

[140] siehe alle Folterkeller dieser Welt seit vielen Tausend Jahren, vor allem aber die KZ´s und Gulags dieser Welt im letzten Jahrhundert

Seite, auf die ich mich hier besonders beziehe, noch umstrittener war, als derzeit immer noch.

Hier ein wichtiges Beispiel, das beide eben getätigten Aussagen bestätigt. Er schreibt hierzu: „Nehmen wir den Fall einer autoritären Familienatmosphäre. Ein streng diszipliniertes Kind, dem nie erlaubt wird, seinen Willen gegen den der Eltern zu setzen, kann nicht umhin, das Dasein als etwas Bedrohliches aufzufassen. Zusammenleben beruht nicht auf freundlicher Zuneigung zueinander, so muss es annehmen, sondern auf einer durch Macht bestimmten Beziehung. Nur eine hierarchische Ansicht von der menschlichen Gesellschaft wird mit dieser Grundqualität seiner Erfahrungen zusammenstimmen. Als Ergebnis wird er/sie alle seine/ihre Bekanntschaften im Sinne einer Hackordnung verstehen"[141].

Ganz entscheidend ist aber zu verstehen, dass alle Menschen, die aus solchen Umständen und Verhältnissen hervorgegangen sind, die Herkunft und damit Ursache ihres Denkens nicht nur nicht kennen, sondern in aller Regel dies auch mit allen Mitteln zu vergessen versuchen. Oder noch anders formuliert; es ist eben ganz allgemein durchaus verständlich, dass Menschen, die unter solchen Verhältnissen groß wurden und mit den Folgen leben müssen, diese Zusammenhänge mit allen Mitteln bekämpfen wahrzunehmen. Das rührt an sehr schmerzhafte Erfahrungen. Würde ma´u dies aber wahrnehmen, könnte ma´u die Verantwortung für unfreundliche bis böse Handlungen nicht mehr auf andere abwälzen oder gar projizieren. Alle Analytiker*innen, die versuchen Menschen mit diesen Kenntnissen zu helfen, könnten ganze Bücher über solche Abwehrreaktionen bis abrupte Abbrüche solcher Versuche füllen.

---

[141] a.a.O. S.321

Ganz allgemein muss ma´u aber feststellen, dass es kein wie auch immer geartetes Verständnis dieser derzeit immer bedrohlicher werdenden Entwicklungen ohne Kenntnisse dieser Zusammenhänge geben kann. Darüber hinaus kommt aber aus der Substantivierung dieser Vorgänge ablehnenden bis bösartigen Verhaltens anderer Menschen gegenüber noch hinzu, dass es hier wie immer in diesen Fällen die eigentliche Dynamik eines solchen Verhaltens weitgehend „abgemildert" wird. Was meint dieser Satz?

Ein Vor-Urteil ist ja eben doch nur ein gesellschaftlicher Sachverhalt, ein Seiendes, das ma´u mit Hilfe wissenschaftlicher Verfahren aufarbeiten und analysieren, ja sogar lehren kann, das doch aber uns selbst auf gar keinen Fall betrifft. Es ist ja gerade die Folge des Vorganges der Verdrängung, der unter anderem dazu führt, dass ma´u in Bezug auf eigenes Verhalten geradezu blind ist solches zu sehen. Das kann ma´u jederzeit beobachten, vorausgesetzt allerdings ma´u kennt diese Zusammenhänge. Personen, ja ganze Familien, die durch ein solches autoritäres Denken geprägt sind, sind daher auch fast immer der Überzeugung, sie seien die Besten, zumindest aber immer besser als andere. Wie wir aber noch sehen werden ist es genau dieser Zusammenhang, der es uns so schwer macht, uns selbst als so Handelnde wahr-zu-nehmen und daraus Konsequenzen für unser eigenes Handeln abzuleiten.

Die derzeitigen Diskussionen über den Klimawandel, vor allem aber daraus für unser eigenes Handeln Konsequenzen zu ziehen, zeigt diesen Zusammenhang überdeutlich auf. Wir, also jede/r „besorgte" Bürger/in, können natürlich – mit Ausnahmen – erkennen, vor allem an-erkennen, dass es diesen Wandel gibt und dass dringend etwas dagegen unternommen werden muss. Aber unser eigenes Verhalten[142] dementsprechend

---

[142] siehe das Thema Flugreisen, Auto, Konsumverhalten allgemein.

zu verändern? Wo kämen wir denn da hin? Die Folgen unseres Handelns sind doch wirklich bestenfalls marginal. Das sollen gefälligst andere tun. Dass es letztlich gerade die Addition solcher „marginalen" Verhaltensweisen ist, die letztlich erst etwas in Bezug auf diese Umstände bewirken kann, wird „großzügig" „übersehen".

e. Resümee

Betrachten wir uns nun das, was hier dargestellt wurde in Bezug auf das versuchte Verständnis des Zusammenspiels von Weltsichtebenen, Denken und Sprechen, so kommt ma´u zu folgendem Ergebnis. Die Weltsichtebenen liefern ganz im Sinne des obigen Zitates von Graves die Voraussetzung unserer Wahr-Nehmung von Wirklichkeit, oder um eine andere Metapher zu benutzen, von „Allem was ist". Hier als Beleg nochmals die wesentlichsten Begriffe aus dem obigen Zitat: „Seine oder ihre Gefühle, Motivationen, Moralvorstellungen und Werte, Biochemie, Grad neurologischer Aktivierung, Lernsystem, Glaubenssystem, Begriff geistiger Gesundheit, Vorstellungen davon, was eine psychische Störung ist und wie sie behandelt werden sollte, Konzepte/Vorstellungen von und Vorlieben für Management, Erziehung, Ökonomie und politische Theorie und Praxis sind alle für diesen Zustand passend".

M.a.W., alles, was wir zu sehen überzeugt sind, sowie jede Art von Reaktion darauf beruht auf der jeweils gelebten Weltsichtebene. Von dieser Voraussetzung ausgehend können wir uns den Zusammenhang mit einer kleinen Zeichnung verdeutlichen:

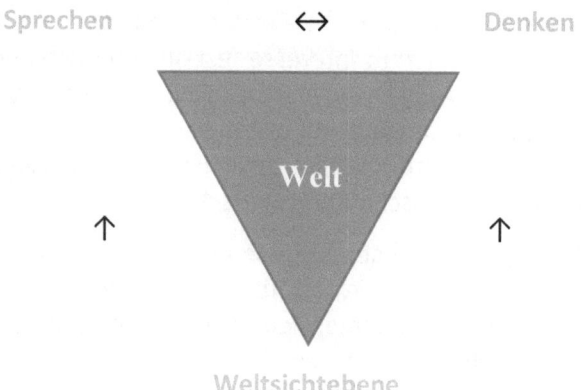

Wenn wir hier von einem gleichseitigen, auf die Spitze gestellten Dreieck ausgehen – wie die obige Zeichnung zeigt -, dann ist die Weltsichtebene sozusagen das Fundament, oder die Voraussetzung unserer Sicht auf die Welt. Es liefert uns sozusagen eine farbige Brille, durch die wir alles was wir ab jetzt sehen, dann in dieser Farbe sehen, also in unserer obigen Zeichnung blau. Oder m.a.W., die Welt, die wir ab jetzt sehen, ist generell blau.

Das ist natürlich nur ein Gleichnis, das aber deutlich machen soll, in welchem Ausmaß eine gegebene Weltsichtebene unseren Glauben in Bezug auf die „Wahrheit" dessen, was wir da sehen, dominiert. Diesen Zusammenhang werden wir uns aber erst im nächsten Kapitel näher ansehen. Bleiben wir also zunächst noch beim Zusammenhang Sprechen und Denken. Um diesen Umstand nochmals am Beispiel des mentalen Denkens zu verdeutlichen. Ab hier ist die Welt dreidimensional, räumlich. Wir können daher ab jetzt alles um uns her Erkennbare in solche dreidimensionale Objekte auf-teilen. Unsere Sicht des

Seins zu einer solchen zum Seienden wandeln[143], mit dem wir dann auch in unserem Interesse fest-stellend umgehen können. Dieser Vorgang ist die erste Ur-Teilung, die ab jetzt zu unserem täglichen Umgang mit allem was ist und dann zu unserem Ge-brauch wird. Dies gilt zunächst in der Philosophie und dann in der Wissenschaft und Wirtschaft.

Diese neue Sicht und der umfassende Glaube an diese ist aber damit ab dann auch die Voraussetzung aller unserer darauf aufbauenden Lernsysteme, siehe die Organisation der Inhalte aller öffentlicher Bildungseinrichtungen. Dies ist aber erst der Beginn, denn diese neue Weltsicht verändert das bisherige Denken und Sprechen. Beginnen wir mit einer Sicht auf das sich verändernde Denken.

Diese neue Sicht auf die Welt, die von der neuen Weltsichtebene vorgegeben wird, verändert jetzt natürlich nicht nur die Wahrnehmung der Welt, sondern auch das darauf aufbauende Denken. Alles wird jetzt von uns, den Menschen her, als räumliche Realität (s.u.) gesehen und interpretiert. Erinnert sei nochmals an die obigen Zitate von Gebser. Es ist aber natürlich überhaupt keine Frage, dass sich dieses neue Denken auch sofort auf die Sprache überträgt. Aber bei diesem Übergang sind eine ganze Reihe von Umständen zu beachten, die diesen Übergang zumindest in einem erheblichen Umfange beeinflussen. Wie immer bei solchen Übergängen zu neuen Weltsichtebenen sind es zunächst wenige Menschen, die auf dieser Ebene denken, bzw. sich und die Welt so „sehen". Die weitaus überwiegende Mehrheit aller Menschen, die in solchen Übergangsphasen leben, sehen, denken und sprechen noch auf den vorausgehenden Ebenen. Erinnert sei nochmals an die enormen Zeitspannen die es brauchte, bis sich das mythische und

---

[143] Alles ist ab jetzt ein je Eigenes von allem anderen Separiertes, ohne Bezug zu anderem.

dann das egoische Denken durchsetzte und zur herrschenden Denke wurde.

Ma´u muss zwar davon ausgehen, dass dieser erneute Übergang zu einer neuen Ebene diesmal erheblich schneller ging, aber auch hier sind zumindest mehrere Hundert Jahre anzusetzen. Das wohl wichtigste erste Beispiel des Heraufkommens dieses neuen Denkens könnte die Verkündung des einen Gottes JHWH durch Moses sein. Er begründete damit den Monotheismus, ein Umstand der eindeutig in das mentale Denken verweist. Ma´u weiß zwar nach wie vor nicht endgültig, wann Moses lebte, aber alle bekannten Hinweise vor allem aus Ägypten verweisen deutlich in eine Zeit vor mehr als 1000 Jahren v.Chr. Sowohl die neu entstehende Schöpfungsgeschichte des AT, vor allem dann aber das Bekanntwerden der ersten Philosophen im 6. und 5. Jh. v. Chr. sind der endgültige Beweis, für das immer deutlicher werden dieser neuen Weltsicht. Diese etablierte sich insbesondere in Griechenland im Nachgang bzw. der Weiterentwicklung der Philosophie.

Dieser Vorgang ist aber nur die eine Seite dieses Prozesses. Eine weitere, zumindest gleichwichtige, spielte sich dabei in der Veränderung der Sprache ab. Betrachtet ma´u sich die Texte Homers etwas näher, so fällt auf, dass viele seiner Formulierungen Epitheta[144], und ganze Verse, sogenannte Formelverse, Wiederholungen sind. Erwähnt werden muss hier allerdings, dass ma´u überhaupt nicht sicher ist, wer Homer war, wann[145] und wo[146] er lebte und ob seine Verse schon von Beginn an schriftlich vorlagen. Da wir uns hier nicht mit den Unklarheiten um diese Person kümmern können, die ja

---

[144] ein sprachlicher Zusatz in der Form eines Attributs, meist eines Adjektivs
[145] wahrscheinlich Ende des 8. und Beginn des 7. Jh. v. Chr.
[146] wahrscheinlich in Kleinasien

nach wie vor völlig umstritten ist, können wir hier nur einen kurzen Blick auf seine Sprache werfen. Dies stellt allerdings schon ein Problem dar, da niemand wirklich sicher weiß, wie dieser Mann ursprünglich wirklich sprach.

Das Erste, was hier wichtig ist, ist der Umstand, dass diese beiden Epen als die ältesten Dichtungen des Abendlandes gelten. Für unseren Ansatz wichtig ist, dass hier ausschließlich, ganz im Sinne des egoischen Denkens, immer nur von besonders in den damaligen Machthierarchien herausgehobenen Personen die Rede ist. Also alles „von sich her" und „auf sich hin", vor allem damit aber „von oben her" gedacht und gesprochen wird. Das nächste wichtige besteht darin[147], dass schon eine ganze Reihe von Substantiven und Verben Verwendung finden. Aber die Grammatik selbst[148] zeigt noch deutliche Spuren des vorausgehenden eher kreisförmigen Denkens und Sprechens, worauf besonders die Wiederholungen hinweisen. Ich erinnere auch nochmals an die ober dargelegte wörtliche Übersetzung Gebsers eines Fragmentes von Heraklit. Da Heraklit mindestens 200 Jahre nach Homer lebte, kann ma´u deutlich erkennen, wie langsam sich eine In einer Sprachgemeinschaft erlernte Sprache verändert, auch wenn sich die Weltsichtebene schon „vorwärts" bewegt hat.

Und natürlich gilt dies damit auch für die „Bewegung" des Denkens selbst. Um es ganz klar auf den Punkt zu bringen. Das jeweilige Sprechen und Denken einer bestimmten Zeit gründen zwar unbedingt auf einer dominanten Weltsichtebene. Aber bis sich dieses Sprechen und Denken endgültig mit dieser Ebene in Übereinstimmung befindet, beeinflussen die bisherigen Sprachen und das damit verbundene Denken ganz deutlich

---

[147] sofern die Übersetzungen wenigstens einigermaßen dem Original entsprechen.
[148] also der Dreiklang von Subjekt, Prädikat und Objekt.

diesen Übergang. Insbesondere aber entwickelt sich ein solches dann dominantes Sprechen und Denken immer auf der Voraussetzung der jeweiligen Nationalsprachen. Auch dieser Umstand bringt dann deutliche Unterschiede der Sicht auf die Welt hervor. Nicht umsonst versuchten die „neuen" Wissenschaften dieses Problem dadurch zumindest einzugrenzen, dass sie sich immer wieder auf eine gemeinsame „Grundsprache" einigten[149], die dann einen Teil dieser Probleme beseitigen halfen.

Oder anders ausgedrückt; das jeweils praktizierte Sprechen und Denken sind die eigentlichen gesellschaftlichen Formen der Anwendung der zugrundeliegenden Weltsichtebenen. Diese bilden dadurch die „Bilder im Kopf" ab und stellen und von daher die nationalen, bis rassischen Unterschiede dar. Aber auch Urteile und Vorurteile, die ebenfalls in ihrem Gebrauch von daher kommen, werden dadurch erkennbar. Alle drei zusammen sind dann unverrückbar die entscheidende Grundlage und Voraussetzung jeder Form von Weltsicht einer bestimmten Ebene. Die gilt vor allem in Bezug auf ihre gesellschaftlich-geschichtliche Imagination.

Aber nochmals; die Voraussetzung jeder daher kommenden Anwendung bleibt die jeweils dominante Weltsichtebene, ob uns dies bewusst, oder gar bekannt ist, ist völlig unerheblich. Die derzeit herrschenden wissenschaftlichen, wirtschaftlichen und politischen Paradigmen, die ja aus der rationalen Weltsichtebene herkommen und dadurch durch diese umfassend vorgegeben sind, sind dafür der deutlichste, ja eigentlich unwiderlegbare Beweis.

---

[149] siehe die Beispiele Griechisch, als die älteste dieser Sprachen, dann Latein und derzeit immer mehr Englisch.

Kapitel V Wirklichkeit und/oder Realität

Was verstehen wir heute unter Wirklichkeit, oder der Realität, ein Begriff, der in diesem Zusammenhang ja eh meist vorgezogen wird? Mit dem Begriff Wirklichkeit wird all das beschrieben, „was der Fall ist", wie es Wittgenstein ausdrückte. Es ist also alles das, was uns „vor", oder eventuell sogar „auf" die Füße fällt, wenn wir es nicht beachten, oder gar übersehen. In der Philosophie unterscheidet man sogar im Rückbezug auf mögliche Sichtweisen auf das Sein, zwischen dem was „nur" gedacht wird, gerade wirklich geschieht und dem was schon **wirklich ist**. In unserem Zusammenhang ist es aber nicht uninteressant, dass das deutsche Wort Wirklichkeit von Meister Eckhart als Übersetzung des lateinischen actualitas eingeführt wurde, also etwas, was gerade aktuell ist. Was aber meint denn jetzt eigentlich der Begriff der Realität, der ja oft im gleichen Zusammenhang gebraucht wird? Ist der denn nicht deckungsgleich? Verblüffenderweise ist dies keineswegs so, also müssen wir uns jetzt diesen Umstand näher anschauen, gerade weil er oft deckungsgleich benutzt wird.

Als Realität wird im allgemeinen Sprachgebrauch die Gesamtheit des Realen bezeichnet. Als real wird

> zum einen etwas benannt, das keine Illusion ist und nicht von den Wünschen oder Überzeugungen einer einzelnen Person abhängig ist.

Zum anderen ist real vor allem etwas, das in „Wahrheit" (??) so ist, wie es erscheint, bzw. dem bestimmte Eigenschaften sowohl derzeit als auch dauerhaft zukommen.
Realität ist in diesem Sinne somit dasjenige, dem „Bestimmtheit" zugeschrieben werden kann.

Wie meist in solchen Fällen stammt auch dieser Begriff von einem lateinischen Wort ab. Es ist das eben erwähnte Wort realitas, was einerseits zwar Wirklichkeit meint, aber von res herkommend. res meint aber eher etwas, was wir unter einer Sache, einem Ding, oder Wesen verstehen. Wie kann ma´u jetzt unterscheiden? Wo liegen die Unterschiede? Der Begriff der „Wirklichkeit" ist auf die Dinge eingeschränkt, die eine Wirkung haben oder ausüben können, also physikalische Gegenstände. Ma´u vergleiche hierzu das Thema Wechsel-wirkung. In dieser Sichtweise sind gedankliche Gegenstände wie Zahlen oder Theorien zwar Bestandteil der Realität, aber nicht der Wirklichkeit. Was ist aber jetzt der Unterschied zur Realität?

Für die Naturwissenschaften ist Realität das, was der wissenschaftlichen Betrachtung und Erforschung zugänglich ist. Dinge, die nicht messbar sind, ver-messen werden können[150] sollen ab jetzt keine Basis für wissenschaftliche Theoriebildung sein. Dabei geht es vor allem um methodisch feststellbare Wechselwirkungen, also solche, die dauerhaft die gleichen Wirkungen hervorrufen. Betrachtet ma´u sich jetzt beide Positionen wird sofort deutlich, dass eine Identifizierung im Sinne einer Übereinstimmung oder Unterscheidung von Realität und Wirklichkeit durchaus problematisch ist.

---

[150] Ma´u beachte nochmals das Heraufkommen des mentalen Denkens und dessen Folgen.

Von Positionen, die sich um eine Unterscheidung bemühen, ist mit dem Begriff „Wirklichkeit" eine Realität gemeint, die auf Dinge eingeschränkt ist, die in Wechselwirkung zu anderen bereits als real erkannten Dingen stehen. Als Realität aber wird darüber hinaus alles begriffen, was als Gegenstand des individuellen Bewusstseins aufgefasst werden kann, gerade eben auch soziale Tatbestände, angenommene spirituelle Gegenstände und sowohl fremde wie eigene Gefühle und Einstellungen. Dies gilt deshalb weil diese nicht auf bloße Willkür zurückgeführt werden können, sondern selbst als unter Regeln stehend vorgestellt werden. Dieser weite Realitätsbegriff, der auch von bestimmten Positionen der Sozialwissenschaften geteilt wird, wird für gewöhnlich jedoch auf verschiedene soziale Kontexte beschränkt. Generell werden aber Positionen, die positive Kriterien für die Realität von etwas aufstellen, als „realistisch" bezeichnet. Die Art und Weise aber, wie gerade der Realitätsbegriff von der rational aufgespaltenen Geistesswissenschaft in viele Bereiche „zerlegt" wird, zeigt gerade durch diesen Umstand, welcher Begriff derzeit der bevorzugte ist.

Je nach Kontext, in dem er betrachtet und interpretiert wird, hat der Realitätsbegriff unterschiedlichen Gehalt. Ma´u kann verschiedene Realitätsbegriffe oder Kriterien für die Realität unterscheiden. Keine dieser Bestimmungen ist jedoch unumstritten, da ja unter rational aufteilendem Denken alles und jedes immer erneut und immer weiter „zerlegt" werden kann. Hier eine erste Annäherung an einen so verstandenen Begriff der Realität, wobei schnell zu erkennen ist, wie das dann weiter gehen könnte:

> Eine alle Gegenstände der Außenwelt umfassende
> physische Realität. Dabei ist umstritten,
> Ob nicht unmittelbar wahrnehmbare Dinge (z. B.
> elektromagnetische Strahlung, Neutronen) real sind,
> oder nur theoretische Entitäten.

Ob Bewusstseinsinhalte real sind, oder ob es sich dabei um metaphorische Beschreibungen für neurowissenschaftliche Phänomene handelt.

Objektivität, dieses Kriterium schließt auch soziale, ästhetische oder historische Gegebenheiten ein.

Hier stellt sich die Frage, ob unter solchen abstrakten Strukturen, die vom menschlichen Denken und Handeln abhängen, Unterschiede bestehen. Ob in etwa die Gegenstände der „Idealwissenschaften"[151] Mathematik bzw. Logik in höherem Maß der objektiven Wirklichkeit entsprechen als etwa Schönheit oder ein historisches Ereignis. Ob es auch objektive Werte gibt, und ob diese Realität mehr als nur vorläufige Gültigkeit beanspruchen kann.

Bewusstseinsunabhängigkeit, alle bewusstseinsabhängigen Phänomene wie Farbigkeit, Qualia[152], und die primären Qualitäten Raum, Zeit und Gestalt sollen von der Realität ausgeschlossen werden.
Auch hier gibt es jedoch eine Debatte über die Schranken des Begriffs, auch im Hinblick auf Absicht, Träume und Empfindungen. Darüber hinaus wird bei dieser rein theoretischen Diskussion mal wieder übersehen, dass wir Menschen gar nichts anders wie Bilder in unseren Köpfen (Qualia) haben können.
Faktizität, dabei werden „gegebene" Sachverhalte im Gegensatz zu nur Möglichen und unmöglichen als real ausgezeichnet - die Tatsachen lassen grüßen.

Wahrheit als Kriterium führt zu den Fragen, was der Träger von Wahrheit ist und nach welchem Kriterium

---

[151] was bitte ist hier von einem nichtrationalen Standpunkt her ideal?
[152] subjektiver Erlebnisgehalt eines mentalen Zustandes = Bilder im Kopf.

diese daher bestimmt wird.

Gegensatz zur Phantasie oder Einbildung, vgl. Bewusstseinsunabhängigkeit.

Erscheinungsabhängigkeit im Gegensatz zu bloß begrifflicher Bestimmtheit.

Z. B. der Inhalt des Begriffs Dreieck kann nur am konkreten Beispiel gedacht werden, ebenso wie die Zahl 10 nur als Ziffer oder als Anzahl von zehn Einheiten vorgestellt wird.

Wesentlichkeit, d. h. es wird ein realer Kern des Seins hinter einer trügerischen Alltagserfahrung des Seienden vermutet,

Ein solcher Realitätsbegriff wird insbesondere in einer Heilsgeschichte oder Positionen der Geschichtsphilosophie vermutet, sowie Positionen, die zur Mystik gehören oder ihr nahestehen.

Inhaltlichkeit oder Materialität im Gegensatz zur Formalität, das Konkrete, Nicht-allgemeine.

Allgemeines sowohl wie Einzelnes, sofern es begrifflich exakt bestimmt werden kann.

Erfahrbarkeit bzw. Wahrnehmbarkeit, wobei die Realität abstrakter Regelmäßigkeiten im Empirismus zum Problem wird, ma´u vergleiche hier das Induktionsproblem und im Sensualismus die Existenz von Gegenständen überhaupt.

Intendierter Sinn einer Äußerung oder einer Handlung.

Über-individuelle Anerkennung.

Realität allgemein als dynamische Wirklichkeit: Real ist, was als Wirkung aus einer realen Ursache hervorgegangen, also kausal ist. Hier ergibt sich die Frage nach einer ersten absoluten Realität überhaupt, wie es sich aus dem Thema Schöpfung ergeben würde (teils Wik).

Betrachtet ma´u sich diesen „Katalog" wird die obige Aussage sofort deutlich. Wie um Himmels Willen sollen wir jemals unter diesen Voraussetzungen zu einer wie auch immer vorgestellten, und von daher dargestellten einheitlichen Sicht auf die Wirklichkeit, oder meinetwegen auch auf die Realität, kommen. Schon oben wurde mit einem Zitat Gebsers darauf verwiesen, dass das rationale Denken letztlich nur ins Leere oder gar ins Chaos führt. Hier wird erneut einer der Gründe deutlich, warum diese Aussage Gebsers in einem Maße zutrifft, der gerade daher immer bedrohlicher wird.

Wir haben aber noch nicht ein Wort dazu gesagt, ob die Wirklichkeit oder die Realität überhaupt problemlos, insonderheit zutreffend bestimmbar **ist**. In der „Kritik der reinen Vernunft" schloss ja Kant aus, dass Existenz selbst eine qualitative, oder m.a.W. zutreffende Bestimmung sei. Es ist vielmehr nur das Gegeben-sein in einer wirklichen Erfahrung, das also eine Beziehung zwischen Objekt und Subjekt zum Ausdruck bringt. Er bezeichnete daher die Außenwelt mit dem Begriff der „Dinge an sich", also ohne jeglichen Bezug zueinander, geschweige denn zu uns Menschen. Dieser Begriff war für ihn ein Grenzbegriff, weil er die Eigenschaften der Außenwelt für den Menschen **als nicht erkennbar** ansah. In das Bewusstsein gelangen nur von der Außenwelt affizierte[153] Wahrnehmungen, die er Erscheinungen nannte.

Da die Erkenntnisweise bei allen Menschen gleich ist (???), können die Wahrnehmungen intersubjektiv überprüft werden, so dass es auf der Ebene der Erscheinungen ein objektives Wissen gibt. Die Realität umfasste für Kant aber auch den Bereich des reinen Verstandes und der reinen Anschauungen, die sog. intelligible Welt. Für ihn ist diese a priori, also angeblich schon

---

[153] durch kognitives und/oder logisches Denken hervorgebrachte Objekte

immer von Geburt an im Menschen vorhanden. Dies ist ein Standpunkt, der ja von Piaget umfassend widerlegt wurde.

Der Mensch verfügt ebenfalls nach dieser Ansicht unabhängig von den Dingen an sich über Anschauungen von Raum und Zeit. Vor allem aber über Denkstrukturen, die sog. Kategorien, mit denen er die Erscheinungen strukturiert und nach Regeln in Begriffe und Urteile umwandelt. Auch wenn die Dinge „an sich" für den Menschen nicht unmittelbar erkennbar sind, müssen sie notwendig angenommen werden. Wenn dies nicht der Fall wäre, gäbe es keine Anschauungen. Ja noch nicht mal Leben in einem umfassenden Sinne könnte entstehen[154]. Auf der anderen Seite bedarf es der menschlichen Begriffsbildung, um eine Realität im Bewusstsein – „Bilder im Kopf" - entstehen zu lassen. Darüber hinaus gab es für Kant sog. regulative Ideen, nämlich Gott, die Freiheit und die Seele. Dieses sind absolute Begriffe, die ohne empirische Basis von der Vernunft gebildet werden, weil das Streben nach einer unbegrenzten Erweiterung der Erkenntnis in der Natur des Menschen liegt. Auch diesen reinen Bewusstseinsinhalten sprach Kant in seinen Postulaten[155] Realität zu.

Im frühen 20. Jahrhundert kam es zu einer noch grundlegenderen wissenschaftstheoretischen Diskussion darüber, ob Aussagen über die Wirklichkeit überhaupt verifizierbar oder nur falsifizierbar[156] sind und inwieweit wissenschaftliche Aussagen immer theorieabhängig sind. Wenn ma´u dieses unterstellt, sind wahre Aussagen über die Wirklichkeit nicht möglich bzw. hängen immer von den bewussten und unbewussten Prämissen einer Theorie ab (erneut teils Wik). Und genau hier sind wir

---

[154] Ma´u vergl. hierzu den Standpunkt Humes, der ja in die gleiche Richtung geht.
[155] Lehre als gedanklichen Entitäten
[156] siehe Karl Popper

am entscheidenden Punkt angelangt: Wie und vor allem warum bestimmen unser Sprechen und Denken, noch genauer gesagt; die zugrundeliegende Weltsichtebene, die Sicht auf das, was wir bisher unter den Begriffen Wirklichkeit und Realität kennen lernten? Um dies wirklich zu verstehen, müssen wir ganz an den Beginn von „Allem-was-Ist" (s.u.) gehen, bzw. versuchen zu verstehen, warum überhaupt etwas ist und nicht Nichts.

a. Die Große Kette des Seins

Um das, was ab jetzt auf den folgenden Seiten dargelegt wird zu verstehen, vor allem aber – möglicherweise - zu akzeptieren, muss ich einige Vorbemerkungen machen. Vorab ist festzuhalten, dass das Folgende ganz besonders von den beiden Weltsichtebenen des zweiten Grades her gedacht und vorgetragen, vor allem aber von daher begründet wird. Da ich mir völlig darüber im Klaren bin, dass das für sehr viele Personen, die das eventuell lesen, nur schwer zu verstehen sein wird, will ich nochmals die wichtigsten Bezüge dieser Ebenen anführen, um einen besseren Zugang zu ermöglichen:

> **die Großartigkeit der Existenz wird höher geschätzt, als materielle Besitztümer;**
> **Flexibilität, Spontaneität und Funktionalität haben höchste Priorität;**
> **Wissen und Kompetenz, werden Rang, Macht und Status ersetzen;**
> **die Welt ist ein einziger dynamischer Organismus mit kollektiver Vernunft;**
> **ein Selbst ist sowohl ein klar unterschiedener als auch ein mit einem größeren, mitfühlenden Ganzen verbundener Teil;**

alles verbindet sich in ökologischer Ausrichtung mit allem;
Energie und Information durchdringen die gesamte terrestrische Umwelt;
holistisches, intuitives Denken und kooperatives Handeln werden entstehen.

Diese Sätze stammen nicht von mir, sondern von Beck und Cowan. Dies waren die beiden Studenten von Graves, die sein Lebenswerk nach seinem überraschenden Tode unter dem Titel „Spiral Dynamics" veröffentlichten. Ich kann daher wohl davon ausgehen, dass sie jede/r Leser*in ernsthaft be-denkt. Sie beschreiben und bestätigen das schon mehrfach erwähnte „neue" Paradigma der Zukunft in seltener Klarheit und Deutlichkeit. Es bedeutet den Abschied vom patriarchal-egoisch-rationalen Denken und die Hinwendung zu einem Denken, in dessen Sicht sich Alles mit Allem verbindet. Aber auch einem Denken, in dem der Zusammenhang von Allem mit Allem[157] grundlegend ist. In dem aber auch das Gefühl und die Intuition, also letztlich die linke Gehirnhälfte, endlich wieder völlig selbstverständlich be-nutzt werden.

Aber genau an dieser Stelle kommt jetzt noch ein weiterer Umstand ins Spiel, die Wahr-Nehmung, vor allem aber ernsthafte Be-Achtung aller Äußerungen der Mystiker. Diese Menschen legen und legten schon seit Jahrtausenden immer wieder einer wenig bis gar nicht interessierten Öffentlichkeit besondere „Wahrheiten" vor. Der schon mehrfach erwähnte Autor Chr. Schorsch zitiert in seinem Buch zu diesem Umstand einen NASA-Physiker namens Robert Jastrow, der diesen Sachverhalt mit einem treffenden Vergleich auf den Punkt bringt: „Der Wissenschaftler hat die Berge der Unwissenheit mühsam und fleißig erklommen. Er ist dabei, den höchsten Gipfel zu erobern,

---

[157] erinnert sei nochmals an das obige Zitat von Hans Peter Duerr

doch als er sich über den letzten Grat hinwegzieht, wird er von einer Gruppe von Mystikern und Religionsstiftern (die ja alle selbst Mystiker waren) begrüßt, die dort seit Jahrtausenden auf ihn warten"[158]. Aber halt; diese Sätze können doch unmöglich stimmen. Die „moderne" Wissenschaft versteht doch alles und jedes viel besser als alle bisherigen Bemühungen. Wie kann denn ein Physiker einen solchen Unsinn reden? Eben gerade weil er seine Wissenschaft[159] wirklich versteht! Vor allem aber ihre Begrenzungen.

Der indische Mystiker Sri Aurobindo, auf den wir eh gleich nochmals näher zurückkommen müssen, hat aus umfassenden eigenen Erfahrungen[160] deutlich betont, dass es eben immer zwei Möglichkeiten gibt, die Welt, bzw. die Wirklichkeit zu verstehen. Nämlich der Blick mit Hilfe unserer Sinne nach Außen[161], und den Weg nach Innen. Auch auf diesem Wege werden nach entsprechenden Bemühungen[162] absolut tiefgehende und umfassende Erkenntnisse gewonnen. Er macht aber auch darauf aufmerksam, dass in aller Regel die Verfolgung eines dieser Wege, vor allem damit gewonnene Erkenntnisse, dazu führt, dass der andere Weg dann abgelehnt, meist ganz besonders heftig bekämpft wird[163].

---

[158] a.a.O. S.78

[159] in diesem Falle ist die Quantenphysik gemeint, siehe erneut H.P. Duerr, aber z.B. auch David Bohm und andere.

[160] er hat, bevor er sich der Mystik zuwandte, in England, also „westliche" Wissenschaft, studiert.

[161] also den Weg, den die moderne Wissenschaft einschlug und immer noch weiter verfolgt

[162] Meditationsbemühungen brauchen bis hin zur erstrebten Erleuchtung in der Regel, wenn sie denn überhaupt gelingen, mit wenigen Ausnahmen, immer mehrere Jahre.

[163] siehe die derzeit übliche Haltung der Naturwissenschaft gegenüber der Mystik

Ich erinnere hier nochmals nachdrücklich an das Kapitel über das Vor-Urteil, das hier voll und ganz zum Tragen kommt. Denn eine Ablehnung dieser Erkenntnisse erfolgt in aller Regel ohne die andere Seite wirklich zu kennen, geschweige denn an-zu-erkennen. Ja das Wahr-Nehmen solcher Ergebnisse wird schon aggressiv abgelehnt und oft sogar mit allen Mitteln bekämpft. Das beweisen alle Versuche diese beiden Wege miteinander in Verbindung zu bringen. Es gibt aber neuerdings einige Ausnahmen von Personen, die auf der Ebene des zweiten Grades denken[164]. Genau an dieser Stelle wird deutlich, was mein obiger Hinweis auf die folgenden Darstellungen und Argumentationen meint. Nur wer fähig, vor allem aber bereit ist, von daher zu denken oder Argumente, die von daher kommen anzunehmen und zu be-denken, kann auch die dringend erforderliche Überwindung dieser Schwelle in die Wege leiten, sonst aber auf gar keinen Fall.

Der in diesem Kapitel verfolgte Grundgedanke verfolgt diese Absicht. Er läuft darauf hinaus zu sehen und zu verstehen, wie nur teilweise zutreffend, unserer Sicht und daher kommende Interpretation dessen ist, was wir sowohl Wirklichkeit, oder eben auch Realität nennen. Der Grund liegt darin, dass er nur aus einer Blickrichtung kommt. Diese ab jetzt geltende Absicht will erklären, was „das Alles" – also die Einheit des Wirklichen (C.F.v. Weizsäcker) – ist. Sie ist aber auch mit der Absicht verbunden zu verstehen, welchen Zweck „das Alles" hat. Das kann aber nur dann gelingen, wenn wir diesen jetzt hier vorgeschlagenen Weg, von „beiden" Seiten zu schauen, konsequent weiter verfolgen. M.a.W., wir werden weiterhin beide Seiten unserer Verständnismöglichkeiten be-nutzen müssen, um eine

---

[164] siehe hierzu Sri Aurobindo, Ken Wilber, Christoph Schorsch und Hans-Peter Dürr, aber natürlich noch weitere

Antwort auf alle diese Fragen zu bekommen. Es sind aber die Fragen, die uns Menschen letztlich schon immer bewegten.

Auf diesem Weg ist aber unbedingt zu beachten, dass alle durch die derzeitigen Wissenschaften versuchten Antworten konsequent einseitig blieben. Wenn es aber keine anderen Möglichkeiten mehr gab, widersprachen sie meist den eigenen Prämissen. Ich will hier ganz kurz auf einen dieser Versuche verweisen, die Entstehung des Universums nämlich.

Bekanntlich gründet die gesamte Naturwissenschaft auf dem Ursache-Wirkungsprinzip. Alles was beobachtbar ist, muss entweder eine bekannte Ursache, oder eine noch zu suchende Ursache haben, die dann aber diese jetzt „hier" beobachteten Wirkungen hervorbringt. Diese Abhängigkeiten liefern in der Regel die Voraussetzungen der dann gültigen Gesetze. Diese sind dann ihrerseits die Voraussetzungen − zumindest in der Regel − ihrer meist technischen Anwendungen. Bekanntlich behauptet der absolut überwiegende Teil der Naturwissenschaftler*innen, dass unser Universum durch einen Urknall entstand.

Das Problem, auf das hier zu verweisen ist, ist die Art und Weise, wie die „Ursache" dieses Urknalls „erklärt" wird. Nämlich als die gemeinsame Entstehung von Materie, Raum und Zeit aus einer ursprünglichen Singularität. Da hier aber keine Ursache „erkennbar" ist, gibt es in der heutigen Physik keine allgemein akzeptierte Theorie für das sehr frühe Universum und schon gar nicht für den Urknall selbst. Vor allem aber gibt es absolut keine ernsthaft vorgetragene Theorie, wo denn eigentlich die Ursache dieses Urknalls liegen könnte. Es ist zwar − wahrscheinlich − zutreffend davon auszugehen, dass die bisher entdeckten Naturgesetze universell gelten. Alle bisherigen astronomischen Beobachtungen weisen auf diese Allgemeingültigkeit der Naturgesetze hin. Hier ist aber unbedingt zu beachten, dass bisher nur alternative Modelle beachtet wurden, die von der Wissenschaft selbst hervorgebracht wurden.

Aus dieser angenommenen Universalität der derzeit bekannten Naturgesetze folgt ebenfalls, dass sich die Entwicklung des Universums als Ganzes mittels der allgemeinen Relativitätstheorie beschreiben lässt, und die darin ablaufenden Prozesse mittels der Quantenfeldtheorie. Dabei tritt allerdings das Problem auf, dass die beiden Theorien nicht miteinander vereinbar sind (teils Wik). Trotz dieser Einschränkung wird derzeit ein alternatives „Bild" – Begriff eines Physikers – zur Urknalltheorie besonders hervorgehoben, in dem ein Universum dargestellt wird, das angeblich schon immer bestand, aber auf einer absoluten Kälte basiert. Wichtig ist zu beachten, dass alle Darstellungen dieses "Bildes" mit der Einsteinschen-Riemannschen Mathematik übereinstimmen, wie das eben von mir erwähnte Urknallmodell. Entscheidend ist, dass auch in diesem neuen Modell die zugrundeliegende Materie Bezugs- und Ausgangspunkt ist. Aber es gibt dazu mindestens drei Einwände.

> Erstens; wie lässt sich auch dieses „Bild" mit der Grundgleichung von Einstein $E=mc^2$ in Einklang bringen?
>
> Zweitens; wie beurteilen die Vertreter dieser Sicht diese – im Sinne einer Übereistimmung - mit den Wirks und Passierchen von H.P. Dürr, also letztlich der Quantentheorie?
>
> Und drittens; warum findet sich nach wie vor in all diesen Modellen nie ein Hinweis, wo ma´u hier die Seele oder gar den GEIST finden könnte?

Aber vielleicht findet ma´u ja dazu unter der Heranziehung anderer Sichtweisen, z.B. der von Mystiker*innen, ja noch einen für alle gangbaren Weg.

Betrachtet ma´u sich nämlich die Aussagen der Mystiker*innen ändert sich das sofort. Deren im Zustand der Erleuchtung immer wieder deutlich erlebten Vereinigungs-Erfahrungen mit einem alles hervorbringenden und alles umfassenden schöpferischen Prinzip sind eindeutig. Es ist nach diesen Erfahrungen, die ja seit Jahrtausenden von allen Mystiker*innen immer wieder bestätigt werden, eine alles umfassende und alles erschaffende schöpferische Wesenheit. Diese hat all das, was wir sowohl als Universum, aber auch als ganz persönliches Leben und Er-Leben erfahren, hervorgebracht und bringt es danach immer weiter hervor[165]. Ja es gibt sogar sehr deutliche Hinweise in diesen Erfahrungen, die den prinzipiellen Ablauf dieses ganzen Vorganges aufzeigen.

Einen ersten Hinweis liefert schon Lao tse. So sagte er in seinem 42. Traktat „Der SINN (das tao, oder die schöpferische Potenz) erzeugt die Eins. Die Eins erzeugt die Zwei. Die Zwei erzeugt die Drei. Die Drei erzeugt alle Dinge." Einen weiteren, sehr deutlichen Hinweis finden wir bei der Teresa von Avila in ihrem Buch „Die innere Burg". „In einem Augenblick (einer Erleuchtung) wird ihr (sie spricht hier manchmal von sich in der dritten Person) da eine solche Unzahl von Dingen gezeigt, dass sie in vielen Jahren der Mühe mit ihrer Phantasie und ihrem Denken nicht ein Tausendstel davon zusammenbrächte. Dies ist keine Vision des Verstandes, sondern eine bildhafte Schau (von Allem was ist), die man mit den Augen der Seele viel besser aufnehmen kann, als wir hier mit denen des Körpers sehen"[166]. Sie verweist auch mehrmals darauf, dass das, was sie hier sieht, nicht mit „normalen" Worten wiederzugeben ist. Dazu kommt noch, dass sie diese „Erfahrungen" im 16. Jh.

---

[165] siehe erneut H.P. Dürr
[166] a.a.O. S.143f

machte, also einer Zeit, in der eh noch wenige bis gar keine naturwissenschaftlichen Kenntnisse existierten. Wesentlich deutlicher wurden dann aber früher bzw. später sowohl Plotin, als auch Sri Aurobindo.

Sri Aurobindo war zwar einerseits das, was ma´u als Mystiker bezeichnet. Aber er war andererseits kein abgehobener Fantast, oder gar eine Person, die unter Halluzinationen litte, wie ma´u Mystikern ja so oft unterstellt. Er war ganz im Gegenteil ernsthafter Erforscher beider Zugänge, galt ihm doch ein voll ausgebildeter, kritischer Verstand als die Basis jeder Erkenntnis. In diesem Sinne ist er sehr einem anderen Mystiker vergleichbar, der ähnlich dachte und argumentierte, Plotin nämlich. Beide sind aber durch mehr als anderthalb Jahrtausende und völlig verschiedene kulturelle Hintergründe getrennt. Es ist daher nicht nur mehr als erstaunlich, sondern unbedingt hinweisend und den gemeinten Sachverhalt belegend, bis in welche Einzelheiten ihre Erkenntnisse aus ihren Erfahrungen des „zweiten Weges", nämlich des der Erleuchtung deckungsgleich sind. Es war Ken Wilber, der die wesentlichen Übereinstimmungen in dem folgenden Diagramm zusammenstellte:

Der große „Abstieg"[167] nach Plotin und Sri Aurobindo

Plotin	Aurobindo
Das absolute Eine (GOTT)	Satchitananda/Supergeist (Gott)
Nous (subtil) (GEIST)	intuitiver Geist/Übergeist
Seele/Weltseele	Erleuchteter Weltgeist

---

[167] dieser Begriff bezieht sich auf den Umstand, dass es auch klare Vorstellungen eines „Aufstiegs" gibt und das ganze Szenario dann die „Große Kette des Seins" genannt wird.

Schöpferische Vernunft	Höherer Geist/Netzwerkgeist
Logisches Vermögen	Logischer Geist
Begriffe und Meinungen	Konkreter Geist
Bilder	Niederer Geist
Lust/Schmerz (Emotionen)	Vital-emotional, Impuls
Wahrnehmung	Wahrnehmung
Empfindung	Empfindung
Vegetative Lebensfunktion	Vegetativ
Materie	Materie (physisch)

Nun betrachte ma´u darüber hinaus die weiteren Aussagen von Lao tse, oder Buddha, Platon, Jesus, Nagarjuna, Shankara, Meister Eckhart, die schon zitierte Teresa von Avila bis hin zu Graf Dürckheim und Willigis Jäger. Es ist dann mehr als erstaunlich, bis in welche Details sich oft auch deren Aussagen mit den eben zitierten von Sri Aurobindo und Plotin decken. Diese Genannten sind aber nur einige wenige einer ganzen Heerschar bedeutender Mystiker*innen[168]. Dazu kommt noch, dass sich eh nur wenige je in Richtung der Gesellschaft oder gar schriftlich äußerten.

Auf diesem Hintergrund gehört schon eine fast bösartige Missachtung und grenzenlose Überheblichkeit dazu, allen diesen Menschen halluzinoides Denken, oder gar noch Schlimmeres zu unterstellen. Vor allem aber deren Erkenntnisse weiterhin

---

[168] siehe z.B. den Philosophen Peter Sloterdijk in dem von ihm herausgegebenen Buch „Mystische Zeugnisse".

zu bestreiten oder gar nach Möglichkeit lächerlich zu machen[169]. Dass andererseits einige von ihnen in anderen Kontexten[170] zu den überragendsten Menschen gezählt werden, zeigt erneut die Gespaltenheit unseres Denkens.

Wie aber kommt es nun zu der Sichtweise in Richtung eines unterstellten Aufstiegs, wodurch ja erst die „Große Kette des Seins" „vollständig" wird? Nun auch hier sind es insonderheit die Mystiker*innen, die auf diesen Zusammenhang verweisen, erleben sie doch selbst in der von ihnen erlebten Erleuchtung die beiden letzten Stufen dieses Aufstieges. Nämlich die umfassende Bewusstwerdung der Seele und dann letztlich die „Vereinigung" mit dem GEIST (spirit oder GOTT) selbst in ihrer letzten Erleuchtungsstufe. Zu dieser letzten Bemerkung sind aber zwei Erklärungen erforderlich.

Alle Mystiker*innen, die sich öffentlich zu ihren Erlebnissen und daher kommenden Erfahrungen äußerten, verwiesen immer wieder darauf, dass dieser Prozess stufig vor sich ging. Teresa von Avila spricht hier z.B. von insgesamt sieben inneren „Wohnungen", in denen sie immer umfassendere Erfahrungen machen konnte. Aber erst in der siebenten erfolgte „diese geheime Vereinigung" und zwar „in der allerinnersten Mitte der Seele, also an dem Ort, wo Gott selber wohnt. Und das Entzücken, das die Seele dabei empfindet, ist so übermächtig, dass ich es mit nichts anderem vergleichen kann als der Seligkeit im Himmel"[171]. Auf die Bemerkung „wo Gott selber wohnt" müssen wir weiter unten nochmals eingehen.

---

[169] siehe erneut der Hinweis von Sri Aurobindo, wobei allerdings die umgekehrte Verhaltensweise – also Ablehnung der „Sicht" nach Außen - gerade in Indien teils nicht weniger ausgeprägt ist.
[170] zum Beispiel in den Weltreligionen, deren Gründer ja ihrerseits Mystiker waren
[171] a.a.O. S.195

Darüber hinaus erbrachten umfangreiche Studien von Psycholog*innen mit noch lebenden Mystiker*innen[172], die deutlich ein allgemeines Schema der erlebbaren Erleuchtungsstufen hervorbrachten. Die meiner Kenntnis nach deutlichsten dieser Erkenntnisse stellt das sog. Wilber-Combs -Raster dar, indem diese beiden folgende immer wieder zu beobachtende Stufen der Erleuchtung beobachten und daher durch Benennung zuordnen konnten. Danach gibt es vier solcher Stufen

grobstofflich - also das Wahrnehmen der materiellen Zusammenhänge -,

subtil - also so was wie in die Feinheiten gehend -,

kausal - also die Darstellung der eigentlichen Ursachen und Zusammenhänge – und

nondual -also das, was eben mit Teresa von Avila als „geheime Vereinigung" beschrieben wurde. Oder m.a.W. das Erleben der Einheit mit dem Ein-Einen -.

Ganz entscheidend aber, um die wirkliche Reichweite dieser neuen Einsicht zu verstehen, ist es sich bewusst zu sein, dass jeder Mensch auf jeder Entwicklungsebene des Geistes solche Erfahrungen machen kann. Das Problem aber, das daraus entsteht, folgt aus dem Umstand, dass jetzt solche Erfahrungen nur von der jeweils persönlich erreichten Weltsichtebene her interpretiert werden kann. M.a.W., wenn ma´u mal davon ausgeht, dass frühere Schamaninnen, die noch archaisch, magisch oder mythisch dachten, solche Erfahrungen machten[173], dann sind die aus solchen Erfahrungen herkommende Interpretationen von mehreren Faktoren abhängig.

---

[172] ja es gibt tatsächlich verschiedene Psycholog*innen, die es sich nicht „verbieten" lassen auch auf diesem „Grenzbereich" zu forschen
[173] wovon ma´u ja unbedingt ausgehen muss, da solche Erfahrungen ja auch noch derzeit von solchen Personen gemacht werden.

Zunächst ist die „Höhe" einer solchen Erfahrung auf dem Hintergrund der vier ersten Unterscheidungen zu beachten. Ma´u kann und muss davon ausgehen, dass wahrscheinlich die überwiegende Zahl der Personen mit solchen Erfahrungen auf der Stufe grobstofflich verblieb. Das war besonders dann zu erwarten, wenn diese Erfahrungen ihnen für ihre erhofften „heilenden" Aktivitäten ausreichten. Vielleicht waren auch manchmal die eine oder die andere Schamanin durch weitere solcher Erfahrungen auf die subtile oder gar kausale Stufe vorgedrungen. Aber wenn ma´u sich die Eigebundenheit der Menschen auf diesen Ebenen in die Gemeinschaft und die Natur vergegenwärtigt, dürften weiterreichende Erfahrungen für solche Menschen eher bedrohlich erschienen sein. Aber das ist eher Spekulation, da wir über solche Vorgänge aus dieser Zeit wenig bis gar nichts wissen. Darüber hinaus konnte es wohl auch vorkommen, dass es vereinzelt Personen gab, die solche Erfahrungen zur persönlichen Selbstdarstellung gebrauchten. Ja vielleicht sogar zur persönlichen „Überhebung" miss-brauchten.

Ein solcher Umgang damit verhinderte dann automatisch weitere Entwicklungen, da weder die Seele noch das Ein-Eine solche Entwicklungen jemals beförderten. Ich kenne absolut keine Hinweise in eine solche Richtung, eher das Gegenteil. Ma´u beachte hier solche Fälle wie manche indische „Gurus", die solche Fähigkeiten für Geld oder Sex „verkaufen" durch ihren darauf folgenden persönlich-menschlichen „Abstieg" belegen. Also ganz konkret; wie sieht jetzt zusammengefasst der „Aufstieg", beginnend bei der untersten Stufe des Abstiegs, der Materie aus? Betrachtet ma´u sich unter diesem Aspekt unsere Kenntnisse der allgemein geltenden Evolution[174], dann kann ma´u folgende „Reihung" aufzählen;

---

[174] siehe die obigen Hinweise zur allgemeinen Gültigkeit der erkennbaren Naturgesetze

aus der Materie entstand das Leben, damit die Empfindungen und dann die Wahrnehmungen,
daraus der „niedere" Geist (mind), mit dessen Hilfe die
Vernunft und
dann mit Hilfe der „Innenschau" – Erleuchtungserfahrungen – die Wahrnehmung und/oder erstens die
erste Erkenntnis dieses Ablaufs – siehe als Beleg Lao
tse – und
dann der Seele,
dann des GEISTES – Nous oder Über-Geist - und
zuletzt die Wiedervereinigung mit dem Ein-Einen.

Mit dieser Sicht auf die „Einheit des Wirklichen" können wir
wahr-nehmen – wenn wir es denn zulassen können – wie „alles" seit Beginn des Universums „abgelaufen" ist. Ja wir können
sogar erkennen, dass es das Ein-Eine war, das das alles hervorbrachte. Aber gibt es auch einen Hinweis darauf, warum das
Ein-Eine diesen ganzen Prozess in Bewegung setzte? Aber ja,
einen solchen gibt es auch. Aber diesen wahr-zu-nehmen, vor
allem ihn zu akzeptieren, setzt noch eine größere und umfassendere Akzeptanz „subtiler" Informationen voraus, als dies
schon für diejenige der großen Kette des Seins. Was meint dieser Satz?

b. Was meint in diesem Zusammenhang Er-
fahrung?

Ich muss an dieser Stelle vorab darauf verweisen, dass wir uns
mit dem Begriff der Er-Fahrung schon oben einigermaßen umfassend beschäftigten. Vielleicht zur Erinnerung; die wichtigsten Voraussetzungen, wie in unseren Köpfen Erfahrungen – Er-
Fahrungen - entstehen, bzw. mit Hilfe von Konstruktionen zu

neuen Begriffen werden, ist die Eigenständigkeit und Eigenaktivität, die dann zu diesen Eigen-Konstruktionen führt. Dazu nochmals deutlich die Beobachtungen und Erkenntnisse von Piaget, die ja die Basis dieses Verständnisse liefern. Die besten und wirkungsvollsten[175] Erfahrungen, auch und gerade bei Kindern, entstehen durch freiwillige und eigenaktive Tätigkeiten an oder mit Gegenständen. Diese wirken in diesem Sinne dann besonders umfassend, wenn sie dem/der Handelnden durch eigenbestimmtes aktives Handeln völlig neue Einsichten vermitteln. Oder, um es mit den Worten Piagets auszudrücken: Die Assimilationen, die während einer solchen Aktion im Gehirn des/der Handelnden ankommen, verändern dessen/deren „Bilder im Kopf" durch Akkomodation in die Richtung der neuen Erfahrung. Daraus entsteht das, was Piaget eine Konstruktion nannte. Was aber, um Himmels Willen, sollen diese erneuten Hinweise im Zusammenhang mit einem wie auch immer gearteten Verständnis im Sinne von „warum ist etwas und nicht nichts" bedeuten? Soll damit hier zum Ausdruck gebracht werden, dass dieses Ganze „Schauspiel" „Erschaffung eines Universums und darin ablaufender Evolutionen" – siehe das letzte Kapitel – deshalb „aufgeführt" wird, damit das Ein-Eine Erfahrungen machen kann? Sie werden es kaum glauben, genau das ist hier die Absicht.

Bevor ich die Belege für diese fast aberwitzige Aussage weiter ausbreite, vielleicht einige Vorbemerkungen. Wenn ma´u von einem Gottes-Bild der großen monotheistischen Religionen ausgeht, kann ma´u wohl kaum eine hier zutreffende Antwort in einem Sinne finden, wie sie die Sichtweise Jesu auf den „liebenden Vater"[176] begründen oder gar belegen könnte. Noch schwieriger wird das Ganze, wenn ich das Gott-Vater-Bild des

---

[175] im Sinne einer Veränderung des Denkens der Betroffenen gemeint
[176] vergl. das Gleichnis vom verlorenen Sohn.

AT betrachte. Hier bleibt eigentlich nur die „Vermutung", dass dieser Gott dies alles erschaffen hat, um seine umfassende Macht und Überlegenheit den „armseligen Wichten" (siehe die Wortwahl des AT) auf der Erde immer erneut zu demonstrieren.

Auch nur eine annähernd umfassendere Sicht auf eine/n mögliche/n Schöpfer/in[177] kann eine solche Sicht unmöglich akzeptieren. Diese entstammt alleine aus einer in den Himmel projizierten absolut patriarchal männlichen Vorstellung. Aber natürlich entsprach sie sehr wohl dem Denken der damaligen Zeit, in der das AT entstand. Ma´u kann übrigens davon ausgehen, dass diese Versuche der Kirchen, den Menschen solche Umstände zu vermitteln, mit zu den wichtigsten Gründen zählten, dass sich die heraufkommende Wissenschaft immer stärker von den Kirchen und deren Lehren distanzierten. Vor allem aber diese dafür bekämpften und dies zweifellos nicht zu Unrecht.

Nicht viel weiter hilft uns die Vorstellung des Hinduismus, dies alles, also das Universum und das Leben auf der Erde, sei nur lila, also ein Spiel. Ma´u kann wohl mit einigem Grund davon ausgehen, dass diese Sicht aus dem Versuch von Mystikern entstammt, die ihre Sicht nur aus ihrem damals möglichen und daher vorausgesetzten Denken herkommend erklären konnten. Hier ist besonders zu beachten, dass die Personen ihre je persönliche Sicht eh nur in Worte „einbinden" konnten, die in etwa das, was sie gesehen und/oder erfahren hatten, in einem solchen gebräuchlichen Wort übersetzten. Wie wir gleich sehen werden, ist das, was uns das „Alles-was-Ist" zu seinen Ab-

---

[177] eine umfassend gedachte schöpferische Wesenheit ist selbstverständlich immer weiblich **und** männlich.

sichten zu sagen hat, von dieser Sicht am wenigsten weit entfernt, wenn ma´u sie mit anderen Verständnisversuchen vergleicht.

Wie aber kommen wir hier weiter? Nun es gibt seit alters her Personen, die behaupteten, und dabei auch selbst von dem was sie zu sagen hatten völlig überzeugt waren, dass „Gott" **durch sie** sprechen konnte. Im AT nennt ma´u sie Propheten[178], die sowohl nach eigener Überzeugung als auch derjenigen, die an sie glaubten, im „Geiste" Gottes sprachen. In der jüngeren Europäischen Vergangenheit nannte ma´u diese Menschen Medien und in der jüngsten, eher anglikanisch geprägten Vergangenheit nennt ma´u diese Möglichkeit Channeling. Wieso führe ich solche Beispiele in einem Buch an, das durchaus den Anspruch erhebt wissenschaftlich bis philosophisch zu argumentieren? Dafür gibt es einen einzigen, aber unbedingt zu beachtenden Grund.

Alles, was jemals von Menschen sprachlich hervorgebracht wurde, die ma´u als beachtenswert einschätzte, wurde anschließend verstandes- und später vernunftmäßig[179] be-urteilt. Oder m.a.W., Menschen glaubten an solche Aussagen immer dann, wenn sie entweder ihren eigenen „Bildern im Kopf" entsprachen, oder die seinerzeit bestmögliche[180] Antwort und Erklärung welcher Art von Frage auch immer darstellten. Dies galt und gilt bis heute für jede Antwort welcher Wissenschaft oder Denkrichtung auch immer. Beurteilen Sie selbst nach dem

---

[178] jeder ihrer aufgeführten Texte beginnt mit den Worten: „Denn der Herr redet" (Jesaja), „Und des Herrn Wort geschah zu mir und sprach" (Jeremia), oder „Da geschah des Herrn Wort zu Hesekiel" usw.

[179] Verstand ist nach Kant die Verwendung von Begriffen und Vernunft diejenige von Ideen

[180] unter umfassender Anwendung von Verstand oder Vernunft

Lesen der folgenden Zitate, ob diese diesen Kriterien entsprechen. Oder anders formuliert; fragen Sie sich, ob Sie zu diesen Fragen schon jemals bessere, oder - nach gründlicher Überprüfung natürlich, wobei Sie aber unbedingt versuchen sollten, von den Weltsichtebenen des zweiten Grades auszugehen – nachvollziehbarere Erklärungen gehört oder gelesen haben.

Der folgende Text entstammt dem dreibändigen Werk „Gespräche mit Gott" von Neal Donald Walsch. GOTT[181] beginnt darin seine/ihre Aussage mit den Worten; „Am Anfang war nur das, was Ist, und nichts anderes". - Ab hier folgen manchmal einige abkürzende Zwischenbemerkungen -. „Aber dieses Ist war einerseits absolut, also auch absolut alleine, aber nach seinen/ihren eigenen Aussagen zwar allwissend, aber eben nur begrifflich allwissend". Aber schon dieses Ist erkannte; „solange ein Begriff, eine Idee nicht zur Erfahrung wird, bleibt alles nur Spekulation". Und er/sie spricht weiter; „Ich habe lange Zeit über mich spekuliert. Länger als ihr und ich uns gemeinsam daran erinnern können. Länger als das Alter dieses Universums mal des Alters des Universums". Dabei wurde ihm/ihr irgendwann bewusst, dass „da nichts anderes war. Und so konnte und würde es sich niemals von einem anderen Bezugspunkt außerhalb seiner selbst kennenlernen. Ein solcher Punkt existierte nicht".

Es existierte nur „das <Ist/ist-Nicht>. Das Bin/Bin-Nicht". Und so wurde ihm/ihr irgendwann völlig klar; wenn er/sie sich irgendwann selbst erfahrungsgemäß kennenlernen will, musste er/sie sich aufteilen. „Und so teilte sich Alles-Was-Ist in sich selbst – wurde in einem gloriosen Augenblick das, was dies ist, und das, was das ist. Zum ersten Mal existierten dies und das gesondert voneinander. Und doch existierte beides zugleich

---

[181] ich schreibe dieses Wort so, weil ich damit immer die umfassendere Sicht der Mystiker*innen meine.

und tat all das, was **keines von beidem** war. So kam es, dass plötzlich *drei Elemente* existierten: Das was **hier** ist. Das, was **dort** ist. Und das, was **weder hier noch dort** ist, aber **existieren muss**, damit **das Hier und das Dort** existieren können. Es ist das Nichts, in dem alles enthalten ist".

Noch deutlicher, aber auch einfacher kann ma´u diesen Vorgang nicht ausdrücken. Danach beginnt aber erst das, was wir dann sowohl den Urknall oder die Schöpfung des Universums nennen. Dieses war erforderlich, um „sich" nicht nur weiter zu teilen, sondern auch um relative materielle Welten zu schaffen, denn nur auf diesen kann Lebendigkeit als Voraussetzung von Erfahrung hervorkommen. Und so teilte sich das Alles-Was-Ist weiter. „Mit dieser Teilung meiner selbst verfolgte ich das göttliche Ziel, genügend Teile von mir zu erschaffen, damit ich mich **erfahrungsgemäß kennenlernen kann**. Der Schöpfer hat nur eine Möglichkeit, sich in der Erfahrung als Schöpfer zu erkennen: Er muss erschaffen. Und so gab ich all den zahllosen Teilen meiner selbst (allen seinen Geist-Kindern – also auch uns Menschen) die **gleiche Macht zu erschaffen**, die ich als Ganzes besitze". Aber alle diese Prozesse setzten einen eigenen Prozess in Gang, nämlich das, was wir Evolution nennen. Evolution ist aber nichts anderes, als das göttliche Wissen mit Hilfe lebender Wesen in Erfahrung zu verwandeln und damit das Sein zu erschaffen. Oder mit den Worten des Alles-Was-Ist: „Evolution bedeutet; **wissend, erfahrend, seiend**. Das ist die Heilige Dreifaltigkeit – die Dreifaltigkeit Gottes.

> Gott der Vater ist **wissend** – der Urheber aller Einsichten, der Urheber aller Erfahrungen, denn ihr könnt nicht erfahren, was ihr nicht wisst.
> Gott der Sohn ist **erfahrend** – die Verkörperung, das Ausagieren all dessen, was der Vater von sich selbst weiß, denn ihr könnt nicht sein, was ihr nicht erfahren habt.

Gott der Heilige Geist ist **seiend** – die *Ent*körperlichung all dessen, was der Sohn von sich selbst erfahren hat; der einfache, vollkommene Zustand des Seienden ist nur möglich durch die Erinnerung an das Wissende und das Erfahrende.

Dieses einfache Seiende ist Seligkeit. Es ist der Gotteszustand, nachdem er sich selbst erkannt und erfahren hat. Es ist das, wonach Gott sich am Anfang sehnte". Lao tse drückt diesen Umstand wie folgt aus: „Der SINN (tao = GOTT) erzeugt. Das LEBEN nährt. Die Umgebung gestaltet. Die Einflüsse vollenden (daher Evolution). Darum ehren alle Wesen den SINN und schätzen das LEBEN". M.a.W., das Leben ist die aus GOTT entlassene Wirklichkeit, die Wissen mittels Erfahrung in Sein wandelt. Daher kann auch Hans-Peter Dürr sagen, dass letztlich alles Wirkliche Leben und Liebe ist.

Um es nochmals mit den Worten des Alles-Was-Ist, oder wenn Sie wollen GOTT auf den Punkt zu bringen: „Ich bin Leben, denn ich bin der Stoff, aus dem das Leben ist. Aus dem Kein-Ding ging Alles hervor – ein spirituelles Ereignis, das völlig vereinbar, identisch ist mit dem, was eure Wissenschaftler die Theorie des Urknalls nennen. Mit der rasend schnellen Ausbreitung der Elemente wurde die Zeit erschaffen, denn ein Ding, war erst **hier**, und dann war es **dort** - und die Dauer seiner Bewegung von hier nach dort war messbar". M.a.W., es war GOTT der den Urknall hervorbrachte, um Welten zu erschaffen, auf denen seine Geistkinder, also letztlich auch wir Menschen durch Erschaffen, oder „Erfahrungen machen", begriffsmäßiges Wissen eben in Erfahrung verwandeln sollen. Es ist letztlich der gleiche Prozess den ich ebenfalls schon oben mit Piaget darstellte; erst Erfahrung kann Wissen „fassbar, fühlbar" machen, was letztlich auch die Voraussetzung des selbständigen Denkens ist, Hier liegt auch der Grund, warum es unser Bildungssystem dringend verhindern muss.

Um den Zusammenhang wirklich zu verstehen, hier nochmals einen weiteren Teil des obigen Zitates: „Dem Plan gemäß betratet ihr als reiner Geist das eben geschaffene physikalische Universum. Das deshalb, weil ihr nur über die **Physikalität** erfahrungsgemäß das kennenlernen könnt, was ihr auf begrifflicher Ebene wisst. Dies ist tatsächlich der Grund, warum ich den physikalischen Kosmos überhaupt erschaffen habe – und das Relativitätssystem, das ihn und alle Schöpfung regiert. Nachdem ihr, meine geistigen Kinder, erst einmal im physikalischen Universum existiertet, konntet ihr erfahren, was ihr über euch selbst wisst – aber zunächst **musstet ihr das Gegenteil kennenlernen**. Um es etwas vereinfacht zu erklären: Ihr könnt euch nicht selbst als großgewachsen erkennen, solange euch nicht bewusst ist, dass es auch die Kleinwüchsigkeit gibt. Ihr könnt nicht den Teil von euch, den ihr dick nennt, erfahren, solange ihr nicht auch das Dünne kennt.

Daraus ergibt sich letztlich die logische Schlussfolgerung, dass ihr euch nicht als die, die ihr seid, erfahren könnt, solange ihr nicht dem begegnet seid, was ihr nicht seid. Das ist der Zweck der Relativitätstheorie und allen physischen Lebens. Ihr definiert euch über das, was ihr nicht seid. Nun, im Fall der letztlichen oder höchsten Erkenntnis – des Sich-Selbst-Erkennens als Schöpfer – konntet ihr euch nicht selbst als Schöpfer **erfahren**, solange und bis ihr nicht selbst **erschafft**. Und ihr könnt euch nicht selbst erschaffen, solange ihr euch nicht selbst **auslöscht**. In gewissem Sinn müsst ihr erst **<nicht sein>, damit ihr sein** könnt. Natürlich könnt ihr keinesfalls nicht sein, wer und was ihr seid - ihr **seid** es einfach (reiner schöpferischer Geist), ihr wart es und werdet es immer sein. Also habt ihr das Nächstbeste getan: Ihr **habt euch dazu gebracht zu vergessen, wer ihr wirklich seid**. Beim Eintreten ins physikalische Universum, habt ihr **die Erinnerung an euch selbst aufgegeben.** Das gestattet euch, die Wahl zu treffen, wer-ihr-sein-wollt, statt sozusagen einfach im Schloss aufzuwachsen"[182].

Aber diese hier durch GOTT angezeigte Relativität geht noch viel tiefer und zwar ganz besonders in die Richtung einer Erfahrbarkeit von Liebe. Er/sie beginnt zunächst mit einer wunderbaren Definition von Liebe. „**Liebe ist Die höchste, letztendliche Energie. Das Alles. Das Gefühl der Liebe ist eure Erfahrung von Gott.** Innerhalb der höchsten Wahrheit ist Liebe alles, was existiert, alles, was war, und alles, was je sein wird. Wenn du dich in das Absolute begibst (siehe das Thema Erleuchtung), begibst du dich in die Liebe."[183] Können Sie sich an den Satz von Hans-Peter Dürr erinnern; „alles was ist, ist Leben und Liebe"? Können Sie nachvollziehen, warum ich von einer solchen Vorstellung aus, den „Weg" in solche Texte fand, wie ich sie hier zitiere? Haben Sie je eine bessere, nachvollziehbarere Beschreibung dessen gelesen, was ma´u sich unter Liebe vorstellen könnte? Ich nicht.

Und genau hier, an diesem Zusammenhang liegt der Grund, warum ich es unternehme, in einem solchen Werk solche Texte aufzunehmen. Aber gerade in diesem Zusammenhang ist auch eine Erfahrung von Liebe nichts, was sozusagen „vom Himmel fiele". Und so fährt er/sie fort: „Gott wusste, dass die Liebe nur existieren – und sich selbst **als reine Liebe erkennen** – konnte, wenn ihr genaues Gegenteil ebenfalls existierte. So erschuf Gott vorsätzlich die große Polarität. Das absolute Gegenteil von Liebe – alles was Liebe nicht ist – was nun Angst genannt wird. In jenem Moment, in dem die Angst existierte, konnte die Liebe als ein Ding existieren, **das zu erfahren nun möglich war.**

---

[182] beide Zitate erneut Walsch
[183] erneut Walsch

Diese Erschaffung der Dualität zwischen Liebe und ihrem Gegenteil ist das, was die Menschen in ihren verschiedenen **Mythologien als die Geburt des Bösen**, den Sündenfall Adams, die Rebellion Satans und so weiter bezeichnen".

Mit den letzten Sätzen verweist GOTT aber auf das, was wir üblicherweise als Religionen bezeichnen. Entscheidend ist aber gerade in Bezug auf das Thema der Religion, von welcher Weltsichteben wir sprechen, denn jede existente Religion wurde von dadurch hervorgebrachten Sichtweisen er-schaffen. Um es kurz aufzuzählen;

> im Stammesdenken haben wir den Totemismus auf der Basis einer „großen Mutter";
> auf der Ebene des egoischen Denkens die männlich dominierten Götterhimmel,
> im mentalen Denken wurde der Monotheismus „erfunden".

Aber alle diese Religionen waren eben immer auch eine Antwort auf die immer existente Frage, was wir als den Sinn des Lebens schlechthin ansahen. Da aber auch gerade diese Antworten von den jeweiligen Weltsichtebenen bestimmt sind, kommt hier in besonderer Weise das patriarchale Denken zum Tragen. Oder anders gewendet; jede auf diesem Denken aufbauende Theologie bestätigt im Grundsatz dieses Denken. Und so kann er/sie deutlich sagen: „Alles – und somit auch die Grundlage der Theologie (die uns ja solche <Antworten> auf unsere Fragen gibt) – hängt davon ab, was ihr als den Sinn des Lebens anseht.

> Wenn ihr glaubt, dass das Leben ein Test, eine Prüfung, eine Probe darstellt, in der ihr auf Herz und Nieren geprüft werdet, um festzustellen, ob ihr <würdig> seid, (was ja praktisch alle Religionen mehr oder weniger

deutlich betonen), dann ergeben eure Theologien einen gewissen Sinn.

Wenn ihr glaubt, dass das Leben als eine *Gelegenheit*, als Prozess existiert, durch den ihr entdeckt – euch erinnert -, dass ihr würdig **seid** <und es immer wart>, dann scheinen eure Theologien hirnrissig zu sein.

Wenn ihr glaubt, dass Gott ein egoerfüllter Gott ist, der Aufmerksamkeit, Anbetung, Wertschätzung und Zuneigung verlangt – **und tötet, um sie zu bekommen** -, dann haben eure Theologien einen gewissen Zusammenhang.

Wenn ihr glaubt, dass Gott ohne Ego oder Bedürfnis ist, **sondern die Quelle aller Dinge und der Sitz aller Weisheit und Liebe**, dann fallen eure Theologien auseinander.

Wenn ihr glaubt, dass Gott ein rachedurstiger Gott ist, eifersüchtig in seiner Liebe und grimmig in seinem Zorn, dann sind eure Theologien perfekt.

Wenn ihr glaubt, dass Gott ein friedvoller Gott ist, voller Freude in ihrer Liebe und leidenschaftlich in ihrer Ekstase, dann sind eure Theologien nutzlos.

Ich sage dir dies: Der Sinn des Lebens besteht nicht darin, dass ihr Gott erfreut und gefällig seid. Der Sinn des Lebens besteht darin, dass ihr die, die-ihr-seid, erkennt und wiedererschafft. Und wenn ihr das tut, **erfreut** ihr Gott und verherrlicht **sie** auch"[184].

Um nochmals den oben erwähnten Grundsatz zu betonen. Wir sind hier, um Erfahrungen zu machen und mit Hilfe dieser Erfahrungen das göttliche Gebot des Er-Schaffens zu befolgen. Aber GOTT betont ebenfalls sehr deutlich: „Ihr werdet mich nie

---

[184] Alle diese Zitate entstammen dem ersten Band „Gespräche mit Gott" von Walsch

in eurem **verstandesmäßigen Bewusstsein finden**" und er/sie
fügt hinzu: „Kommt zu mir auf dem Weg des Herzens, nicht
über eine Verstandesreise", siehe das Thema Mystiker*innen.
Spätestens an dieser Stelle wird deutlich, dass eine zukünftige
Beachtung, ja Wertschätzung der Erkenntnisse der Mystiker*innen erst die Voraussetzungen dafür schaffen, den hier
mit diesen Zitaten deutlich betonten Auftrag unseres Lebens
generell erreichen zu können, sonst aber auf keine Weise.

Natürlich bin ich mir völlig des Umstandes bewusst, dass rational denkende Menschen, insonderheit Wissenschaftler*innen
diese meine hier ausgebreiteten Gedanken ablehnen werden.
Aber dann sollten sie endlich auch zu den oben angesprochenen Problemen wirklich nachvollziehbare Erklärungen anbieten. Das gilt aber nicht nur für die Seele oder den GEIST. Dies
gilt vor allem für alle feinstofflichen Phänomene, wie z.B. die
Aura, die Akupunktur, die ASW – außersinnliche Wahrnehmung -, PK-Phänomene[185] - Nahtoderlebnisse usw. usw. Weiterhin so zu tun, trotz immer umfangreicherer Beweise[186], als
gäbe es das alles nicht, ist schlicht unverantwortlich. Diese Da-
men und Herren sollten sich doch bitte mal die Geschichte der
Wissenschaften selbst anschauen. Thomas S. Kuhn hat in seinem Buch „Die Struktur wissenschaftlicher Revolutionen" genügend Beispiele vorgelegt, wie sehr sich der Glaube an gerade
anerkannte Paradigmen absolut hinderlich für die Entwicklung
der Wissenschaften insgesamt erwies. Es wäre dringend an der
Zeit, dass sich das ändert und sich eine Grundeinstellung aus-
breitet, die andere Sichtweisen gelten lässt, selbst wenn sie
den eigenen Überzeugungen nicht entsprechen. Ein besonders
bezeichnendes Beispiel ist hier das Genie Albert Einstein, der

---

[185] Psychokinese = eine Veränderung – z.B. Temperatur – oder Bewegung – Ortsveränderung – eines Gegenstandes durch eine unbe-
kannte psychische „Kraft".
[186] siehe das Thema Kirlianfotografie

die „Behauptung" der Quantenphysiker der Nichtlokalität[187] nicht nur nicht glaubte, sondern mit allen Mitteln bekämpfte.

c. Was ist also Wirklichkeit, bzw. Realität?

Nach den bis hierher vorgetragenen teils völlig neuen Sichtweisen und den dazu angeborenen Erklärungen, ist ein Umstand völlig klar; alle unsere „Bilder im Kopf" sind letztlich die Folge unseres jeweiligen Denkens und Sprechens. Wichtig ist aber zu beachten, dass diese unsere speziell menschlichen Fähigkeiten ihrerseits auf den jeweiligen Weltsichtebenen „aufruhen", bzw. aus diesen hervorgehen. Ma´u kann sich diesen Umstand mit Hilfe eines kleinen Gedankenexperimentes verdeutlichen, der ein sehr bezeichnendes Licht auf die obige Frage wirft. Frage; was ist ein Hund? Na klar doch, ein Tier. Aber waren denn die dabei in unseren Köpfen erschienenen „Bilder" im Laufe der Zeit immer identisch? Keineswegs.

Auf den Ebenen archaisch und magisch ist ein Hund natürlich auch ein Tier, aber er ist auch Träger eines Tiergeistes. Ma´u erinnere sich an die Ausführungen über Totems. Auf der mythologischen Ebene ist ein Hund ein von Gott erschaffenes Tier, aber natürlich hat er hier keinen speziellen Geist mehr. Auf der rationalen Ebene wird die Erschaffung allen Lebens „durch Gott" kategorisch zurückgewiesen. Da ist er das Ergebnis der natürlichen Evolution, speziell nach der Theorie von Darwin, also letztlich ein Ergebnis von Mutation und Selektion. Und auf

---

[187] Diese „Behauptung" wurde etwa 20 Jahre nach Einsteins Tod durch Alain Aspect u.a. als zutreffend bestätigt.

der Ebene des zweiten Grades gibt es dann zwar auch eine Evolution, aber diese ist das Ergebnis von RNA und DNA Replikationen, die sich nach evolutionshistorisch bedingten speziellen Gegebenheiten der Natur richten.

Hier wird ganz offensichtlich, dass unsere jeweiligen Interpretationen von Realität und/oder Wirklichkeit immer von den jeweiligen Weltsichtebenen geprägt sind. Dass sich diese Prägung dann durch das Denken und die Sprache umsetzen muss, um wirksam zu werden, liegt „in der Natur der Sache", speziell unserer menschlichen. Oder anders gewendet; jede Form dessen, was wir in einer ganz bestimmten historischen Situation unter den Begriffen Realität oder Wirklichkeit verstehen, ist jeweils ein Ergebnis der in dieser Zeit zugrundeliegenden dominanten Weltsichtebene und dem durch diese „vorgegebene" Form des jeweiligen Sprechens und Denkens.

Wenden wir uns nun speziell dem Begriff der Realität zu. Wie schon oben deutlich wurde, ist speziell der Begriff der Realität ein vor allem mental-rationales Denk-Ergebnis, das wir dann natürlich auch sprachlich umsetzen. Aber nochmals ganz bezeichnend; das mentale, und hier ganz besonders das rationale Sprechen und Denken sind die Folgen einer dreidimensionalen Sicht auf die Natur. Darüber hinaus bietet sie noch dazu eine umfassende Begründung für die schon im patriarchalen Denken angelegte Dominanz von uns Menschen gegenüber der Natur an, bzw. stellt eine solche bereit. Dieser Umstand kommt vor allem in dem Satz „machet Euch die Erde untertan" zum Ausdruck.

Aber das war sozusagen nur der Anfang. Die grundlegende Veränderung unserer Sprache in ihrer Grammatik – siehe nochmals das Thema Subjekt, Prädikat, Objekt - und damit natürlich auch unseres Denkens allgemein, insonderheit in Richtung der immer umfassenderen „Erfindung" und Anwendung von Substantiven und Verben, brachte diese ganze Entwicklung auf einen Weg, der immer lebensbedrohlicher wurde und immer mehr wird.

Der erste Umstand den es hier zu beachten gilt, bezieht sich auf unsere immer selbstverständlicher werdende Außenorientierung unseres Sehens und daher kommenden Denkens. Um es mit den Worten Arno Gruens auszudrücken: „Realität ist nicht die Wahrnehmung der Wirklichkeit, wie sie ist, sondern die Anpassung an die Verhaltensnormen einer Gesellschaft"[188]. Im rationalen Denken kann ma´u dies besonders gut beobachten. Hier betrachtete ma´u alles nicht-rational begründbare entweder als un-sinnig, also letztlich ohne Sinn, oder versuchte und versucht es bis heute auf rein materiell biologische Bezüge zu reduzieren. Ein besonders gutes Beispiel stellt hier die biologisch-naturwissenschaftliche Erklärung von Gefühlen dar. Danach sind diese „nur" die Folgen hormonell gesteuerter „biologischer" Bedürfnisse (??). Dies gilt z.B. für die Liebe, die als „Begleiterscheinung" (??) der biologisch „erwünschten" Fortpflanzung dargestellt wird. Noch unsinniger geht es nicht.

Dieser Zusammenhang kommt noch deutlicher in einer der jüngsten „Erfindungen" des rationalen Denkens zum Vorschein, der Systemtheorie. So formulierte Niklas Luhmann – einer der bedeutendsten Vertreter dieses Denkens - in „Liebe als Passion" (1982) romantische Liebe als ein Phänomen der Moderne. Dieses hätte seine Grundlegung vor allem im Bürgertum des 18. Jahrhunderts erfahren. Liebe fungiert nach ihm in der heutigen funktional ausdifferenzierten Gesellschaft in erster

---

[188] A.G. „Der Verlust des Mitgefühls" S.38

Linie als „symbolisch generalisiertes Kommunikationsmedium", das unwahrscheinliche Kommunikation wahrscheinlich machen soll. Und warum ist das so?

Das kommt danach daher, dass sich die Gesellschaft immer stärker in einzelne Teilbereiche ausdifferenziert. Jedes Individuum ist nicht mehr nur in einem Bereich, zum Beispiel der Familie verwurzelt (??), sondern in vielen Teilbereichen, etwa Freizeit oder Beruf. Darüber hinaus ist er/sie immer auch nur teilweise in einem dieser Bereiche verortet und bewegt sich ständig zwischen diesen hin und her. Aufgrund dieser kommunikativen „Polykontextualität" erschwere sich die identitätsbildende Interaktion. Dem Einzelnen fällt es vor diesem Hintergrund zunehmend schwerer, sich selbst zu bestimmen. Hinzu kommt, dass diese Individualität und Identität im kommunikativen Austausch mit anderen bestätigt werden muss. Diese „höchstpersönliche" Kommunikation nimmt in einer derart ausdifferenzierten Gesellschaft aber ständig ab. Zum einen wird durch die Vielzahl an Rollen in den beschriebenen Teilbereichen (zum Beispiel als Tochter, Sekretärin, Freizeitseglerin etc.) dort auch nur unpersönliche Kommunikation erfahren. Und zum anderen begreift sich der Mensch als Individuum, also als etwas Besonderes, Einzigartiges, anders als die Anderen.

Angesichts dieser Entwicklung ist es nicht nur schwierig, miteinander in Kontakt zu treten, es wird auch schwierig, einander überhaupt noch zu verstehen bzw. die Motivation zu finden, sich auf einen doch so Besonderen, Anderen einzulassen. Genau dieses Problem zu bewältigen ist – in dieser Theorie – Aufgabe der Liebe. Der Systemtheoretiker Peter Fuchs definiert Liebe daher als „wechselseitige Komplettannahme im Modus der Höchstrelevanz". Liebe als Kommunikationsmedium motiviert dazu, sich dem Anderen unter Ausblendung von Idio-

synkrasien (Überempfindlichkeiten) in seiner „Ganzheit" zu nä-
hern und nicht unter der verengenden Perspektive des jeweiligen Sozialsystems (zum Beispiel als Freizeitsegler). Durch diese
Komplettannahme entsteht eine wechselseitige Bestätigung
des „Selbst-Seins" und des jeweiligen „Weltbezugs". Liebe,
bzw. genauer das Intimsystem, das im Medium Liebe operiert,
ist eine Vorform des Sozialsystems Familie, dem grundlegende
gesellschaftliche Funktionen zukommen (nämlich Reproduktion und Sozialisation). Des Mediums Liebe bedarf es, da unwahrscheinliche Ereignisse[189] erwartbar gemacht werden müssen. Liebe ist also wie Geld oder Macht ein sogenanntes Steu-
erungsmedium, das die Chance auf das Eintreffen unwahr-
scheinlicher Sinnzumutungen steigert. Überraschend ist dabei
jedoch, dass Intimsysteme auf dem paradoxen, komplexen und
sehr täuschungsempfindlichen Medium Liebe basieren" (teils
Wik).

Es gibt wenige Texte, die mir begegneten, die die Abartigkeit
wissenschaftlicher Erklärungsversuche zutiefst menschlicher
Grundzustände, wie gerade den der Liebe, auf eine Art erklären, die einen solchen dadurch umfassend zerstören. Der
schon erwähnte bedeutende Analytiker Arno Gruen bringt
diese Art von Sichtweisen auf uns und das daher kommende
Denken in seinem oben benannten Buch mit folgenden Sätzen
sehr gut auf den Punkt: „So kommt es, dass ein Bewusstsein,
das nur Ideen gehorcht, das also nicht das freie Spiel der Gefühle im Erleben von Freude und Schmerz kennt, sich versklavt
und destruktiv wird. In dem Maße, in dem wir uns den Ideen
(und Ideologien) überlassen, werden wir das für Gefühle halten, was tatsächlich nur eine Vorstellung von dem ist, was wir
meinen, was wir fühlen sollten".

---

[189] zwei Menschen begegnen sich unter Millionen anderen und begründen und stabilisieren ein Zusammenleben

Es ist ja insbesondere eine solche Sicht auf uns Menschen, die entscheidend mit dazu beiträgt, dass wir ohne zu überlegen oder gar zu zögern in der Lage sind uns selbst und unsere Umwelt zu zerstören. Und dies ohne dass wir noch bereit wären auf die damit verbundenen Gefühle von Angst aus dieser Bedrohung zu reagieren. Und dies gilt ganz besonders für Naturwissenschaftler. Der bedeutende Analytiker H.E. Richter hat in seinem Buch „Die hohe Kunst der Korruption" diesen Umstand absolut deutlich beschrieben. Danach „sind Naturwissenschaftler in aller Regel Menschen, die einwandfrei sachlich funktionieren wollen und emotionalen Autoritätskonflikten eher aus dem Weg gehen. Es liegt ihnen, sich nüchtern nur mit abstraktem Messen, Zählen und Rechnen zu beschäftigen. Keine Sensibilität stört ihren Ehrgeiz, die Natur in kleine Teile zu zertrümmern, mit den Trümmern zu spielen und diese, wenn es geht, zu neuen künstlichen Produkten zusammenzusetzen. Was sie dabei an natürlichen Lebenszusammenhängen kaputtmachen, erschreckt sie nicht, weil sie es gar nicht gefühlsmäßig registrieren. **Wenn überhaupt, spüren sie das Gewaltmäßige ihrer Natureingriffe als Triumph menschlicher Naturbeherrschung"**[190].

Das derzeitige Problem einer vom rationalen Denken beherrschten Sicht der Realität[191], kann kaum besser dargestellt werden. Allerdings setzt das dann voraus, dass uns bewusst ist, in welchem Maße die Wissenschaft – neben der Wirtschaft – im modernen Denken die Rolle einer Religion übernommen hat. Oder anders gewendet; diese umfassende Außenorientierung von uns Menschen, gilt als Religionsersatz zum derzeitigen Grundansatz[192] all unseres Denkens und Handelns. Dieser

---

[190] a.a.O. S.167 Hervorh. P. Schlabach
[191] also alles was **ist** und mit diesen Begriffen „in den Griff" zu kriegen ist.
[192] im Sinne von religiös bestimmter „Gläubigkeit".

wird aber seinerseits entschieden von der patriarchal-autoritären Gehorsamserziehung mit hervorgebracht.

Es wurde und wird aber jetzt durch ihre wichtigsten Vertreter*innen, eben den Wissenschaftler*innen und den Geldeliten immer erneut bestätigt. Und es ist die Erklärungsform des Begriffs der Realität, die ja alles Begegnende im Sinne des mentalem, vor allem aber rationalem Denken darstellt. Indem aber dieses Denken hierfür die Voraussetzungen dieses Sprechens, Denkens und Handelns liefert, wird dieses damit völlig einseitig „begrenzt" bis verzerrt. Dass uns das letztlich nur ins Chaos führen kann, wie es Gebser ausdrückte und jederma´u erkennen kann, der/die bereit ist, „wahr"-zu-nehmen, was ihm/ihr täglich begegnet, wird hier schlicht übersehen bis ignoriert.

Aber genau hier erscheint nun ein weiteres Problem unserer üblichen Sicht von Realität. Nämlich diejenige unserer gesellschaftlichen Realität, oder m.a.W., das was wir täglich zu sehen und zu hören bekommen und nach dem wir uns dann verhalten. Wie schon mehrfach angesprochen, bestimmt die immer noch umfassend vermittelte Grundeinstellung aller patriarchalen Kulturen ganz einfach **gehorsam** zu sein. Die daraus herkommende Lebenseinstellung erzwingt aber dann, sich den diese Einstellung verbreitenden Autoritäten zu unterwerfen. Diese immer noch gültige Maxime aller machhierarchisch organisierten Gesellschaften bildet immer noch die Grundlage unserer „Bilder im Kopf" und damit unseres Verhaltens.

Das Schlimme daran ist aber, dass uns diese Autoritäten damit umfassend vorgeben, was wir auch im täglichen Leben zu „glauben" haben. Ja ganz besonders was für uns „gut" ist[193], auch wenn es uns massiv schädigt. Auch zu den Folgen einer

---

[193] in der Regel sind dies Umstände, die im Interesse der gesellschaftlichen Eliten liegen, wie z.B. der immer mehr ausufernde Konsum.

solchen Einstellung finden wir in den Büchern von Walsch eine sehr gute Analyse. „Sie (die Menschen) sehen, dass das Fernsehen ihre Kinder ruiniert, und ignorieren es. Sie sehen, dass Gewalt und <Verlieren> als Elemente der Unterhaltung eingesetzt werden und leugnen den Widerspruch, der darin liegt. Sie beobachten, dass Tabak den Körper schädigt, und geben vor, dass es nicht so ist. Sie sehen einen Vater, der trinkt und misshandelt und missbraucht, und die ganze Familie leugnet es ab und lässt niemanden ein Wort darüber sagen. Sie beobachten, dass die Religionen über Tausende von Jahren hinweg rein gar nichts am kollektiven Verhalten zu ändern vermochten und streiten es ab. Sie sehen ganz klar, dass ihre Regierungen mehr zur Unterdrückung beitragen, als dass sie Hilfestellung leisten, und auch das ignorieren sie".

Das wirkliche Problem, das aus diesem heute fast selbstverständlichen Verhalten der weitaus meisten Menschen folgt, ist eine Grundeinstellung dem Leben gegenüber, die sich ausschließlich an den Grundpositionen der Wirtschaft orientiert. Aber auch diese kommt ja ihrerseits aus dem rationalen Denken her. Hier zählt nur der Profit und der persönliche Erfolg in einem immer umfassenderen Konkurrenzdenken besonders im Sinne von Überlegenheit gegenüber anderen Und dies gilt sowohl im wirtschaftlichen als auch im Privatbereich. Oder m.a.W., alle Verhaltensweisen und Handlungen werden nur noch an dem Nutzenprinzip orientiert, so nach dem Motto, was bringt mir das, welchen Nutzen habe ich davon oder damit.

Ma´u fasst diese Sicht auf uns und unsere derzeitige Gesellschaft immer häufiger mit dem Begriff einer Marktwirtschaftsgesellschaft zusammen. Diese Grundeinstellung verbreitet sich immer mehr, bis hinein in die privatesten Bereiche, wie z.B. auch und gerade in Beziehungen. Leider immer häufiger auch gegenüber den Kindern. Daher kommt es dann auch, dass unsere Beziehungen ganz in der Marktlogik immer mehr durch immer häufigere Wechsel der Partner/innen bestimmt sind. Wenn sie sich hier nochmals die Sichtweise von Liebe in der Systemtheorie ansehen, die ja umfassend ein solches Verhalten mit hervorbringt und rechtfertigt, dann können sie das gut nachvollziehen. Dass eine solche Einstellung aber gleichzeitig eine totale, vor allem kritiklose Unterwerfung unter dieses System beinhaltet, das damit auch immer mehr das zerstört, was ma´u mit dem Begriff von Menschlichkeit meint[194], ist wohl kaum jemandem bewusst.

Könnte uns denn hier eventuell der Begriff der Wirklichkeit weiterhelfen? Ja und nein, das hängt eben ganz davon ab, wie wir ihn definieren, bzw. was wir darunter verstehen. Nochmals ganz deutlich; alles was wir denken und/oder sprechen, gründet auf der jeweils herrschenden Weltsichtebene, in unserem derzeitigen Falle dem rationalen Denken. Wenn es also dieses ist, auf das wir eine mögliche Erklärung dieses Begriffs zurückbeziehen, dann kommen wir hier keinen Schritt weiter. Oder m.a.W., alle Versuche mit Hilfe des rationalen Denkens Wege aus unserem Dilemma zu finden[195] sind schon bisher gescheitert und werden auch weiterhin scheitern. Wir können eben in diesem Denken die eigentlichen Probleme dieses Denkens[196] überhaupt nicht erkennen.

Aber könnten wir denn nicht mit Hilfe einer neueren, weiterführenderen Beschreibung bzw. Vorstellung dieses Begriffs weiterkommen. Oh ja das könnten wir, insonderheit wenn er

---

[194] siehe das immer deutlicher werdende „Verschwinden" von Sitte, Moral und Ethik
[195] sofern denn solche aus diesem Denken heraus unternommen werden, was eher unwahrscheinlich ist.
[196] wie das ja für alle Ebenen des ersten Grades gilt, s.o.

sich auf das Denken des zweiten Grades der dann aktuellen Weltsichtebenen eben des zweiten Grades bezöge. Ich erinnere nochmals an die wichtigsten Grundbezüge dieses Denkens;

> **die Großartigkeit der Existenz wird höher geschätzt, als materielle Besitztümer;**
> **Flexibilität, Spontaneität und Funktionalität haben höchste Priorität;**
> **Wissen und Kompetenz, werden Rang, Macht und Status ersetzen;**
> **die Welt ist ein einziger dynamischer Organismus mit kollektiver Vernunft;**
> **ein Selbst** ist sowohl ein klar unterschiedener als auch ein **mit einem größeren, mitfühlenden Ganzen verbundener Teil;**
> **alles verbindet sich in ökologischer Ausrichtung mit allem;**
> **Energie und Information durchdringen die gesamte terrestrische Umwelt;**
> **holistisches, intuitives Denken und kooperatives Handeln werden entstehen.**

Oder, um es mit den Worten Jean Gebsers, im Sinne des aperspektivischen = außerhalb aller Dimensionen stehenden Denkens, zu benennen:

> **das Ganze, oder die Ganzheit im Sinne von allem hängt mit allem zusammen.**
> **Durchsichtigkeit, Überwindung des Ich,**
> **Realisierung der Zeitlosigkeit, Zeithaftigkeit, Zeitfreiheit, des Begriffs der Zeit,**
> **Zerbrechen des Räumlichen, des nur Systematischen,**
> **Überwindung des Patriarchats, Verzicht auf Herrschaft und Macht.**

Wie könnte denn jetzt eine erste annähernde Formulierung des Begriffs der Wirklichkeit unter diesen Voraussetzungen aussehen? Eine solche vorsichtige Wortwahl ist hier unbedingt angebracht. Wie wir schon oben sahen, erreicht das zukünftige Sprechen und Denken ja erst in einer umfassenden, dann gebräuchlichen „alltäglichen" Anwendung seine dann täglich angewandte Form. Aber, wie gesagt, ein erster Versuch ist durchaus möglich, wie z.b. solche Versuche von anderen Personen[197] deutlich zeigen und damit belegen. Um aber dahin zu kommen, sollten wir uns zunächst das Wort selbst näher und gründlicher ansehen.

Das Wort Wirklichkeit ist, wie das in unserer derzeitigen Sprache und daher kommendem Denken üblich ist, eine Abstraktum. Und zwar sowohl eines Verbs - des Verbs wirken -, als auch eines Adjektivs, des Adjektivs wirklich. Die hier zugrundeliegende eigentliche Aussage Wirklichkeit bezieht sich aber vorab auf das Adjektiv. Wie schon oben gezeigt, sind solche Abstrakta in aller Regel eine Fest-Schreibung, oder eine Fest-Legung eines solchen Adjektivs. Darin verschwinden aber in der die in einem solchen ausgesprochenen Adjektiv enthaltenen persönlichen Bezüge und Sichtweisen weitgehend. Es bleibt nur noch eine allgemeine Aussage, die damit bezweckt wird, in der dann aber alle diese ehemaligen persönlichen Bezüge verschwunden sind. Ab „jetzt" ist alles das, was mit dem Substantiv Wirklichkeit be-zeichnet wird, in einem allgemeinen, umfassenden Sinne wirklich, vor-handen, existent. Es ist ab dieser Aussage immer und überall „der Fall". Um es mit H.P. Duerr in seinem schon erwähnten Buch „„Liebe – Urquelle des Kosmos" auszudrücken: „Sie ist immer eine vergröberte Betrachtung und erlaubt deshalb begriffliche Schärfe, die nur

---

[197] in diesem Falle ist neben anderen z.B. H.P. Duerr gemeint.

dem Modell (oder der Theorie) und nicht der Wirklichkeit dahinter anhaftet". Damit sind wir aber noch nicht wirklich weiter gekommen, um die Natur des dahinterstehenden Wirklichen „wirklich" zu verstehen. Aber vielleicht hilft uns hier eine weitere nähere Betrachtung des Verbs wirken weiter.

Dieses Verb kann neben seiner Grundbedeutung im Sinne von wirken - also einer „sichtbaren" Folge von „etwas tun" -, durch Verwendung von Vorsilben in vielfältiger Weise erweitert werde. So können wir etwas be-wirken, auf etwas ein-wirken, etwas wurde ge-wirkt, wir können etwas ver-wirklichen, ja etwas kann nach-wirken[198], oder gar ver-wirkt sein. Das alles Entscheidende all dieser An-Wendungen besteht darin, dass hier immer etwas durch mehr oder weniger beabsichtigte sprachliche, vor allem aber praktische Ein-Wirkung „auf etwas", eine Veränderung dessen Zustandes hervorgebracht, also be-wirkt wird. Diese Grundbedeutung dieses Verbs verwendet nun H.P. Duerr, um das zu ver-deutlichen, was in unserer immer „existenten" kosmischen Daseinsweise wirklich geschieht. So sagt er ganz deutlich: „Die experimentellen Befunde der modernen (Quanten)Physik haben uns zur überraschenden Einsicht gezwungen: Alles, was wir durch direkte Betrachtungen oder durch Abstraktion unserer Wahrnehmungen als Wirklichkeit betrachten und in der Naturwissenschaft als (stoffliche) Realität beschreiben, darf in dieser Form nicht mit der dahinter vermuteten <eigentlichen> Wirklichkeit identifiziert werden".

Und zur Erklärung fährt er fort: „Die (mathematische) Symbolsprache der modernen Physik ist prozesshaft, dargestellt durch Operationen, die nicht Teilchen, sondern Elemente von Veränderungen oder Beziehungen darstellen. Anstatt von Atomen oder Teilchen zu sprechen, sollten wir sie besser <Wirks> oder

---

[198] also eine Wirkung hervorbringen, die erst später „Wirklichkeit" wird.

<Passierchen> (abgeleitet von <wirken> oder <passieren>) nennen. Diese (immer und überall existenten) Elementarprozesse sind im Grund kreativ. Das bedeutet, dass in unserer materiell-energetischen Sprache etwas aus dem Nichts entstehen und wieder im Nichts verschwinden kann. Ein spontanes Entstehen und spontanes Vergehen, dauernd und nicht nur an einem Anfang, wie etwa beim vermuteten Urknall am Anfang unseres Universums. In jedem Augenblick ereignet sich vielmehr etwas Neues und anderes verschwindet wieder.

Es gibt nicht die unveränderliche Materie, die <sagt>: Ich bin Materie. Materie …. in unendlicher zeitlicher Folge. Ich verschwinde nie und werde nie erzeugt, meine Beständigkeit garantiert die Kontinuität der Welt in der Zeit. Nein, so etwas gibt es gar nicht, sondern es verschwindet etwas hier, was wie ein Teilchen sich auswirkt, und es entsteht wieder etwas Ähnliches später und dort. Es besteht eine Abhängigkeit zwischen da und dort, als ob ein Teilchen von hier nach dort geflogen wäre, aber nicht in dem Sinne, dass es die Zwischenorte auch durchlaufen hätte. Die Welt wird in jedem Augenblick neu erschaffen, aber nicht beliebig, sondern in Erinnerung an die Welt, wie sie sich vorher realisiert hat". Aber „warum bleibt uns der freie Blick in die Zeitrichtung, und insbesondere in die Zukunft verwehrt? Antwort: Die Zukunft ist prinzipiell offen und wesentlich unbestimmt. Die Welt ereignet sich in jedem Augenblick neu"[199]. Oder m.a.W., wir müssen uns, ganz im Sinne von Gebser, von unseren bisherigen Vorstellungen sowohl des Raumes als auch der Zeit befreien, um uns diese „dahinter" existierende Wirklichkeit vorstellen zu können.

---

[199] a.a.O. S.29f

Kapitel VI Eine aperspektivische Wirklichkeit, oder die des zweiten Grades.

Also ganz klar und deutlich. **Die** Wirklichkeit, die wir mit unseren Sinnen wahr-zu-nehmen glauben, und die mit unseren bisherigen Vorstellungen des Raumes und der Zeit verbunden ist, ist eine permanent, ohne jemalige Unterbrechung – zumindest so lange dieser Kosmos bestehen soll - neu entstehende Wirklichkeit. Diese ist aber ihrerseits nicht identisch mit der dahinter existierenden **eigentlichen Wirklichkeit**, die „unserer" Wirklichkeit ständig ihre „implizite Ordnung"[200] vorgibt. An dieser Stelle ist es enorm wichtig an die oben zitierten Prinzipien der Weltsichtebenen des zweiten Grades zu erinnern. Vor allem auch an die Hinweise Jean Gebsers eines aperspektivischen - **„über"** allen Perspektiven stehenden – Denkens. Erst dieses ermöglicht uns einen echten Zugang zu dieser unserer Wirklichkeit.

Beginnen wir bei dem Zusammenhang, den wir eben ausführten. Dort heißt es Bei Beck und Cowan z.B. ganz orientiert an die eben dargestellten Prämissen in Bezug auf unsere **wirkliche** Wirklichkeit; **die Welt ist ein einziger dynamischer Organismus** mit **kollektiver Vernunft**. Oder nach Gebser; es ist ein

---

[200] Der Titel eines Buches von David Bohm, der darin das Gleiche zum Ausdruck bringt, wie das, was ich ihnen eben mit H.P. Duerr zitierte.

Wandel unserer Vorstellung in Bezug auf den „**schöpferischen Ansatzpunkt**" erforderlich. Es ist sofort zu erkennen, dass diese Formulierungen nur unwesentlich von den Einsichten von Quantenphysiker*innen abweichen, die diesen Zustand wirklich verstehen.

Aber wenn wir von diesen Prämissen ausgehen, wird zum besseren Verständnis des „Alles-was-Ist"[201] ein anderer Umstand wichtig, nämlich die oben mit Walsch niedergeschriebene „Erschaffung" dieses unseres Universums durch das Alles-was-Ist. Nochmals wörtlich: „Mit dieser Teilung meiner selbst verfolgte ich das göttliche Ziel, genügend Teile **von mir zu erschaffen**, damit ich mich **erfahrungsgemäß kennenlernen kann**. Der Schöpfer hat nur eine Möglichkeit, sich in der Erfahrung als Schöpfer zu erkennen: Er muss erschaffen. Und so gab ich all den zahllosen Teilen meiner selbst (allen seinen Geist-Kindern – also auch uns Menschen) die **gleiche Macht zu erschaffen**, die ich als Ganzes besitze".

Wenn ma´u diesen Text wirklich als wahrheitsgemäß annehmen kann, dann zeigt es sich, dass dieses Alles-was-Ist, oder wenn Sie wollen GOTT, diese wirkliche Wirklichkeit hinter unserer scheinbar sichtbaren Wirklichkeit **ist**. Denn „ein Schöpfer hat nur eine Möglichkeit, sich in der Erfahrung als Schöpfer zu erkennen: Er muss erschaffen" und das ununterbrochen, immer erneut. Dieser Schluss[202] entspricht genau der obigen Darstellung von H.P. Duerr nämlich „die Welt wird in jedem Augenblick neu erschaffen". Es ist für mich und die von mir hier gezogenen Schussfolgerungen und Querverbindungen unbedingt bestätigend, dass auch H.P.D. letztlich den gleichen

---

[201] jetzt in Bezug auf die neu gesuchte Wirklichkeit gemeint.
[202] der allerdings nur mit dem aperspektivischen Denken des zweiten Grades möglich ist

Schluss zieht. Er nennt diese schöpferische Potenz, die im Hintergrund alles bestimmt zwar nicht Alles-was-Ist oder gar GOTT. Aber der von ihm benutzte indische Begriff des A-dveita, oder auch A-Dualität – also das a = nicht zweihafte, noch nicht geteilte, oder das A = nicht Duale – kann gar nicht anders verstanden werden. Aber das Alles-was-Ist macht an gleicher Stelle noch eine weitere, ganz wichtige Aussage, „und so gab ich all den zahllosen Teilen meiner selbst (allen seinen Geist-Kindern – also auch uns Menschen) die **gleiche Macht zu erschaffen**, die ich als Ganzes besitze". Aus diesem Satz sind insonderheit für uns Menschen mehrere, ganz wichtige Schlussfolgerungen zu ziehen.

Der erste und alles entscheidende Schluss ist der, dass alle Menschen seine Geist-Kinder sind, oder m.a.W. alle Menschen sind Gottes-Kinder. Können Sie sich an den Satz Jesu erinnern, „ich und der Vater sind eins", für den ma´u ihn ja dann auch verurteilte? Und an mehreren Stellen der Bibel sagte er seinen Jüngern im gleichen Zusammenhang „und ihr seid meine Brüder", also **auch** eins mit Gott. Wenn ma´u nun davon ausgeht, dass in der Jüngerschaft Jesu auch Frauen eingeschlossen waren[203], dann ist es völlig selbstverständlich, dass auch für Frauen das Gleiche gilt. Genau solche Aussagen können Sie übrigens bei sog. Avataren[204], wie dem 2011 verstorbenen Sai Baba nachlesen. Dieser sagte hier ganz deutlich „wir sind alle Gott".

---

[203] Was allerdings von der späteren, absolut patriarchal denkenden christlichen Theologie umfassend aus den Texten, sofern sie überhaupt von den im gleichen Sinne denkenden Evangelisten aufgenommen waren, gelöscht wurde.
[204] also einer körperlichen Manifestation eines Gottes im Hinduismus

In diesem Zusammenhang aber als Bestätigung dieser Sicht noch wichtiger ist hier die Aussage praktisch aller Mystiker*innen, dass in ihnen, in ihrem Innern ein immer existenter immer „wacher Zeuge" (Ken Wilber) existiert, den sie alle als GOTT identifizieren, oder, wie ich es schon an anderer Stelle getan habe, als unser „höheres Selbst". Aber noch wichtiger, alle diejenigen unter ihnen, die die höchste Form der Erleuchtung erlebten, bestätigen alle ihre umfassende Wieder-Vereinigung in dieser Erleuchtung mit dem Alles-was-Ist oder eben mit GOTT. Und damit wird ein weiteres Prinzip der Weltsichtebenen des zweiten Grades erneut bestätigt und wichtig „**ein Selbst** ist sowohl ein klar unterschiedener als auch ein **mit einem größeren, mitfühlenden Ganzen** – nämlich GOTT - **verbundener Teil.**

Uns geht es hier ja aber vorab insbesondere um eine nachvollziehbare und dann eben auch überprüfbare Aussage über Erfahrungsmöglichkeiten dessen, was wir ab jetzt unter dem Begriff der Wirklichkeit verstehen können. Nochmals; eine solche Formulierung, die eben eine umfassendere Sicht auf „die Wirklichkeit" hervorbringen kann, kann nur vom Denken des zweiten Grades der Weltsichtebenen hervorgebracht werden. Oder, in manchen Formulierungen noch deutlicher von Gebser. Die auf den letzten Seiten dargestellten ersten Versuche in eine solche Richtung sollten dies erweisen.

Nochmals deutlich; dies können nur erste Versuche sein. Die hier vorgestellten Gedanken zu einem umfassenderen Verständnis sind immer nur mit Hilfe der Sprache des mental-rationalen Denkens möglich. Es gibt aber bisher keine voll entwickelte Sprache dieses zukünftig herrschenden Denkens. Daher ist dieses „zukünftige" Denken[205] bisher unmöglich. Erste

---

[205] das dann ja erst auf der Grundlage einer „neuen" Sprache verändert entsteht

Ansätze in diese Richtung gibt es allerdings schon, worauf ich gleich noch zurückkomme. Wie aber könnten Erfahrungen aussehen, die ja letztlich diese neuen Wirklichkeitsvorstellungen erst hervorbringen? Unbedingte Voraussetzung ist es, dass ein solches er-fahrendes Handeln von Menschen erbracht wird, die auf der Ebene des zweiten Grades denken. Vielleicht aber auch solche, die zumindest die Sicht der Mystiker*innen auf unsere Welt kennen und berücksichtigen.

Aus beiden Sichtweisen ergibt sich als erstes „Gesetz" der Verzicht auf materiellen Besitz oder gar Eigentum. Also jede Er-Fahrung in Richtung dieses Denkens kann sich auf gar keinen Fall mehr an solchen Kategorien orientieren. Zum Beleg, warum gerade diese Sicht- und daher kommender Handlungsweise so wichtig ist, hier vier besonders wichtige Beispiele. Lao tse – erstes Beispiel - schreibt in seinem 46. Traktat:
„Es gibt keine größere Sünde als viele Wünsche.
Es gibt kein größeres Übel als kein Genüge kennen.
Es gibt keinen größeren Fehler als haben wollen".
Für Buddha – zweites Beispiel - war der Schlüssel zur Erleuchtung der „Achtfache Weg" des Loslassens von allem Anhangen an äußere Umstände oder gar Gegenstände und das Hinwenden nach Innen – siehe auch Sri Aurobindo. Und Jesus – drittes Beispiel - antwortete auf die Frage des „reichen Jünglings", wie er ihm folgen könne: „Willst Du vollkommen sein, so gehe hin, verkaufe, was Du hast, und gib´s den Armen, so wirst Du einen Schatz im Himmel haben; und komm und folge mir nach"[206]. Und an anderer Stelle: **„Wo euer Schatz ist, da ist auch euer Herz"**[207]. Und weiter: „Ihr könnt nicht Gott dienen

---

[206] Mt. 19/21
[207] Mt. 6/21

und dem Mammon dienen"[208]. Und das sind nur Stellen im Matthäusevangelium.

Als viertes Beispiel hier nochmals einer der Grundprinzipien des Denkens auf den Ebenen des zweiten Grades: **die Großartigkeit der Existenz wird höher geschätzt, als materielle Besitztümer.** Oder nach Gebser der **„Verzicht auf Herrschaft und Macht",** die ja vor allem daher kommen. In diesem Zusammenhang erscheint es sehr sinnvoll einen kurzen Blick auf den Begriff des Eigentums zu werfen. Nach der gängigen Definition bezeichnet Eigentum die umfassendste Sachherrschaft, welche die Rechtsordnung eines Staates, der es garantiert, an einer Sache zulässt. Es ist aber mehr als bezeichnend, dass Eigentum als allgemeingültige Rechtsordnung um 600 v.Chr. in Griechenland aufkam[209]. Das war bezeichnenderweise einer Zeit, die mit dem Heraufkommen des mentalen Denkens zusammenfällt. Oder m.a.W., Eigentum an produktiven Gegebenheiten, also Grund und Boden und Produktionsstätten, waren und sind die grundlegenden Voraussetzungen der Folgen aus dem rationalen Denken. Seit einiger Zeit nennen wir das Kapitalismus. Also nochmals; ein Denken in Richtung Haben-wollen, vor allem im Sinne von Eigentum ist in diesem Denken tabu.

Hier das zweite „Gesetz" im Sinne der Überwindung des Patriarchates und den damit verbundenen Machthierarchien, aus den gleichen Quellen. Auch hier sind es zunächst insonderheit Lao tse und Jesus. So sagt Lao tse im 17 Traktat sehr bezeichnend: „Herrscht ein ganz Großer, so weiß das Volk kaum, dass er da ist. Mindere werden geliebt und gelobt, noch Mindere **werden gefürchtet".** Es ist deutlich zu erkennen, woher hier

---

[208] Mt. 6/24
[209] die nähere Begründung und Darstellung der Zusammenhänge können Sie in mehreren meiner Bücher nachlesen.

Machthierarchien herkommen. Auch bei Jesus finden sich jede Menge Stellen, die seine Verachtung aufgeblasener Selbstdarsteller deutlich zeigen. Ma´u muss sich nur seine ständigen Auseinandersetzungen mit den Pharisäern anschauen.

Ganz klar wird er aber in Mt.20/25-27: „Ihr wisset, dass die weltlichen Fürsten herrschen und die Oberherren haben Gewalt. So soll es nicht sein unter euch, sondern so jemand will unter euch gewaltig sein, der sei euer Diener; und wer will der Vornehmste sein, der sei euer Knecht". Klarer kann ma´u sich nicht gegen die üblichen Machthierarchien und das damit verbundene Verhalten der „Mächtigen" in der Welt ausdrücken. Ab hier folgt jetzt das zukünftige Denken. Dort heißt es: „**Wissen und Kompetenz, werden Rang, Macht und Status ersetzen.** Oder nochmals Gebser: „**Überwindung des Ich**".

Alle die Umstände, die durch das patriarchale Verhalten und daher kommendes Denken von Beginn seiner Dominanz an alle gesellschaftliche Realität prägte und zu den schon mehrfach erwähnten Krankheiten führten, müssen endlich verschwinden. Das kommende Denken auf den Grundlagen der Stufe sechs des ersten Ranges, also relativistisch, **personalistisch, kommunitaristisch und egalitär,** vor allem aber die beiden Ebenen des zweiten Ranges, deren wichtigste Prinzipien in diesem Zusammenhang ja hier schon mehrfach dargestellt wurden, werden diese dringende Veränderung Stück für Stück hervorbringen. Und dies gilt erst recht für das aperspektivische Denken.

Es muss hier aber unbedingt beachtet werden, dass diese Veränderung nur gegen den heftigsten Widerstand der derzeitigen wirtschaftlichen und/oder Geldeliten möglich sein wird. Deren Überlegenheit ergibt sich ja umfassend aus dem derzeit dominanten rationalen Denken und den patriarchal-macht-hierarchischen Strukturen der Gesellschaft auf allen Ebenen. Da diese Veränderungen mehr noch als die Übergänge vom mythischen zum mythologischen Denken, die Stellung der davor existenten Eliten bedrohte, wehrten und wehren die sich natürlich dagegen. Dies zeigte sich so deutlich in den überall existenten Kriegen der Achsenzeit[210].

Bekannter ist der Übergang vom Mittelalter zur Moderne, sprich des mythologischen Denkens zum rationalen, letztlich mit den gleichen Folgen[211]. Der kommende Übergang wird aber noch umwälzender sein. Es ist gar keine Frage, dass sich die derzeit herrschenden Eliten wie schon die früheren mit allen ihnen zur Verfügung stehenden Mitteln zur Wehr setzen werden. Ja wer genauer hinschaut, kann schon erste Schritte in eine solche Richtung beobachten. Das glauben Sie nicht? Was denken Sie denn, warum die umfassende Digitalisierung aller Lebensbereiche mit solcher Vehemenz vorangetrieben wird?

Nun, wie Sie wissen, wird das ständig mit dem Begriff des Fortschritts oder den Erfordernissen des sog. „Freien Marktes"[212] begründet. Aber warum und wieso braucht dieser sog. „Freie Markt" die immer umfassendere Überwachung, Kontrolle und immer konsequentere Steuerung des Denkens der Menschen, wenn er wirklich **frei** ist? Nach meiner bisherigen Kenntnis des

---

[210] In etwa das letzte Jahrtausend vor Chr.

[211] siehe die Bauernaufstände und alle folgenden Religionskriege bis hin zu den folgenden Revolutionen in Frankreich und der späteren USA

[212] den es in diesem Sinne eh noch nie gab, siehe mein Buch „Der Mythos des <Freien Marktes>"

Begriffs der Freiheit, verstand ma´u darunter[213] die Möglichkeit, **ohne Zwang nach freiem, selbstbestimmtem Willen zwischen unterschiedlichen Möglichkeiten auswählen und entscheiden zu können.** Oder noch deutlicher: **„Dieser Begriff benennt in Philosophie, Theologie und Recht in der Moderne allgemein einen Zustand der Autonomie eines Subjekts"** (Wik).

Hier der Beweis in Bezug auf das, was wirklich „im Hintergrund" abläuft. Schauen Sie sich an, in welchem Ausmaß wir durch Handy und Internet kontrollierbar wurden und immer umfassender werden. Das wird ja seither vordergründig von Google, Facebook und Co. zu ihren gewinnorientierten Zwecken genutzt. Oder was glauben Sie warum fast alle Zahlungsabwicklungen der Banken, oder von PayPal nur noch mit Hilfe eines Smartphones zugelassen werden? Aber es wurde durch den Whistleblower Snowden bekannt, dass die NSA[214] - -, „hintergründig" diese „Chance" zur immer umfassenderen Kontrolle der Menschen weltweit nutzten und selbstverständlich immer umfassender nutzen.

Dazu kommt die jüngste Entwicklung in China, in der Stück für Stück jede öffentliche Handlung aller Bürger*innen überwacht und zensiert wird[215]. Das führt jetzt schon zu bösen Folgen für die Menschen in Bezug auf jede „abweichende" Handlung und wird in Zukunft immer umfassender zu solchen führen. Und wer nicht glaubt, dass das bei uns schon zur Zeit und in der

---

[213] zumindest wurde und wird dies bisher immer und überall so verkündet
[214] aber damit natürlich alle Geheimdienste der Welt
[215] wie dies in Zukunft auch bei uns in der Privatsphäre abläuft, geht mit Sicherheit in die gleiche Richtung, siehe das Thema Alexa.

Zukunft eben immer umfassender umgesetzt wird[216], ist schlicht naiv, um nicht noch schlimmere Begriffe zu benutzen. Wenn wir nicht langsam wirklich wach werden, werden wir in nicht allzuferner Zeit schlicht zu ferngesteuerten und fremdbestimmten Konsumidioten[217] werden.

Dann ist es aber endgültig mit dem was wir unter Freiheit verstehen und mit möglichen Weiterentwicklungen unseres Denkens und Handelns – zumindest zeitweise – vorbei. Bisher haben aber die Menschen immer dann, wenn der Druck auf sie zu groß wurde, jede Rücksicht auf ihr persönliches Überleben zurückgestellt, um sich von einem solchen Druck zu befreien. Ma´u kann also nur hoffen, dass dies in Zukunft ebenso möglich sein wird, wie die derzeitigen Entwicklungen in Hongkong und neuerdings im Irak und in immer mehr Staaten Lateinamerikas hoffen lassen.

Es bleibt aber ein wichtiges Problem in Bezug auf die sog. Öffentlichkeit unbeantwortet. Warum lassen sich so viele bürgerliche Menschen[218] ohne jede Gegenwehr von den von „ihnen" gewählten „Vertrauenspersonen" regelrecht betrügen und unterdrücken bis ausbeuten? Nun, die Antwort darauf ist verhältnismäßig einfach, aber deshalb keineswegs für diese Personen annehmbarer. Wenn Menschen sowohl durch ihren Glauben, als auch durch die allgemein übliche Gehorsamserziehung so auf „anerkannte" Autoritäten ausgerichtet, ja regelrecht fixiert bis sich mit diesen identifizierend sind – siehe die Folgen autoritärer Erziehung -, sind sie schlicht unfähig solchen Personen ihnen gegenüber „schlechte" Absichten

---

[216] siehe die öffentliche Kameraüberwachung, aber auch solche „Gestalten" wie Alexa und Co., oder die immer häufiger eingepflanzten Chips, die angeblich „nur" unseren Gesundheitszustand überwachen.
[217] siehe die Bücher von Zygmund Baumann
[218] also das was ma´u oft die „schweigende Mehrheit" nennt

zu unterstellen. Ja geschweige denn diese wahr-zu-nehmen, oder gar zu akzeptieren, um sich dagegen zu wehren.

Das würde sofort bei allen diesen Menschen das hervorrufen was es soll, nämlich ein schlechtes Gewissen. Die Sichtbarkeit und Deutlichkeit solcher Handlungen, insonderheit deren Folgen, muss so eindeutig sein, dass es selbst der/die letzte Gutgläubige nicht mehr „übersehen" kann. Und bisher verstanden es die Eliten, diesen Schein immer zu wahren und den Untergebenen ihre angeblich „guten Absichten" vorzugaukeln. Und es war einerlei ob von Seiten der Kirchen oder des Staates und natürlich erst recht die neuerdings „unsichtbaren" „Gesetzgeber"[219].

In jüngster Zeit entwickelt sich aber gerade am sog. unteren Rand der Gesellschaften[220] eine immer lauter werdende Protestbewegung. Diese besteht einerseits aus populistischen Personen, die dieses Potential gnadenlos in einem zerstörerischen Sinne[221] nutzen, um neue autoritäre Staatsformen zu begründen. Die „verleiteten" Personen sind dabei vor allem solche, die sich sowohl von der Presse als auch der Politik verraten fühlen. Anzumerken ist, dass diese „Gefühle" in nicht wenigen Fällen sehr wohl begründet sind. Es seien z.B. nur an die vielen Wahlversprechen erinnert, die anschließend entweder großzügig „übersehen" werden[222], oder oft im Interesse mächtiger Interessengruppen in ihr Gegenteil verkehrt werden. Noch wichtiger wäre es endlich die Folgen der „Maschinisierung und Kollektivierung, sowie den Religionsverlust und

---

[219] hier in einem umfassenden Sinne gemeint
[220] zumindest sind die hier gemeinten Personen teilweise aus diesem Bereich
[221] in Richtung geordneter und insbesondere rechtlich gesicherter Ordnung gemeint
[222] „was interessiert mich mein Geschwätz von gestern"; K. Adenauer

der Spezialisierung" zu thematisieren. Auf diese und deren Folgen hebt Gebser immer wieder besonders ab, weil sie aus der „modernen" Entwicklungen herkommt, die nur auf diesen Voraussetzungen möglich wurden. Alle diese Entwicklungen führen alle derzeit noch einigermaßen „stabilen" Gesellschaften immer mehr in unsichere Zeiten.

Und es ist ganz offensichtlich, dass das oben dargestellte immer sichtbarer werdende allgemeine Überwachen der Menschen auch und gerade – zumindest „intern" - von hierher begründet wird. Den betroffenen Menschen setzt ma´u aber dann den teilweise selbst provozierten Fanatismus und Terrorismus als Begründung vor. Aber ein Umstand bleibt; sollte es wirklich eines Tages zu einem solchen selbsterkämpften Übergang in eine wirkliche Freiheit für alle Menschen ohne korrupte Führungsautoritäten kommen. Auf dem Hintergrund der derzeitigen technischen und machtmäßig-militärischen Möglichkeiten der Eliten wird es dabei und dadurch zu sehr viele Tote kommen.

Kehren wir nun von all diesen Voraussetzungen her zu möglichen Er-Fahrungen mit neuem Denken zurück. Vorab gilt es dann sich nochmals an die oben vorgestellten Gedankenexperimente zu erinnern, bzw. dieses Er-Fahren in einem umfassenderen neuen Sinne zu verstehen. Hier nochmals die wichtigsten Überlegungen:

erstens: der Raum wie die Zeit sind unbedingte Voraussetzungen aller unserer Erkenntnisse und Erfahrungen, allerdings ohne dass uns deren wirkliche Bedeutungen[223] auch gerade dadurch bewusst würde.

---

[223] also ein Verständnis dessen, was der Raum und die Zeit wirklich ist, da wir ja permanent im Jetzt leben und wirken und sonst nirgendwo.

Zweitens in Bezug auf das „Übersehen" einer verlaufenden Zeit: wir befinden uns während dieses Vorganges des Er-Fahrens in einer Art Jetzt-Zeit-Blase, die mit uns während dieses ganzen Vorganges „in der Zeit" weiter-schreitet, noch besser, weiter-fährt.

Wir machen sozusagen unsere neue Er-Schreitung, besser Er-Fahrung, indem wir völlig auf unsere Aktion konzentriert sind und dabei in der eben angesprochenen Jetzt-Zeit-Blase durch die verlaufende Zeit **fahren** - ohne dass uns dies bewusst würde -, und dadurch unsere neue Er-Fahrung hervorbringen, bzw. als neue Konstruktion erschaffen.

Erst dieses „aus der Zeit" fallen, bzw. das in dieser Zeitspanne ablaufende Jetzt-Fahren, während dem ja diese neue Konstruktion bzw. Er-fahrung in unserem Gehirn entsteht, enthält erst die Voraussetzung wirklich nachhaltiger Konstruktionen.

Und es sind erst diese, die dann als eigenerworbene Kenntnisse und daher kommendem Wissen die Informationen sind, die wirklich unsere je eigenen sind und nicht irgendwelche irgendwo „aufgelesenen", oder gar auf geredeten, wie derzeit immer noch in fast allen öffentlichen Bildungseinrichtungen.

Soweit eine Kurzdarstellung der obigen Überlegungen. Was hier aber unbedingt zu beachten ist. Diese Art, bzw. Darstellung dieses Vorganges des Er-Fahrens beruht auf dem derzeitig dominierenden mentalen Denken. Wir „vergessen", oder übersehen dabei zwar den Bezug zu unserer Umwelt und der Zeit. Aber selbstverständlich denken wir immer noch in dieser Art des Denkens, also messend und darauf aufbauend, planend und danach handelnd. Aber nachdem, was wir bisher über das aperspektivische Denken, oder dem des zweiten Grades gehört haben, kann alles dies hier so nicht mehr funktionieren. Oder m.a.W., wie kann ein Denken „außerhalb" der Perspektiven funktionieren?

Nun, eine Sicht von „außerhalb" eines Raumes in diesen hinein ist selbstverständlich vorstellbar. Aber sehen wir denn dadurch auch das „Ganze"? Natürlich überhaupt nicht. Auf der Grundlage des mental räumlichen Sehens können wir nach wie vor nur Teile, Seiendes sehen. Wir übersehen immer noch die immer und überall existierenden Bezüge von Allem mit Allem. Oder um es mit den Worten von Gebser auszudrücken; wir sehen keine Ganzheiten.

Was aber meint er mit diesem Begriff? „Eine Ganzheit ist keine Zusammenfassung vieler materieller Teile (Seiender). Wäre sie das, wäre sie nur ein voluminöser Teil oder eine Summe. Eine Ganzheit ist aber auch nicht die Zusammenfassung materieller Teile mit einem der möglichen Zeitaspekte, wie sie beispielsweise im Totalitarismus statthatte. Echte Ganzheiten konstituieren sich nur dort, wo wir räumlichen und zeitlichen Komponenten in der ihnen gemäßen Art zu gemeinsamem Wirkungsbestand verhelfen. Ganzheiten sind also nicht Summierungen von Teilen, sondern ergeben sich dort, wo Teile, die stets raumgebunden sind, bewusst mit den sie bewirkenden Kräften zusammen wahrgenommen werden; <zeitliche> Funktionalen[224] zusammen mit räumlicher Materie (und der in dieser beobachtbaren, vor allem aber festgestellten Einwirkungen) sind Ganzheiten"[225]. Um aber solche Beobachtungen überhaupt machen zu können, braucht es ein völlig neues Verständnis von Zeit. Oder wie es Gebser an gleicher Stelle beschreibt; wir müssen den derzeit stattfindenden „Einbruch der Zeit in unser Bewusstsein" wahrnehmen. Was aber meint er damit?

---

[224] also nur im zeitlichen Ver-Lauf „beobachtbares", Funktionieren in Rückbezug auf äußere Einwirkungen
[225] J.G. a.a.O. 2.Bd. S.389

a Was ist die Zeit wirklich?

Auch diese Frage erscheint zunächst fast un-sinnig, ohne Sinn. Jederma´u weiß doch nun wirklich was Zeit ist. Die Zeit ist nach derzeitiger Überzeugung vorab eine physikalische Größe. Sie beschreibt die Abfolge von Ereignissen, hat also eine eindeutige, unumkehrbare Richtung. Aus einer philosophischen Perspektive beschreibt die Zeit das Fortschreiten der Gegenwart von der Vergangenheit kommend und zur Zukunft hinführend (teils Wik). Was also ist hier fraglich? Aber ist damit die Frage nach „der" Zeit wirklich beantwortet? Absolut überhaupt nicht.

Was hier vorab fest-zu-stellen ist, ist der Umstand, dass diese derzeitige Sicht der Zeit von dem immer noch vorherrschenden mentalen Denken her gesehen, bestimmt und definiert ist. Und in Bezug auf dieses Denken schreibt J. Gebser klar und deutlich: „Solange es (dieses mentale Denken) Gültigkeit hat, gilt noch das Teilende, Zerstörende, Auflösende, das aber (eben gerade daher) teilend, zerstörend und auflösend **ist**, (das aber gerade dadurch) den Weg für eine neue Wirklichkeit freilegt". Derjenige aber, der für mich die deutlichste Darstellung einer neuen Sichtweise auf die Zeit bereitstellt, ist, neben Burkhardt Heim (s.u.), eben Jean Gebser.

So lesen wir bei ihm weiter: „Was aber freigelegt wird, das ist mehr als der bloße Begriff <Zeit>; es ist das *Achronon,* **also das Frei- und Befreitsein von jeder Zeitform; es ist die Zeitfreiheit**"[226]. Was aber meint das genauer? Um das zu verstehen, müssen wir uns eine neue Sicht auf die Zeit erarbeiten, vor allem aber vor-stellen können. Auch auf diese Frage gibt uns

---

[226] Beide Zitate a.a.O. S.380 Hervorh. JG.

Gebser eine Antwort: „Sie ist mehr als bloße Uhrenzeit, die bisher als verlässlich und konstant galt". Aber inzwischen musste die Wissenschaft der Astronomie feststellen, dass dieser Umstand nicht gilt. Nach neuesten Forschungsergebnissen verlangsamt sich die Zeit pro 100 Jahren um 5,3 Sek, so dass der Astronom Rosenstock-Huessy feststellte, dass „wir heute an einer Wissenschaft von der Zeit laborieren, die aber dem echten Phänomen Zeit allein nicht gerecht zu werden vermag" (Wik).

Noch deutlicher wird diese Unstimmigkeit unserer Zeitvorstellung als Uhrenzeit durch die Relativitätstheorie Einsteins. Danach bestimmt die Geschwindigkeit des „Systems"[227] die „Geschwindigkeit" des Zeitverlaufs. Je schneller dieses System ist, umso langsamer vergeht die Zeit, bis sie bei Lichtgeschwindigkeit gleich 0 ist. M.a.W., Menschen, die sich – theoretisch – mit Lichtgeschwindigkeit fortbewegen, altern nicht, hier "vergeht" keine Zeit mehr.

Der Grund für alle diese Verständnisprobleme unseres Zeitverständnisses ist „der mentale Aspekt jener Weltkomponente, die sich nicht als Raum darstellt, sondern als ein Grundphänomen des Raumes". Oder anders ausgedrückt; für ein eigenes Phänomen Zeit gibt es im derzeitigen dreidimensionalen Denken keine Vorstellungswelt. Und so schreibt Gebser weiter: „Die Zeitwelt war (und ist) für sie, die in einer festgefrorenen Raumwelt leb(t)en, jener Störungsfaktor, der durch Nichtbeachtung unterdrückt oder durch Messung in eine räumliche Komponente (siehe Einsteins vierdimensionale Raumzeit) umgefälscht wurde.

---

[227] hier in einem umfassenden Sinne gemeint und zwar sowohl ein Planetensystem, aber auch ein Raumfahrzeug.

M.a.W., in der perspektivischen (mentalen) Weltvorstellung wurde alles mit räumlichen Maßen gemessen, auch das Phänomen <Zeit> und andere Phänomene, die keine räumlichen <wohl aber räumlichende!> Eigenschaften haben, die jedoch durch ihre Messung in räumliche Komponenten zurechtgebogen wurden. Für den perspektivisch (mental) denkenden Menschen hatte (und hat) die Zeit keinen (eigenen) Qualitätscharakter. Das ist das Ausschlaggebende. Er bediente sich ihrer nur in einem materialisierten und quantitativen Sinne", ganz nach dem Motto von Galilei; „Alles messen, was messbar ist, und alles messbar machen, was es noch nicht ist".

M.a.W., die Zeit wurde nie als eigene Qualität anerkannt und daher zu einer „bloßen Rechnungsgröße degradiert". Aber ma´u kann diesen Umstand mit Gebser noch genauer formulieren; die bisherige materialistisch-positivistische Epoche „hat die Zeit zu einer analytischen Maßbeziehung pervertiert und sie materialisiert. Durch diese Materialisierung hat sie im Laufe der letzten Jahrhunderte jenes extrem dualistische Denken heraufbeschworen, das in der Welt nur zwei gegensätzliche und unversöhnliche Komponenten anerkannte: als gültig die messbaren, beweisbaren Dinge, die rationalen Gegebenheiten der Wissenschaft, als ungültig die nichtmessbaren Phänomene, die (angeblich) irrationalen (???) Un-Gegebenheiten. Dem perspektivischen (immer noch weitgehend gültigen mentalen) Zeitalter war die <Zeit> nichts als ein Maß- bzw. Bezugssystem zwischen zwei Augenblicken. Es ließ *die Zeit als Qualität und Intensität* unberücksichtigt: es sah in ihr nur ein akzidentielles, kein essentielles Phänomen"[228].

Was aber bis heute nicht interessiert und daher auch nicht wahrgenommen wird, ist der Umstand, dass durch diese übliche Messungssicht auch unsere eigentliche Lebenszeit - das

---

[228] a.a.O. S.381 Hervorh. J.G.

was ma´u üblicherweise mit dem Begriff des Jetzt bezeichnet - , zerstört wurde. Um diesen fast aberwitzigen Satz zu beweisen, hier so kurz wie möglich den Zusammenhang. Nach der derzeitigen Vorstellung der vierten Dimension der Raumzeit unterteilt ma´u diese Zeit in Vergangenheit, Gegenwart und Zukunft. Um aber den hier immer unterstellten Gegenwartsbereich richtig zu verstehen, muss ma´u sich zunächst genauer anschauen, was ma´u in diesem messenden Denken allgemein unter Vergangenheit und Zukunft versteht.

Zunächst versteht ma´u ja ganz allgemein unter dem Begriff der Vergangenheit alle „zeitlich" zurückliegende Ereignisse. Im gleichen Sinne ist dann die Zukunft die „Zeit", die „von mir aus gesehen" auf die Gegenwart folgt. Messbar wissenschaftlich gesehen ist aber jede noch so kleine Abweichung von der Null-Gegenwart – zeitlich gesehen – entweder schon Vergangenheit, oder schon Zukunft. Also ganz konkret; 0,1; 0,01; 0,000001 Sek. nach der Gegenwart ist physikalisch wissenschaftlich schon Vergangenheit. Und in die andere Zeitrichtung demnach schon Zukunft. Oder noch anders formuliert; unter dieser Sicht auf die Gegenwart gibt es keine „Zeitdauer", die ma´u Gegenwart nennen könnte.

Um diesen Umstand ganz konkret auf unsere allgemein menschliche Situation anzuwenden: der reflektierende Verstand lebt nur in der Vergangenheit. Beweis: Jede Sinneswahrnehmung wird von unseren Sinnesorganen in unser Gehirn übertragen, das braucht Zeit. Um nun daraus einen Gedanken hervorzubringen, braucht es wieder Zeit und ist diese auch noch so kurz. Wenn ich nun eine so „gewonnene" Idee zum Ausdruck bringe oder gar danach handle, dauert das wieder eine gewisse Zeit.

M.a.W., alles was in uns abläuft, vor sich geht, braucht Zeit, völlig egal wie kurz diese ist. Nach der eben dargestellten Sicht

der „gemessenen" Zeit, ist alles das außerhalb der Null-Gegen-
wartszeit, und zwar prinzipiell in der Vergangenheit. Genauge-
nommen kann ma´u von daher gesehen Gegenwart noch nicht
mal unmittelbar, also ohne Verstandesaktivität erfahren, da
alle diese Prozesse Zeit brauchen und damit immer alle in der
„Vergangenheit" ablaufen. Ich denke jederma´u kann erkennen, was das für ein Unsinn ist. Wenn Sie sich erinnern, habe
ich oben im Zusammenhang mit dem Thema der Er-Fahrung
um einen sinnvolleren Blick auf diesen Umstand zu werfen,
den Begriff der Jetzt-Zeit-Blase er-funden. Ich komme gleich
darauf zurück.

Aber wenn wir uns zunächst mit J. Gebser auf die aperspektivische Ebene des Denkens begeben, gewinnen wir einen völlig
anderen, teils absolut neuen Blick und damit Ein-Druck von der
Zeit. Nach ihm „umfasst die Zeit in Wirklichkeit noch andere
wesentliche Erscheinungsformen, die nur ihr, nicht aber dem
Raum, eignen. Aus der aperspektivischen Weltsicht heraus betrachtet, erscheint sie geradezu als die grundlegende Funktion
(von Allem-was-Ist) und von vielfältigster Art. Sie äußert sich,
Ihrer jeweiligen Manifestationsmöglichkeit und der jeweiligen
Bewusstseinsstruktur entsprechend, unter den verschiedens-
ten Aspekten: als Uhrenzeit, Naturzeit, kosmische Zeit oder
Sternenzeit (siehe Einstein); als biologische Dauer, Rhythmus,
Metrik; als Mutation, Diskontinuität, Relativität; als vitale Dy-
namik, psychische Energie <und demzufolge in einem gewissen
Sinne als das, was wir <Seele> und <Unbewusstes> nennen>,
mentales Teilen; sie äußert sich als Einheit von Vergangenheit,
Gegenwart und Zukunft: als das Schöpferische, als Einbildungs-
kraft, als Arbeit (siehe nochmals die Jetzt-Zeit-Blase), selbst als
Motorik. Nicht zuletzt aber muss, nach den vitalen, psychischen, biologischen, kosmischen, rationalen, kreativen, sozio-

logischen und technischen Aspekten der Zeit, auch ihres physikalisch-geometrischen (also bisherigen) Aspektes gedacht werden, der die Bezeichnung <vierte Dimension> trägt"[229]

Wer sich diesen Katalog betrachtet, kann wohl eine ganze
Menge von Bezügen erkennen, die sich mit seinen/ihren Lebenserfahrungen berühren oder gar decken, ohne dass ihm o-
der ihr dies je bewusst geworden wäre. Oder anders gewendet; die oben mit der physikalisch-geometrischen Sicht auf die
Gegenwart dargestellten – aus diesem Denken folgenden –
notwendigen Schlussfolgerungen, wurden im täglichen Umgang nie wirklich beachtet.

Das hat meiner Überzeugung nach damit zu tun, dass dies erstens ziemlich abstrakt ist, insonderheit aber wenig bis gar
nichts mit unseren täglichen „normalen" Erfahrungen zu tun
hat. Denn diese tendieren, wie ich sie eben mit Gebser darstellte, eindeutig in eine andere Richtung. Ich kann hier aber
noch mit einer weiteren Überraschung aufwarten. Es gibt tatsächlich jemanden, der sich über die Ansätze von Gebser hinaus weitere Gedanken zu diesem Thema machte. Es handelt
sich um den so gut wie unbekannten – übrigens auch in Fach-
kreisen – deutschen Physiker Burkhard Heim. Nach diesem gibt
es sogar drei Zeit-Dimensionen. Hier einige Ansätze einer Begründung seiner Theorie.

Burkhard Heim war ein deutscher Physiker, der sich bei einem
fehlgeschlagenen Experiment 1944 mit 19 Jahren lebensge-
fährliche Verletzungen zuzog, die er schwerbehindert über-
lebte. Er hatte beide Hände verloren und war danach fast taub
und blind. Gleichwohl studierte er nach dem 2. Weltkrieg zunächst Chemie und dann theoretische Physik und arbeitete
dann in der Forschungsgruppe von C. F. von Weizsäcker am

---

[229] a.a.O. S.382

Max-Planck-Institut für Physik in Göttingen, wo er auch sein Diplom machte. Aufgrund seiner Behinderungen konnte er aber keine akademische Laufbahn einschlagen und so arbeitete er bis 1996 isoliert vom Wissenschaftsbetrieb an einer eigenen einheitlichen Feldtheorie. Diese fand allerdings, trotz interessanter Ansätze, bis heute keine weitere Beachtung. Da ich diese Forschungen hier nicht näher ausbreiten kann, ist für unser Thema nur wichtig, dass Heim bei seinen Experimenten immer wieder auf 36 Gleichungen stößt, die auf ein 6-dimensionales Universum hinweisen. Die Signatur muss nach Heim +++--- lauten.

Nebenbei bemerkt kam der Mathematiker Roger Penrose, der Lehrer von Stephen Hawkings ebenfalls auf drei reelle und drei imaginäre Dimensionen. Er verwarf diese aber wieder, da er sie nicht physikalisch interpretieren konnte. Hier Heim wörtlich: „Die x^5-Koordinate (also die von ihm behauptete 5. Dimension) lässt sich quantifizieren. Das entspricht im quantitativen Bereich einer inversen (umkehrenden) Entropie (zunehmender Wärmeprozess). Und das ist eine (in einem Organismus ablaufende) Organisation"[230]. Er erklärt diese neue Sicht mit dem „normalen" Verhalten eines Autofahrers. Hier sinngemäß, aber mit meinen Worten; wenn ein Autofahrer mit seinem Wagen unterwegs ist, muss er sich permanent an Informationen orientieren, die ihm seine Augen „aus der Zukunft" übermitteln. Er/sie muss sich ja den entgegenkommenden Umständen in dem Sinne anpassen, dass dann, wenn er/sie im Jetzt ein entgegenkommendes Fahrzeug passiert, e/sie sich so verhält, dass beide ohne Gefahr aneinander vorbeifahren können.

---

[230] zitiert aus Illobrand von Ludwiger „Das neue Weltbild des Physikers Burkhard Heim" S.19f

Dieser Umstand entspricht aber einer inneren zukunftsorientierten Organisation – siehe diesen Begriff oben -, um diese Situation zu meistern. Bei genauerem Hinsehen stellt es sich aber heraus, dass hier zwei Prozesse ablaufen.

Erstens die Registrierung eines „zukünftig" real werdenden Vorganges inclusive der darauf aufbauenden inneren Organisation.
Zweitens aber die dann erforderliche Umsetzung.

Die Husserl-Schülerin Professor Hedwig Conrad-Martius schlug nun Heim vor, diese 5. Dimension der Organisation „entelechial"[231] zu benennen, weil durch sie Organisationen bewertet werden. Und die sechste Dimension als „aeonisch", weil diese die Aktualisierung der voraufgegangenen Organisation als daraus herkommende „angepasste" Umsetzung in der Zeit hervorbringt.

Betrachtet ma´u sich diesen Vorschlag, sollte ma´u unbedingt erkennen, dass es sich hierbei durchaus um nachvollziehbare Gegebenheiten handelt. Dies gilt selbst dann, wenn diese in unserer bisherigen Zeitvorstellung nicht existierten. Ja dies gilt gerade dann, weil wir uns sehr wohl immer in genau diesem Sinne verhalten. Das betrifft aber natürlich fast alle unsere üblichen zwischenmenschlichen Verhaltensweisen, da wir uns hier ganz vergleichbar verhalten. Immer beobachten wir andere Menschen[232] und passen unser Verhalten deren Verhaltensäußerungen an.

Ob dieses unser Verhalten dann zustimmend oder ablehnend ist, folgt ganz aus unserer inneren Einstellung sowohl diesem Mitmenschen gegenüber, als auch der zuvor abgelaufenen Si-

---

[231] also etwas, was sein Ziel in sich selbst hat.
[232] ob bewusst oder unbewusst ist unerheblich.

tuation. Diese bringt ja nicht selten sehr oft emotionale Momente hervor, die dann unser Verhalten mitbestimmen. Ein Fazit bleibt aber; in der oben näher dargestellten 0-Zeit Gegenwart können solche Umstände und das daraus hergeleitete Verhalten nicht abgeleitet werden. Das kann nur eine auf zwei weitere Dimensionen erweiterte Zeitvorstellung, die uns aber direkt in das aperspektivische Denken verweist, denn erst hier wird ja die Raumzeit, bzw. das darin ablaufende Verhalten transparent, oder wie es Gebser nennt, diaphan, also durchsichtig.

b. Neue Sprache, neues Denken, neue Wirklichkeit.

Wenn wir aber in der näheren Zukunft in eine völlig neue Denkstruktur übergehen, oder, um die Sprache von Graves zu benutzen, eine neue Weltsichtebene, und hier speziell die des zweiten Grades, erreichen, dann hat das natürlich absolut umfassende Folgen. Dies gilt sowohl für unser darauf aufbauendes Denken, aber natürlich auch die jetzt neu entstehende Sprache. Noch einmal zur Erinnerung; jede Art des jemals benutzten Sprechens und Denkens gründete auf der jeweiligen herrschenden Weltsichtebene. Selbstverständlich wird das auch hier der Fall sein. Es ist jetzt schon klar, dass diese neue Sprache im Laufe der Zeit die Substantive „verabschieden" wird. Das, was sie auszudrücken vorgeben „**ist**" nicht, ihm kommt kein wirkliches Sein zu und damit keine erkennbare oder beschreibbare Wirklichkeit.

Hans-Peter Duerr bringt dies in einem Gespräch mit Raimon Panikkar in dem Buch „Liebe – Urquelle des Kosmos" mit folgenden Worten exakt auf den Punkt: „Das war (ist) der Ausgangspunkt der modernen Physik: Materie ist nicht aus Materie zusammengebaut. Das bedeutet, der Urgrund der Materie ist nur eine innere Form oder Gestalt und dies in einem sehr allgemeinen Sinne ein <Dazwischen>". Schon hier kommt das Problem der Substantive zum Vorschein.

Was ist, im Sinne einer möglichen Vorstellung dessen was Materie „wirklich" ist, ein „Dazwischen"? Kann ma´u sich darunter etwas vorstellen? Wohl kaum. Und so fährt er auch gleich erklärend, was das eigentlich meinen könnte, fort: „Wir könnten auch sagen: Es bedeutet so etwas wie: Im Grunde ist nur Beziehung, Verbindung, **religio, connectedness**, Prozesshaftigkeit, aber dieses Alles ohne einen Bezug auf ein substanzielles Etwas, einen materiellen oder begreifbaren Untergrund"[233]. Und jetzt ganz deutlich: „**Hier versagt unsere Sprache**"[234]. Aber er fügt in einem Sinne gedacht, nach dem wir hier suchen, hinzu: „Die Wirklichkeit ist ein Kosmos, ein immaterielles gestaltetes Ganzes, besser; das Eine, noch besser; das Nicht-Zweihafte, A-dvaita, das alles einschließt, auch mich, den Betrachter, mich, der dies jetzt ausspricht". Und in Bezug auf die Sprachprobleme der Substantivierung[235] fährt er fort: „Es gibt einige Worte (Substantive) in unserer Sprache, welche diese Offenheit zulassen. Wenn wir z.B. von Liebe sprechen, impliziert das in unserem Verständnis nicht sofort ein Etwas, das auf ein anderes Etwas bezogen ist. Auch Geist hat keine Ränder, ist grenzenlos. Genau betrachtet, sind alle Substantive

---

[233] Hervorh. H.P.D.
[234] Hervorh. PS
[235] die ja in aller Regel Umstände fest-stellt und dadurch die hier geforderte Offenheit vermissen lässt

in diesem (neuen, zukünftigen) Sinne nicht mehr brauchbar. Wir könnten deshalb auch sagen:

Die Sprache der modernen Physik (die sich ja auf dem Hintergrund ihrer neuen Erkenntnisse ständig mit diesem Problem herumschlagen muss) besteht im Grunde nur aus Verben, die den Verben aus dem uns vertrauten Leben nahe sind; leben, lieben, wahrnehmen, binden, wirken, sprudeln. Das Substantiv <Verbindung> ist eine Abstraktion, die aus dem Verb <binden> einen Begriff macht und dadurch in gewisser Weise schon wieder eine Abtrennung induziert. Ein Begriff ist, was ich mit der sich schließenden Hand greifen kann (siehe Heideggers Be-Griff). Für uns als aktiv Handelnde sind deshalb Begriffe wichtig. Aber ich stelle fest: Mit dem Schließen meiner Hand beim Greifen schnüre ich die Begriffe ab vom übrigen Kosmos und zerstöre dadurch ihre Verbindung".

Und was hat das für Folgen? „Wenn ich eine bloße, nackte Verbindung zu greifen versuche, bleibt meine Hand am Schluss leer. Die moderne Physik (und das aperspektivische Denken) suggeriert also: Es gibt im Grunde nichts, was ich (wirklich) begreifen kann. Die tiefe Wirklichkeit lässt sich nicht be-greifen. Wenn ich die Welt wirklich lebe, erleben will, muss ich die Hände öffnen und sie zu ertasten, nicht zu packen versuchen. Mit offenen Armen und Händen müssen wir die Welt empfangen, weil nur in der schwebenden Verbindung, im offenen Dazwischen, das wesentliche enthalten ist"[236]. Bekanntlich „benennt" H.P. Duerr die dahinter existente Wirklichkeit als Leben und Liebe. Aber in dem hier immer wieder erwähnten Buch gibt es eine Stelle, wo er seinen Sprachgebrauch dieser Sicht-

---

[236] a.a.O. S.23f.

weise noch deutlicher macht. So sagt er diese seine Sicht erklärend: „Ich lege Wert darauf, zunächst einmal nur von den Verben leben und lieben zu sprechen"[237].

Deutlicher geht es nicht und verweist erneut darauf, dass ihm die Folgen der durch die Substantivierung hervorgebrachten Abstraktion und damit erzeugten Ausmittelung bzw. Objektivierung vollkommen bewusst waren. Dies gilt sowohl in ihren ab-trennenden, isolierenden Wirkungen, aber vor allem, dass dadurch erst die Subjekt-Objekt-Trennung des mentalen Denkens in dieser Sprache immer umfassender möglich, weil immer und überall, in jedem Zusammenhang im mentalen Sinne ver-wert-bar geworden war. Und es gibt in diesem Sinne noch einen weiteren Satz von ihm, der diese seine Sicht immer erneut belegt: „Denn <sein>, kleingeschrieben, als Verbum, macht Sinn, aber das großgeschriebene <Sein> als Abstraktion wird zum Begriff und verliert seine Gültigkeit"[238]. In allen diesen Sätzen wird natürlich einerseits immer erneut deutlich, dass hier immer von der Quantenphysik her gedacht wird. Aber andererseits wird damit auch sein aperspektivisches Denken belegt.

Zusammengefasst kann ma´u absolut klar erkennen, in welche Richtung sich die zukünftige Sprache des aperspektivischen Denkens entwickeln wird. Die Substantive, insonderheit diejenigen, die als Abstraktionen in Bezug auf Adjektive und Verben „er-funden" wurden, werden zunehmend verschwinden. Aber da in diesem Denken auch die Subjekt-Objekt-Trennung überwunden wird, keine Rolle mehr spielen wird, wird mit an Sicherheit grenzender Wahrscheinlichkeit unser derzeitiger, vor

---

[237] a.a.O. S.63
[238] a.a.O. S.27

allem im Westen üblicher Satzbau, also Subjekt, Prädikat und Objekt, verschwinden.

Ob die zukünftige neue Sprache wieder zu der früher üblichen eher kreisförmigen Struktur zurückkommt, oder, was sehr viel wahrscheinlicher ist, sich eher in Richtung einer einfacheren, aber wandelbareren Form bzw. Grammatik entwickelt, muss sich dann zeigen. Aber irgend eine Art von Vermutung oder gar Vorschläge in diese Richtung kann es natürlich nicht geben, da sich jede Sprache immer nur in der praktischen Anwendung entwickelte. Dabei blieb und bleibt sie bekanntlich immer „beweglich", wie sowohl die in jeder Sprache existierenden jeweiligen Dialekte so deutlich zeigen und damit belegen, als auch die deutlichen Unterschiede in den verwandten Sprachen. Ma´u beachte nur den Sachverhalt verschiedener Artikel, oder noch deutlicher, verschiedener Zeitformen.

Aber damit ist natürlich auch ausgesagt, dass sich dieses neue Denken im gleichen Sinne, bzw. in die gleiche Richtung bewegen wird. Die Voraussetzung und das Fundament dieses neuen Denkens und Sprechens ist und bleibt die Weltsichtebene des aperspektivischen Denkens, bzw. des zweiten Grades. Oder m.a.W., dieses von Duerr immer wieder betonte Dazwischen, was ja letztlich nichts anderes als das schon von alters her betonte „Alles hängt mit Allem zusammen" zum Ausdruck bringt, wird letztlich die Diaphanie (Gebser), oder allgemeine Durchsichtigkeit dessen was wir zukünftig unter Wirklichkeit verstehen werden, bestimmen. Denn erst wenn wir dies im allgemein angewandten Denken in der Lage sind wahr-zu-nehmen und unsere Sicht des Wirklichen darauf gründen, können wir auch allgemein in diesem Sinne denken und dann auch sprechen.

Oder hier zum besseren Verständnis dieses Denkens zwei weitere Prinzipien des Denkens des zweiten Grades: **Energie und Information durchdringen die gesamte terrestrische Umwelt;**

holistisches, intuitives Denken und kooperatives Handeln werden entstehen. Von dieser Vorstellung aus ist es dann aber auch nur noch ein kleiner Schritt eine weitere Forderung schon heute kritisch denkender Menschen – siehe erneut den schon zitierten C. Schorsch – zu erfüllen. Nämlich sich endlich auch den Er-Fahrungen der Mystiker*innen zu öffnen, die ja schon seit Jahrtausenden versuchten und immer wieder versuchen uns „Bilder"[239] zu vermitteln, die ihre in ihren Erleuchtungen erlebten und „gesehenen" allgemeinen Zusammenhänge des Alles-was-Ist, bzw. des „Alles hängt mit Allem zusammen", zeigen und vermitteln sollten.

Es ist aber dabei unbedingt zu beachten, dass diese „Bilder" in aller Regel aus dem jeweils zu dieser Zeit existierenden dominanten Denken „dargestellt" wurden Dies ergibt sich aus den Erkenntnissen des Wilber-Combs-Rasters[240]. Oder m.a.W., solche Aussagen früher lebender Mystiker*innen müssen auf die jeweils zugrundeliegende Weltsichtebene hin überprüft und interpretiert. Vor allem aber auf dieses damalige Denken zurückbezogen werden, um sie dann auf das zukünftige aperspektivische Denken übertragen zu können. Aber selbst diese „Einschränkungen"[241] können, und dürfen zukünftig nicht mehr die umfassende Beachtung und Würdigung des Blickes „nach Innen" – siehe erneut Sri Aurobindo – be- oder gar weiterhin ver-hindern. Denn erst beide Blickrichtungen werden uns in Zukunft eine Wirklichkeit aufzeigen, die auch die von der derzeitigen Quantenphysik behauptete „eigene", hinter der

---

[239] im Sinne von Umschreibungen von Erfahrungen gemeint, für die unsere bisherigen Sprachen keine Worte kannten
[240] zum näheren Verständnis dieser Aussage siehe Ken Wilber „Integrale Spiritualität" S.127ff
[241] Sofern es solche überhaupt sind, denn von einem aperspektivischen Denken her lassen sich solche „Einschränkungen" schnell erkennen und berichtigen.

sichtbaren Wirklichkeit liegende Wirklichkeit[242] offenlegen und in ihre Interpretationen einbeziehen. Wenn dann auch noch die oben ebenfalls erwähnten, bzw. zitierten „anderen" Zugänge von seriösen Medien[243] zu einem umfassenderen Verständnis von Allem-was-Ist führen wird, werden wir immer deutlicher und detaillierter ein „Bild" unserer Wirklichkeit bekommen. Dieses „Bild" wird sich immer mehr dem annähert, was wir irgendwann in der endgültigen „Vereinigung"[244] mit dem Ein-Einen, oder eben GOTT erleben und er-fahren werden.

---

[242] siehe H.P. Duerr, oder die „multidimensionale implizite Ordnung" D. Bohm.

[243] natürlich immer erst nach umfassender Überprüfung auf der Grundlage des dann „vorhandenen" Wissens.

[244] ob in einer Erleuchtungserfahrung oder nach einem „endgültigen" (??) Tode.

Literaturliste

Amery Carl	Global Exit
Amery Carl	Hitler als Vorläufer
Anders Günther	Die Antiquiertheit des Menschen 1 - 2
Antes Peter	Jesus
Aquin Thomas von	summa theologica
Arendt Hannah	Eichmann in Jerusalem
Arendt Hannah	Über das Böse
Arendt Hannah	Menschlichkeit in finsteren Zeiten
Arendt Hannah	Macht und Gewalt
Arendt Hannah	Vita activa
Aristoteles	Physik 1-2
Aristoteles	Metaphysik
Aristoteles	Nikomachische Ethik
Aristoteles	Politik
Arlacchi Pino	Ware Mensch
Arminger Margarita	Verbotene Göttin des Christentums
Arnim v. Hans H.	Staat ohne Diener
Arnim v. Hans Her.	Die Deutschlandakte
Augstein Jakob	Sabotage
Augustinus	Bekenntnisse
Augustinus	Vom Gottesstaat (2 Bände)
Augustinus	Die Ordnung
Augustinus	Der Lehrer
Augustinus	Über das Glück
Augustinus	Selbstgespräche
Augustinus	Der freie Wille
Augustinus	Über den dreieinigen Gott
Augustinus	Über die wahre Religion
Augustinus	Die christliche Bildung
Aurobindo Sri	Göttliches Leben
Bachinger/Matis	Entwicklungsdimension d Kapitalismus

Bacon Roger	Opus maius
Baecker Dirk (Hg)	Kapitalismus als Religion
Bäthge Martin	Ausbildung und Herrschaft
Baran/Sweezy	Monopolkapital
Bardi Ugo	Der geplünderte Planet
Barnett S.A.	Instinkt und Intelligenz
Baudrillar Jean	Transparenz des Bösen
Bauer Joachim	Prinzip Menschlichkeit
Bauer Joachim	Selbst-Steuerung
Bauer Joachim	Arbeit
Bauman Zygmunt	Leben als Konsum
Bauman Zygmunt	Leben in der flüchtigen Moderne
Bayle Pierre	Historisches u kritisches Wörterbuch
Beck/Cowan	Spiral Dynamics
Beer Susanne	Immanenz und Utopie
Belitz Wolfgang	Wege aus der Arbeitslosigkeit
Ben-Chorin	Paulus
Ben-Chorin	Bruder Jesus
Bender Hans	Parapsychologie
Bender Hans	Unser sechster Sinn
Benedikter Roland	Das postmaterialistische Denken
Benjamin Walter	Gesammelte Schriften Band II
Berger Jens	Wem gehört Deutschland
Berger Wilhelm	Macht
Bergson Henri	Materie und Gedächtnis
Berlin Isaiah	Freiheit Vier Versuche
Berlitz Charles	Die wunderbare Welt der Sprachen
Bertalanffy v. Hub.	Auf den Pfaden des Lebens
Bieger Eckhard	Freiheit – Wurzelgrund d Spiritualität
Bieri Peter	Das Handwerk der Freiheit
Binswanger Hans C.	Glaubensgemeinschaft der Ökonomen
Birnbacher Dieter	Analytische Einführung in die Ethik
Blacher/Loewe	Weltformeln der Frühzeit
Bloch Ernst	Subjekt-Objekt

Ferguson Marilyn	Die sanfte Verschwörung
Feuerbach Ludwig	Philosophie der Zukunft
Feyerabend Paul	Wider den Methodenzwang
Feyerabend Paul	Der Realismus und die Autorität...
Fisher Irving	Feste Währung
Flassbeck Heiner	Gescheitert
Flassbeck Hein Hg.	Handelt jetzt!
Ford Henry	Mein Leben und Werk
Foucault Michel	Analytik der Macht
Foucault Michel	Überwachen und Strafen
Fox Matthew	Geist und Kosmos
Freire Paulo	Pädagogik der Unterdrückten
Freud Sigmund	Abriss der Psychoanalyse
Freud Sigmund	Studienausgabe Bd.1 -11
Friedman Milton	Kapitalismus und Freiheit
Fritsch Theodor	Die zionistischen Protokolle
Fromm Erich	Autorität und Familie
Fromm Erich	Anatomie menschlicher Destruktivität
Fromm Erich	Haben oder Sein
Fromm Erich	Die Seele
Fromm Erich	Jenseits der Illusion
Fromm Erich	Psychoanalyse und Religion
Fromm Erich	Psychoanalyse und Ethik
Fromm Erich	Die Furcht vor der Freiheit
Fromm Erich	Märchen, Mythen, Träume
Fromm Erich	Wege aus einer kranken Gesellschaft
Fromm Erich	Ihr werdet sein wie Gott
Fromm Erich	Die Kunst des Liebens
Fromm Erich	Über die Liebe zum Leben
Fromm/Suzuki	Zen-Buddhismus und Psychoanalyse
Fuhr Eckhard	Der Vertrag zur deutschen Einheit
Gadamer Hans-G.	Wahrheit und Methode
Gadamer/Vogler(H)	Neue Anthropologie
Galbraith John K.	Ökonomie des unschuldigen Betrugs

Lorenz Konrad	Gesammelte Abhandlungen
Lorenz Konrad	Das sogenannte Böse
Lorenz Konrad	Der Kumpan in der Umwelt des Vogels
Lorenz Konrad	Er Vieh, den Vögeln und den Fischen
Lorenzer/Dahner	Psychoanalyse als Sozialwissenschaft
Lovejoy Arthur O.	Die große Kette der Wesen
Lovelock James	Gaia: Die Erde ist ein Lebewesen
Lowen Alexander	Körperausdruck und Persönlichkeit
Ludwiger Illobra. v.	Neues Weltbild des Physikers B. Heim
Lüdemann (Übers.)	Bibel der Häretiker
Luhmann Niklas	Die Wirtschaft der Gesellschaft
Luhmann Niklas	Funktion der Religion
Luhmann Niklas	Die Politik der Gesellschaft
Luhmann Niklas	Liebe als Passion
Luria/Judowitsch	Die Funktion der Sprache
Luyendijk Joris	Unter Bankern
Machiavelli Niccolo	Der Fürst
Macpherson C.B.	Besitzindividualismus
Mahesh Yogi	Wissenschaft und Kunst des Lebens
Malinowski Bronisl	Geschlecht und Verdrängung
Mandeville Bernard	Die Bienenfabel
Marcuse Herbert	Der eindimensionale Mensch
Marcuse Herbert	Kultur und Gesellschaft 1 - 2
Marcuse/Rapoport	Aggression in der Industriegesellschaft
Marti/Schumann	Die Globalisierungsfalle
Marx Karl	Die Frühschriften
Marx Karl	Das Kapital 3 Bd.
Marx Karl	Das Elend der Philosophie
Marx Karl	Ökonomische Aufsätze
Maslow Abrah H.	Psychologie des Seins
Mason Paul	Postkapitalismus
Mathiesen Thomas	Die lautlose Disziplinierung
Maturana/Varela	Der Baum der Erkenntnis
Mause Lloyd de	Hört ihr die Kinder weinen

Schnell Ernst Horst	Kapitalismus und Freiwirtschaft
Schöpf Alfred (Hg)	Aggression und Gewalt
Schopenhauer „	Sämtliche Werke
Schorsch Christof	Die große Vernetzung
Schulte Christoph	radikal böse
Schüz Mathias	Die Einheit des Wirklichen
Schumpeter J.A.	Kapitalismus, Sozialismus u Demokrati
Schwarz Fritz	Feste Kaufkraft des Geldes
Schweitzer Albert	Kultur und Ethik Bd. 1/2
Scott James C.	Against the Grain
Sedlacek Tomas	Die Ökonomie von Gut und Böse
Seebaß Gottfried	Willensfreiheit und Determinismus
Seiffert Helmut	Einführung in di Wissenschaftstheorie
Seneca	Moralische Briefe
Seneca	Vom glücklichen Leben
Senf Bernd	Wiederentdeckung des Lebendigen
Senf Bernd	Die blinden Flecken der Ökonomie
Sennett Richard	Die Kultur des neuen Kapitalismus
Sheldrake Rupert	Das Gedächtnis der Natur
Sheldrake „	Das schöpferische Universum
Simmel Georg	Philosophie des Geldes
Simonis Walter	Schmerz und Menschenwürde
Singer Peter	Praktische Ethik
Sinn Hans-Werner	Kasino-Kapitalismus
Sitchin Zecharia	Der zwölfte Planet
Skirbekk Gunnar	Wahrheitstheorien
Sloterdijk (Hg)	Mystische Zeugnisse
Smith Adam .	Der Wohlstand der Nationen
Smith Adam	Theorie der ethischen Gefühle
Sölle Dorothe	Phantasie und Gehorsam
Sölle „	lieben und arbeiten
Sorel Georges	Über die Gewalt
Sorge Elga	Religion und Frau
Spencer Herbert	Die Kunst der Erziehung

282

Ebenfalls bei tredition erschienen:

Sitte, Ethik und Moral
– Eine Begründung

978-3-7469-7006-6 (Paperback)
978-3-7469-7007-3 (Hardcover)
978-3-7469-7008-0 (e-Book)

Das Böse
– immer normaler, banaler und alltäglicher

978-3-7482-7560-2 (Paperback)
978-3-7482-7561-9 (Hardcover
978-3-7469-7562-6 (e-Book)

Unsere Schulen
– machen aus uns Untertanen und verhindern selbständiges Denken

978-3-347-19807-4 (Paperback)
978-3-347-19808-1 (Hardcover)
978-3-347-19809-8 (e-Book)

Die Geburtsfehler unserer Demokratien
– Sie sind parteiendominiert und kapitalgesteuert

978-3-347-21473-6 (Paperback)
978-3-347-21474-3 (Hardcover)
978-3-347-21475-0 (e-Book)

„frei sein"
– was bedeuten diese Worte heute wirklich?

978-3-347-21466-8 (Paperback)
978-3-347-21467-5 (Hardcover)
978-3-347-21468-2 (e-Book)

Weltsichtebenen, „Bilder im Kopf", selbständiges Denken
– Opa erklärt zwei Enkeln den Zusammenhang

978-3-7469-5937-5 (Paperback)
978-3-7469-5938-2 (Hardcover)
978-3-7469-5939-9 (e-Book)

Der Mythos des Freien Marktes
oder der real existierende Finanzkapitalismus

978-3-347-20406-5 (Paperback)
978-3-347-20407-2 (Hardcover)
978-3-347-20408-9 (e-Book)

patriarchal denken und sich verhalten
„…. getreu bis in den Tod"
978-3-347-24139-8 (Paperback)
978-3-347-24140-4 (Hardcover)
978-3-347-24141-1 (e-Book)

Zeitfracht Medien GmbH
Ferdinand-Jühlke-Straße 7
99095 Erfurt, Deutschland
produktsicherheit@kolibri360.de